Walther Killy
Von Berlin bis Wandsbeck

WALTHER KILLY

Von Berlin bis Wandsbeck

Zwölf Kapitel
deutscher Bürgerkultur
um 1800

VERLAG C.H.BECK MÜNCHEN

Mit einer Karte im Text

Die Deutsche Bibliothek – CIP-Einheitsaufnahme

Killy, Walther:
Von Berlin bis Wandsbeck : zwölf Kapitel deutscher
Bürgerkultur um 1800 / Walther Killy. – München : Beck, 1996
ISBN 3 406 40391 3

ISBN 3 406 40391 3

© C. H. Beck'sche Verlagsbuchhandlung (Oscar Beck), München 1996
Gesamtherstellung: Kösel, Kempten
Gedruckt auf alterungsbeständigem (säurefreiem), aus chlorfrei
gebleichtem Zellstoff hergestelltem Papier
Printed in Germany

COLLEGIO
SANCTISSIMAE TRINITATIS
CANTABRIGIENSI
HUNC LIBRUM DEDICAT AUCTOR
HOSPITII SEMPER MEMOR

Da war das arme, elende, halb dem Untergang
verfallene Land nicht von Genie, wohl aber von
Begeisterung durchleuchtet, von dem Glauben
an die höhere Macht des Geistigen, des Wissens
und der Freiheit.

Theodor Fontane, Der Stechlin, 19. Kapitel

Wir haben *einen* Begriff von Rechtlichkeit ohne Pracht.

Luise Mejer an Boie, 27. Aug. 1784

Inhalt

Einleitung
9

Jugend vor zweihundert Jahren
13

Wandsbeck
29

Meldorf
42

Berliner Leben zu Schinkels Zeit
52

Henriette Herz
69

Rahel und Alexander von der Marwitz
86

Louis Ferdinand, Prinz von Preußen,
und Pauline Wiesel, geb. César
103

Der unliebsame Professor Thieß
119

Ernst Moritz Arndt, ein deutscher Mann
138

Fontanes Swinemünde (1827)
159

Bürgerbriefe
177

Der Brockhaus von 1827
198

Anmerkungen
237

Einleitung

Im neunzehnten Kapitel des «Stechlin» gibt der Pastor Lorenzen (in mancherlei Betracht Sprecher seines Erfinders Theodor Fontane) der schönen bayrischen Gräfin Melusine eine Lektion in preußischer Geschichte. Von der Zeit, da Napoleon Preußen gedemütigt hatte, sagt er: *Da war das arme, elende, halb dem Untergang verfallene Land nicht von Genie, wohl aber von Begeisterung durchleuchtet, von dem Glauben an die höhere Macht des Geistigen, des Wissens und der Freiheit.*[1]

Die Worte sind anwendbar nicht nur auf Preußen mit seiner Hauptstadt Berlin, sondern weithin auf das nördliche Deutschland und die bürgerliche Kultur jener Zeit; deren Wurzeln reichen, wie sich zeigen wird, weit zurück. Ihre größte, vielfältigste Blüte aber entfaltete sich erst nach Friedrichs des Großen Tod, begann schon vor 1848 zu welken und schwand dahin, je mehr Reichtum, Glanz und Macht zu Werten auch der gebildeten Gesellschaft wurden. Wer sich gern an Daten hält, mag die Bürgerzeit ansiedeln etwa zwischen Schinkels Geburtsjahr (1781) und Goethes Tod. Die üblichen soziologischen Bestimmungen dessen, was bürgerlich ist – man findet sie auch bei Historikern – vermögen das Phänomen kaum zu fassen; das müßte einem jeden klar sein, der sich der Lebenswege erinnert so manchen Mannes, von dem dies Buch erzählt: Johann Heinrich Voß, ein Erzvater sogenannter humanistischer Bildung, war der Sohn einer freigelassenen Familie; Karl Friedrich von Klöden, der Begründer der Gewerbeschule (aus der die Berufsschulen hervorgingen), Sohn eines trunksüchtigen ostpreußischen Unteroffiziers; Gerd Eilers, Vortragender Rat im preußischen Unterrichtsministerium, entstammte einem ostfriesischen Bauernhaus; Wilhelm Harnisch, Pädagoge im Sinn Pestalozzis, war Sohn eines altmärkischen Schneidermeisters; der weithin wirksame Kieler Theologieprofessor Klaus Harms hatte zunächst das Windmüllerhandwerk in der väterlichen Mühle erlernt; Ernst Moritz Arndts Vater war ein Freigelassener von der schwedischen Insel Rügen – die Liste ließe sich fortsetzen, und es gibt gute Gründe, auch die Namen bedeutender jüdischer Frauen hinzuzufügen, die sich aus herkömmlicher Enge befreit hatten; ihre Häuser wurden Mittelpunkte gebildeten bürgerlichen Umgangs.

Aus all dem folgt zweierlei: einmal, daß nur Unkenntnis der Meinung sein kann, die Gesellschaft sei im frühen 19. Jahrhundert nicht «durchlässig» (um das Modewort zu gebrauchen) gewesen. Zum anderen, daß Bürgerlichkeit keineswegs überkommenen Besitz und festgelegte Vorstellungen voraussetzte, wie die Welt beschaffen sei. Eher trifft Jacob Burckhardts Satz zu: *Die Gesellschaft handelt freiwillig, je nach dem Genius der Zeit ... Sie ist vielstimmig und vielköpfig, handelt aber immer relativ und zeitlich richtig, weil sie im Sinne irgendeiner größeren Sammelkraft handelt.*[2] Fragt man, worin sich der «Genius der Zeit» bewahrheitet habe, so wird man zurückverwiesen auf den Satz des Herrn von Stechlin: *im Glauben an die höhere Macht des Geistigen, des Wissens und der Freiheit.*

Walter Benjamin hat diese Trinität in seiner Anthologie «Deutsche Menschen» dem verfinsterten Jahre 1936 entgegengesetzt, indem er Briefe bürgerlicher Schreiber vorigen Jahrhunderts versammelte; er stellte dem Buch das Motto voran *Von Ehre ohne Ruhm. Von Größe ohne Glanz. Von Würde ohne Sold*[3] – ein Leitspruch, der demjenigen Fontanes nicht fern steht. Der größte Teil seiner Zeugen hat vor 1850 zur Feder gegriffen, dem brieffreudigsten Zeitalter. Es liebte das freundschaftliche Gespräch in die Ferne, das die Möglichkeit eröffnete, in Rede und Widerrede sich selbst zu verdeutlichen und beim Empfänger wohlmeinendes, wiewohl kritisches Echo zu erlangen. Dabei bedurfte es keineswegs einer wiederholten Selbstentblößung, vielmehr liest auch der später Geborene, der sich der so entstandenen überreichen Briefliteratur zuwendet, mit dem größten Anteil und Vergnügen die Episteln, in denen die Wirklichkeit vergangenen Lebens, der flüchtige Alltag, der Wechsel im Gemüt von Verfasser und antwortendem Empfänger begriffen werden. Aus der Fülle seien einige wenige Namen fast beliebig herausgegriffen, Heinrich Christian Boie und Luise Mejer; der junge Ranke und Wilhelm von Kügelgen jeweils an ihre Brüder; Meta Klopstock; Bettina von Arnim; die Grimms; das wunderbare Briefwerk, das zwischen der Rahel und Alexander von der Marwitz entstand, bis der jüngere im Kriege fiel – und so unendlich fort.

So *vielstimmig und vielköpfig* diese schreibende Gesellschaft auch war, sie hatte eines gemeinsam: Man war bedacht darauf, sich seiner selbst in gegenwärtiger Wirklichkeit zu vergewissern, der einzelne sann nach über sich und ließ andere teilhaben am täglichen und damit am Geistesleben. Vielleicht war es diese Gemeinsamkeit, welche die bürgerliche Kultur allererst begründete und unterhielt. Sie verwirklichte sich in der Teilhabe an Erfahrungen, in deren Kommunikation. Es waren vielfach Bildungs-Erfahrungen, die Gymnasium, aber auch Elternhaus und Freundeskreis bereithielten, nicht zuletzt vermittelt durch Literatur. Sie boten sich an in der Lektüre der alten Sprachen, die keineswegs Selbstzweck war. Wie sonst hätte ein strebsamer Kopf wie Harnisch einen Lehrer mit den Worten ehren können: *der Mann weckte Gesinnungen in uns?*[4] Zur grammatischen Exerzieranstalt, die zu durchlaufen das Sozialprestige verlangte, wurde das Gymnasium erst im Laufe des Jahrhunderts. Die nicht minder wirksamen Erfahrungen, welche die deutsche Literatur als Gabe bereithielt, wurden damals nicht dem Unterricht verdankt; sie waren Privatsache, aber eine lebhaft gepflegte.

Der schöne Satz von Harnisch entstammt seiner fast verschollenen Autobiographie. Es sind Briefe und vor allem Autobiographien, auf die sich dieses Buch gründet. Am Anfang stand die Neigung des Verfassers, Autobiographien zu sammeln um der lebhaften Teilnahme willen, die sie beim Leser erweckten. Deren Ursache hat Goethe in einem später verworfenen Vorwort zu seinen eigenen Erinnerungen benannt: *Alles wahrhaft Biographische, wohin die zurückgebliebenen Briefe, die Tagebücher, die Memoiren und so manches andere zu rechnen sind, bringen das vergangene Leben wieder hervor, mehr oder weniger wirklich oder im ausführlichen Bilde.*[5] Die Vorsicht, mit der der Geschichtsschreiber der Autobiographie um ihrer notwendigen Subjektivität willen begegnet wird, verwandelt sich beim weniger an der historischen Wahrheit als an der erinnerten Wirklichkeit interessierten Leser in Neugier, von Augenzeugen zu hören, wie es vordem gewesen sei. Das *vergangene Leben* wird umso lebendiger, als es in der Subjektivität des Selbsterlebten erscheint. Die Schilderung, auch wenn sie sich um Sachlichkeit bemüht, wird doch Betroffenheit nicht verleugnen können. Um auch dies mit Goethes Hilfe zu sagen: *Man wird nicht müde, Biographien zu lesen, so wenig als Reisebeschreibungen: denn man lebt mit Lebendigen.*[6] Jede Autobiographie ist Bericht von einer Lebensreise.

So sind denn die Kapitel dieses Buches in der Absicht geschrieben, den Leser mitleben zu lassen *mit Lebendigen.* Zwei große Städte geben dafür den Schauplatz ab: Berlin und Hamburg. Zwei nach heutigen Begriffen sehr kleine Städte, jeweils mit stattlichem Gotteshaus und einer gelehrten Schule, Salzwedel und Meldorf, zeigen sich voller Leben. Ein Badeort und nicht unbedeutender Hafen, Swinemünde, ist zugleich Bühne bürgerlicher Geselligkeit. Ein durchaus ländliches kleines Dorf wird berühmt durch einen bescheidenen Mann, den Wandsbecker Boten, schon zu seinen Lebzeiten. Vom Leben eines preußischen Adels, der auf dem Berliner Gymnasium Zum Grauen Kloster und auf der Universität Halle mit bürgerlicher Bildung gesättigt worden war, zeugte das Schloß der von der Marwitz zu Friedersdorf, nahe der Oder. In all diesen Orten gab es damals ein Publikum, das mit Spannung auf ein neues Buch Goethes wartete. Eine über Preußen hinausgehende staatliche Einheit gab es nicht, wohl aber die Gemeinschaft der Gebildeten. Merkwürdig ist die Tatsache, daß das Bedürfnis, die eigene Vita zu beschreiben, im protestantischen Bereich deutlich größer gewesen ist als im katholischen Deutschland. Die Gründe bleiben dahingestellt, sie mögen Gegenstand der Erwägung von Historikern sein.

Der Verfasser dieses Buches versteht sich nicht als solcher, aber auch nicht als *Laudator temporis acti*, schon gar nicht behaftet mit den Eigenheiten, die Horaz im Kontext der berühmten Stelle (de arte poetica, 173) alten Leuten zuschreibt. Wenn man nach den Beweggründen fragt, so hat sie (um bei den Römern zu bleiben) Livius schön beschrieben: *Arbeit und Vergnügen, so sagt er, von Natur höchst verschieden, sind einander durch eine gewisse natürliche Gemeinschaft verbunden (Labor voluptasque, dissimillima natura, societate quadem inter se naturali sunt iuncta).*[7] Es war das von jeder Nostalgie freie Vergnügen an der bürgerlichen Welt um 1800, welches diese Arbeit hervorgerufen hat. Sie wäre nicht zustande gekommen ohne die Hilfe, welche der unübertreffliche Bibliograph Klaus Schmidt (bei der Akademie der Wissenschaften zu Göttingen) ihr hat zuteil werden lassen und erst recht nicht ohne die produktive Ruhe, die das ehrwürdige Trinity College zu Cambridge einem Resident Fellow gewährt. Ihm ist dieses Buch dankbar gewidmet.

Göttingen, im Sommer 1995   W. K.

Jugend vor zweihundert Jahren

Unter dem Dach des Schneidermeisters Harnisch zu Wilsnack in der Prignitz ging es während der neunziger Jahre des 18. Jahrhunderts bescheiden, aber nicht ärmlich zu. Handwerk und Viehwirtschaft gewährten *eine gewisse Wohlhabenheit. Ich wuchs auf,* so berichtet der Sohn (einzig überlebendes Kind übrigens von 12 Kindern, welche die Mutter geboren), *wie Handwerkskinder in kleinen Ackerstädten aufwachsen.*[1] Wilsnack, im Mittelalter Wallfahrtsort mit einer imponierenden Kirche, mochte 1200 Einwohner zählen, heute sind es 2800. Im Hause lebten die Familie und eine Magd, dazu kamen in guten Zeiten vier Gesellen und ein Lehrling. Der Tag hatte seinen ordentlichen Verlauf, bei Tische sprach nicht nur der Vater, sondern auch Mutter und Sohn ein Gebet. Des Sonntags wurde die Kirche besucht, oft zweimal, und eine Predigt mochte jedenfalls eine gute Stunde dauern. Nicht genug damit: das Gesangbuch spielte eine bedeutende Rolle, und die ersten Schauer der Poesie wehten das Kind an aus Paul Gerhardts Vers: *Heut als die dunkeln Schatten mich ganz umgeben hatten, hat Satan mein begehret ...* Wir werden der gleichen Erfahrung wieder begegnen bei unserm Freund Schumacher, der als Knabe während eines Gottesdienstes bei langweiliger Predigt auf das seither vergessene Lied stieß *O Ewigkeit, du Donnerwort, O Schwert, das durch die Seele bohrt! O Anfang sonder Ende! O Ewigkeit, Zeit ohne Zeit, Ich weiß vor großer Traurigkeit nicht, wo ich mich hinwende.*[2] Ihm wurde unwohl *und körperlich schwindelig während des Lesens.*[3]

Im Hause Harnisch kam zum Tischgebet noch das Morgen- und Abendgebet sowie das sonntägliche Vorlesen der Spangenbergischen Postille. Zwar war der Vater ein frommer und strenger, zuweilen jähzorniger Mann, aber von Frömmelei oder gar Bigotterie war nichts zu spüren. Der Geist der Aufklärung, der in Berlin vorherrschte, hatte die entlegene Provinz noch keineswegs erreicht, in der die Lebensweise nur sehr langsam sich veränderte. Im Hof des Hauses waren Stallungen und vor allem der Brunnen, den der Nachbar, ein Schmied, mitbenutzte, weil er kein eigenes Wasser besaß. Der andere Nachbar war ein Stellmacher, und so nimmt es nicht wunder, daß das

Kind frühzeitig die Handgriffe dreier Handwerke kennenlernte; beim Auftrennen alter Kleider (gutes Tuch hielt sehr lange und wurde gewendet) mußte er ohnehin in der väterlichen Werkstatt helfen. Es gab Schelte, als Wilhelm danebenschnitt. Späterhin, auf dem Gymnasium in Salzwedel, wohnte er bei einem Schuster, der große Reitstiefel machte; so kannte er zwar nicht tätig, aber aus der Anschauung vielerlei Handwerk, welches immer noch für die Bedürfnisse des Alltags sorgte.

Dazu kam, natürlich, der Umgang mit allem, was man heute unter Landwirtschaft begreift, die damals in der Ackerstadt zum Alltag gehörte. An den Hof schloß sich der Hausgarten an, gedüngt mit dem Mist aus dem Schafstall, voller Obst und Gemüse. So weit es der ernst genommene Schulbesuch erlaubte, mußte bei Garten- und Feldarbeit geholfen werden, Mohrrüben und Schoten für die Küche geholt, Birnen und Pflaumen gepflückt, welche die einzige Süßigkeit waren, neben dem Honig natürlich. Man denke sich all dies nicht zu idyllisch, denn wenn im Herbst die Bohnenstangen von den Ranken befreit oder die Kohlstrünke gehackt werden mußten, so war es schon kalt und feuchter Schnee fiel. Merkwürdig ist, daß unter diesen Tätigkeiten das sommerliche Hüten der Bienen im Garten als langweiligste Aufgabe in Erinnerung blieb; es galt, stundenlang aufzumerken, ob sie schwärmen wollten. Rückblickend schrieb der alte Mann: *Der größte Gewinn, den ich von den Hüterarbeiten hatte, bestand in der Geduld, die mir ein wenig eingeübt wurde.*[4] Aber das ist eine pädagogische Betrachtung, die nachträglich die kindliche Langeweile mildern sollte.

Von der ersten Schulzeit wird uns nicht viel berichtet, und so müssen wir uns noch ein wenig gedulden, bis wir von andern genauer erfahren, wie es damals in der Schreib- und Rechenschule zuging. Die Schuljahre insgesamt, das Gymnasium einbegriffen, sind für Wilhelm nach seinen Worten Leidensjahre gewesen, so wie sie es bis heute oft genug sind. Viel Schläge gehörten dazu, jedenfalls anfänglich, und die frühe Demütigung, ein Eselsbild tragen zu müssen, weil das Einmaleins nicht recht wollte. Das war ein überall verbreitetes uraltes Erziehungsmittel; in Hamburg, so hören wir, gab es gar Eselsohren zum Aufsetzen, zu schweigen von den disziplinarischen Mitteln des Eckenstehens und des immer gegenwärtigen Bakels. Das Schulgebäude war, wie vielerorts, mittelalterlich und düster. Ein Klosett gab es nicht, der Schulhof war der Friedhof, so daß auch neue Gräber bald zertrampelt waren, wenn die Kinder austreten mußten, *die Mädchen dicht an der Kirche ... die Knaben auf der anderen Seite.*[5] Im Winter waren die Schulstuben schlecht geheizt, jeder Schüler mußte einen Kloben Holz mitbringen, auch dies ein verbreiteter Brauch.

Aber Wilhelms Vater, der Schneidermeister, trachtete danach, seinen Sohn aus der Enge dieser Verhältnisse zu lösen. Mag es eine Wirkung seiner Frömmigkeit gewesen sein (*Er wollte etwas Anderes in der Welt als blos essen oder reich werden.*[6]), die Einsicht in die Mühen der Bauern, die Bekanntschaft mit kleinen Handwerkern, die nur kümmerlich existierten, oder eine Mischung all dieser Gründe – genug, er eröffnete schon dem Achtjährigen, daß er ihn zum Beruf des Predigers bestimmt habe. Das war keineswegs gewöhnlich und zeugte von der Selbständigkeit des Mannes, dessen Vater auch Schneidermeister gewesen. Von seinem Realitätssinn zeugte es nicht, denn auch die lockenden Farben, mit denen er dem Kind das Dasein des Pfarrers schilderte, hatten (dem Pfarrer von Grünau zum Trotz) in der Wirklichkeit keine Entsprechung. Wenn der *Nachmittagsprediger vorbeischlenderte, um sich auf der Kegelbahn an den Alltagen von der Sonntagspredigt zu erholen,* sagte der Vater: *Siehe, so kannst du es auch haben, wenn du Prediger bist, ein Handwerksmann aber muß sechs Tage in der Woche von früh bis spät arbeiten. Als eine Vorhalle der Pfarrherrlichkeit ward mir auch das Hauslehrerleben in den adligen Häusern gezeigt: am Herrschaftstisch alle Tage essen, wol auch täglich Wein trinken, ausfahren*[7] und so fort. In Wahrheit waren die Pfarrstellen rar, das Kandidatenleben ein endloses Warten in erniedrigenden Hofmeisterstellen. Aber das Studium der Theologie war der nahezu einzige Weg für die Angehörigen der einfachen Stände, um Eintritt zu finden in der akademischen Welt.

Voraussetzung war für die meisten der Besuch eines Gymnasiums. Gymnasien waren dünn gesät, zumeist alt und oft in den Gebäuden vormaliger Klöster oder in bescheidenen Unterkünften untergebracht. In Wilsnack wurde ruchbar, daß Meister Harnischs Sohn studieren sollte, nicht nur weil er Lateinstunden beim Herrn Rektor und Klavierstunden beim Kantor erhielt, sondern auch, weil er «bessere» Kleidung bekam: statt der grauen Leinwandhosen weißlinnene, die *nankingartig angestrichen waren,*[8] also den Farbton chinesischer Baumwolle verliehen bekamen. Dazu kam später eine grüne Jacke und überdies die Frisur, die gleiche wie die der anderen Schüler, zwei Zöpfe hintereinandergeflochten, des Sonntags aber ein schwarzer Zopf mit Seidenband umwickelt; der letzte war künstlich, jene aber mit Mühe dem von Natur krausen Knabenhaar abgenötigt. Im Jahre 1800, am Osterdienstag, brachte ein Fuhrmann den weinenden Jungen in das etwa 50 Kilometer entfernte Salzwedel, nebst einem Koffer, einem Bettsack und Feldbett sowie einem alten Klavier. Das war genau dieselbe Ausstattung, wie sie J. H. Voß mit sich führte auf die Vorakademie (so sagte man auch) in Neubrandenburg. Es galt für Wilhelm, Abschied zu nehmen von der ebenfalls weinenden Mutter, von der vertrauten Ackerstadt, von Spielgenossen und den Spielen. Das waren lauter Spiele ohne Spielzeug, zumeist an der Luft, *Laufspiele, als Verstecken und Suchen, Jagdspiele, Räuberspiele.*[9] Auch ein nicht befohlenes Beerensuchen im Wald ward dazugerechnet: schwarze Johannisbeeren, Himbeeren und Heidelbeeren, dazu Haselnüsse und jenes zweifelhafte Hauptvergnügen, das in fast allen damaligen Jugenderinnerungen vorkommt: der Vogelfang.

Salzwedel in der Altmark war viermal so groß wie Wilsnack; es hatte 884 Häuser, drei Kirchen, zwei Bürger- und vier Elementarschulen (die man sich elementar vorstellen muß) und insgesamt 4000 Einwohner (heute 20700), die sich mit Ziegelei, Gerberei, der Herstellung von tönernen Tabakspfeifen, Nähnadeln, Tuch und Handschuhen befaßten. Es war ein Handelsplatz, wo es jährlich drei Jahrmärkte, einen Vieh- und einen Wollenmarkt gab. Das industrielle Zeitalter war also noch weit entfernt, das siebzehnte Jahrhundert jedoch nicht viel entfernter als das soeben vergangene achtzehnte, das Stadtbild mittelalterlich. Auch das Gymnasium war in einem alten Gebäude, dem vormaligen Franziskanerkloster untergebracht: kalt, winkelig und schlecht beleuchtet. Sechzig Jahre zuvor hatte Winckelmann dort gelernt, und allzuviel war seitdem nicht anders geworden. Vater Harnisch hatte diese Schule ausgewählt nicht nur wegen ihrer verhältnismäßigen Nähe, eine Tagesreise meist mit einer Übernachtung, sondern auch, weil den Salzwedler Bürgern der Ruf voraufging, sie seien mit Freitischen freigebig.

Der Freitisch war eine verbreitete Einrichtung, von großer Bedeutung nicht nur für den Unterhalt von Schülern und Studenten, sondern auch für deren Welterfahrung. J. H. Voß, der viel ärmer war als Harnisch, schreibt in den «Erinnerungen aus meinem Jugendleben»: *... die Kosten des Unterhalts deckte meist die alte Mildtätigkeit der Einwohner, die nicht nur arme Schüler von Kopf, sondern auch weniger bemittelte, gern einen Tag in der Woche an den Tisch nahmen.*[10] So wurde jeden Tag in einem anderen Hause gegessen (wenn man wohlversehen war, denn so mancher mußte auch mit drei

Wochentagen auskommen). Der junge Harnisch aß *bei zwei Tuchmachern, bei einem Fleischer, bei einem sehr vornehmen iuris practicus, bei einem Geistlichen ... bei einem Rentier.*[11] Das war freilich eine gewaltige Erweiterung des Horizonts, und wenn es eines weiteren deutlichen Zeugnisses bedarf, so finden wir es bei Schumacher, von dem noch mehr zu berichten sein wird. *Die Familien, bei denen ich wechselnd Freitische haben sollte ... behandelten mich wie einen gebetenen Gast, ließen mich nie fühlen, daß sie mir eine Wohltat erzeigten.*[12] *... Am Montag war ich bei einem Kaufmann, Kiesling. Der Mann war ein großes Original ... Dienstag war ich bei einer Familie Hoek. Der Mann war ein Mäkler, kam alle Tage auf die Hamburger Börse, wußte immer alles Neue ... Der Donnerstag führte mich zu einem Kaufmann, namens Oldenburg ... Altdeutsche Sitte, plattdeutsche Sprache, aber ein guter Tisch, guter Wein, und wahre herzliche Freundlichkeit, das war die äußre Form des Hauses. Nach alter Schifferweise trug Er eine runde Perücke, einen dreieckten Hut, den er selbst bei Tisch nur zum Gebet abnahm.*[13] Ich will die weiteren Stationen in diesem wöchentlichen Tischkreis hier nicht mehr aufzählen; dem Primaner Schumacher jedenfalls ging eine neue Welt auf: *In dem gebildetsten, aber einseitigen Familienkreise hätte ich nie so viel fürs Leben gewinnen können, als grade in diesem Wechsel täglicher Umgebungen.*[14]

Gewiß war der Salzwedler Zuschnitt nicht so hanseatisch-großstädtisch, aber eine neue Welt tat sich auch für das Ackerbürger-Kind auf; am wenigsten in der Schule. Die drei Lehrer der unteren Klassen waren zugleich Kantoren und Organisten an den beiden Hauptkirchen; nur einer von ihnen war tüchtig, alle schlecht bezahlt. Die Disziplin war schlecht, die Lehrgegenstände Lateinisch, Französisch (dies nur als gesondert bezahlter Privatunterricht, auf den die Lehrer angewiesen waren), Geographie, Rechnen, Schreiben, deutsche Sprache (ein damals rares Fach) und Singen. In der Erinnerung stellten sich Harnisch die vier ersten Gymnasialjahre als verlorene Zeit dar, verloren jedenfalls, was seine Fortbildung betraf. *Die Unterklassen*, so urteilt er, *machten eigentlich nur eine ganz schlechte Bürgerschule mit etwas Latein aus.*[15] Ihre Lehrer wurden nicht zum Unterricht der oberen Klassen zugelassen, diejenigen der oberen hielten sich für zu schade für die Unterstufe, sogar die Ferienzeiten waren verschieden. Nur bei zwei fast überall herkömmlichen Gelegenheiten stellte sich die Schule als Gesamtheit dar: beim Besuch des Heiligen Abendmahls und bei der Begleitung der Leichen.

Damit ist nicht etwa die Bestattung von Lehrern oder Mitschülern gemeint, sondern der weitverbreitete Brauch, daß die Gymnasiasten mit ihren Lehrern, der Rektor an der Spitze, Geleit und Chor bei den Beerdigungen in der Stadt pflichtgemäß zu übernehmen hatten. Man weiß, wie zuwider dieser Brauch schon J. S. Bach gewesen und wie J. H. Voß als Rektor ihm zu entgehen suchte; aber die Sache hatte auch gewichtige Vorteile, denn der dunkle Currende-Mantel und der kräftige Choral garantierten den Lehrern eine regelmäßige Einnahme, und den Schülern – je nach örtlichem Herkommen – ebenfalls einen Obulus, einen Kuchen oder einen Schnaps. *Die öffentlichen Leichen waren aber wahre Räuber für die Lehrstunden, überhaupt für die Zeit, zumal wenn die Leichen aus eingepfarrten Dörfern kamen. Das ganze Gymnasium erwartete solche Leichen weit vor dem Thore bei der Scharfrichterei.*[16] Die Schüler trieben derweil Allotria, die Lehrer bekamen kalte Füße, aber sie wußten wofür. Denn die bei der Gelegenheit anfallenden Einnahmen bewirkten eine fühlbare Aufbesserung ihres ärmlichen Lohns. Wie fühlbar, das zeigen Zahlen, die aus dem altstädtischen Gymnasium zu Königsberg überliefert sind. Da erhielt der Rektor ein Jahresgehalt von 138 Talern, dazu allerlei andere Vergütungen; das sogenannte Leichengefälle aber machte im Jahr etwa 50 Taler aus, zu denen noch ungefähr 10 Taler für den Singe-Umgang in der Stadt kamen, den es auch in Salzwedel gab. Der Kantor erhielt den Hungerlohn von 80 Talern, aber 100 Taler aus dem Leichengefälle.[17] Dazu muß man wissen, daß ein Student in Göttingen zur gleichen Zeit durchschnittlich 300 Taler jährlich brauchte, ohne damit ein Luxusleben führen zu können.[18] Zahlen, welche als Ziffern tot bleiben, aber unüberhörbar den sozialen Status bezeichnen, den ein Lehrer hatte. Es ist nicht verwunderlich, daß so mancher die Schule zugunsten einer besseren Pfarrstelle verließ. *Jetzt,* so schrieb schon 1760 der Göttinger Professor Büsching in seinem «Unterricht für Lehrer und Hofmeister», *sind die Schulämter in den meisten Städten verachtet, unwerth und unbeliebt, gründlich gelehrte und artige Männer scheuen und schämen sich dergleichen anzunehmen und die Schulen sind leer.*[19]

Es wurde auch nicht viel besser, als Harnisch nach Sekunda und Prima kam, in denen man normalerweise fünf Jahre verbrachte. Nur von einem seiner fünf Lehrer spricht er mit rückhaltloser Dankbarkeit und der schönen Charakteristik: *Der Mann erweckte Gesinnungen in uns;*[20] die anderen, der Rektor eingeschlossen, vermochten in ihren Zöglingen zwar Fleiß, aber keinen wirklichen Eifer zu erwecken, und so kommt es, daß in der Erinnerung des alten Mannes auch keine Gegenstände des Unterrichts lebendig werden. Was da vorgetragen wurde, gehörte nach Denkungsart und Methode der Mitte des soeben vergangenen Jahrhunderts an, wie denn bis heute ein durchschnittlicher Lehrer das lebenslang wiederholt, was er in seiner eigenen Jugend gelernt hat. Das war dann ein Religionsunterricht nach Reimarus, der einen Schüler kaum erwärmen konnte, welcher seinem Griechischlehrer den Satz: *Ich lese viel lieber das neue Testament, als die Iliade*[21] entgegenhielt. Ohnehin kam man im Griechischen nicht sehr weit, im Lateinischen verfuhr man konventionell, auch die damals noch verbreitete Kunst der lateinischen Rede ward nicht geübt, die Mathematik elementar. Noch war der folgenreiche Enthusiasmus für die sogenannte klassische Bildung nicht entfacht, jedenfalls nicht zwischen Havel, Jeetze und Elbe, und die Primaner hätten das Gymnasium recht mangelhaft ausgerüstet verlassen, wenn die besseren unter ihnen nicht auf eigene Faust das zu erwerben getrachtet hätten, was die Anstalt ihnen vorenthielt. Im Jahre 1806 erhielt Harnisch das damals noch nicht formalisierte Zeugnis der Reife – *freudig verließ ich die Schule, auf der ich oft sehr betrübt gewesen war.*[22] Er sollte in Halle studieren und in Frankfurt an der Oder, zwei sehr verschiedenen preußischen Universitäten. Aber dahin begleiten wir ihn nicht mehr, und von Hauslehrer-Erfahrungen, die auch er gemacht, sprechen wir ein andermal.

Wieweit nämlich seine Jugend charakteristisch war für die seiner Zeit, das wird erst erkennbar, wenn wir einen anderen Zeitgenossen als Zeugen aufrufen. Es ist der nachmalige Rektor der Domschule zu Schleswig, Ritter des Dannebrog, Dr. Georg Friedrich Schumacher, ein Großstadtkind. Denn die Stadt Altona war um die Jahrhundertwende nach Kopenhagen die größte Stadt Dänemarks mit mehr als 20000 Einwohnern, 2230 Häusern und 520 Wohnkellern, gleich groß also wie die Residenzen Hannover oder Stuttgart. Sie wurde gerühmt wegen ihrer Liberalität, gesucht als Verlags- und Druckort ohne Zensur; tolerant gegen alle Bekenntnisse, ja sie gewährte – damals unerhört – den 2600 deutschen und portugiesischen Juden das Bürgerrecht. Dazu kam die Nachbarschaft zur reichen Hansestadt Hamburg, die den Handel blühen ließ. Man sollte meinen, daß ein Kind dieses Ortes etwas mitbekäme von der weiten Welt, in welche die großen Schiffe elbabwärts segelten. Aber der kleine Schumacher mußte acht Jahre alt werden, bis er erstmals an der Elbstraße

Schiffe sah mit Matrosen, die auf- und niederkletterten, und zwölf oder dreizehn, bis er so viel Natur sah, daß er Freude daran hatte – *Von Gras und Blumen, von Blüthen und Bäumen – freilich davon war nicht die Rede.*[23] Er wuchs auf in einer unbeschreiblichen Armut und Enge. Das kam so.

Schumachers Vater war ein Kaufmann, der zur Börse ging und ein Comptoir besaß; seine Mutter war die Tochter eines reformierten Predigers. Es gab neben den lutherischen Kirchen zwei reformierte, eine deutsche und eine holländische, eine für die französischen Refugiés, eine für Mennoniten und eine für Quäker, dazu eine katholische und das Oberrabbinat. Man sollte meinen, daß soviel fromme Anstalten auf engem Raume ein Klima der Barmherzigkeit gegenüber Witwen und Waisen hervorgebracht hätten, aber das war nicht so. Als Schumacher drei Jahre alt war, starb sein Vater und hinterließ ein ruiniertes Geschäft. Die Predigerstochter saß mittellos da mit ihren vier Kindern, mit denen sie nicht in ein Haus, sondern eher eine Hütte zog: zwei winzige Stübchen, zwei Kammern, im Keller eine kleine Küche – das war alles. Die Diele wurde halbiert und ein Laden daraus gemacht für Kurzwaren und Hauben, welche die Mutter nächtlich nähte. Aber tagelang kam kein Kunde, die Verwandtschaft hielt sich zurück, und die einzige gute Mahlzeit gab es des Sonntags beim Großvater, wo es auch knapp zuging. Da mußten die Kinder ein Gebet hersagen, das ihnen unverständlich war, und dann schweigen. Der Hunger stand oft vor der Türe, und wie groß das Maß der Entbehrung war, kann man am Höhepunkt des Kinderjahres, an Weihnachten messen. Freilich, einen Weihnachtsbaum wie bei den Nachbarn gab es nicht und schon gar nicht Geschenke. Aber die Mutter zog sich in die Kellerküche zurück, die Kinder saßen erwartungsvoll auf der Kellertreppe, und um acht Uhr brachte sie – einen Apfelkuchen: *das war uns ein seliger Abend.*[24] Aber sonst galt der Satz: *Fremde thaten nichts für uns, weil wir nicht betteln konnten, und es fehlte zuweilen selbst im buchstäblichen Sinn des Wortes an Brod im Hause.*

Wahrscheinlich wäre vieles besser gewesen, wenn die Mutter nicht einen unbeugsamen Standesstolz gehabt hätte, der weniger ein Zug ihres Charakters als ein Produkt der sozialen Vorstellungen war. Eine Predigerstochter war etwas besseres als ein Handwerkerkind; eine reformierte Predigerstochter feiner als eine lutherische und nur übertroffen von einer Predigerstochter aus der französisch sprechenden reformierten Gemeinde. Die Schranken zwischen den Konfessionen, deren theologische Begründung man kaum mehr kannte, waren auch soziale Schranken, gemischte Ehen sehr selten. Arbeit war keine Schande, aber öffentlich nicht standesgemäß gekleidet zu erscheinen war undenkbar. Für solche Zwänge gäbe es viele Beispiele; war es für Harnischs Mutter eine Zumutung gewesen, als Meisterin mit einer Kiepe auf dem Rücken durch das Städtchen zu gehen, so war es für Frau Schumacher bei aller bitterer Armut unerträglich, anders als im Sonntagsstaat einer gesetzten Bürgersfrau den Gottesdienst zu besuchen, von dem man sich nicht ausschließen konnte. Sie trug sich noch nach der Mode des späten 18. Jahrhunderts vor der Revolution und stand des Sonntags früher auf als unter der Woche, denn sie brauchte drei Stunden, bis sie fertig war. Davon entfielen zwei auf das Kunstgebäude der Frisur, eine Stunde auf das Korsett mit eisernen Stangen, auf Brusttuch und Pochen, Fächer und Muff. Der Weg zur Kirche konnte wegen der hohen Schuhe nur langsam gegangen werden, zur Qual der Kinder.

Als das gute Tuch von des Vaters Kleidern verbraucht war, mußte auch Georg Friedrich sich mit schlechten Kleidern behelfen, diskret angenommene milde Gaben, wenn sie nur *in einem Schnitt, wie nur die feinere Klasse sie trug*,[25] gefertigt waren. Solche Rücksichten kannten die Spielkameraden auf der Gasse nicht, Handwerkerskinder, die rundgeschorene Köpfe hatten, während unser Freund schon mit acht Jahren sich folgendermaßen trug: *Ein hohes Toupet von der Stirn an mit Pomade fingerdick hinaufgestrichen, zu jeder Seite eine gehöhlte Locke mit Haarnadeln festgesteckt, hinten ein Zopf mit schwarzem Floretband, und nun das Ganze mit dickem Puder weiß bestreut!*[26] Weil der Friseur nicht bezahlt werden konnte, machte zunächst die Mutter die Frisur, vom elften Jahr an der Knabe selbst. Spielzeug besaßen die Kinder nicht, zuhause wurde Hochdeutsch gesprochen, auch dies ein rarer Ausdruck ständischen Bewußtseins; die Mutter wurde nicht anders als mit *Sie* angeredet, lauter Eigenheiten, die dem jungen Harnisch erspart blieben. Aber die Schwestern mußten allwöchentlich ein Paar Strümpfe stricken, die ein Großhändler abnahm.

Es ist zu verwundern, wie unter solchen Umständen der Sohn ein Bedürfnis fühlte nach Geistestätigkeit. Die verbitterte, oft verfinsterte und mutlose Mutter hatte ihm das ABC beigebracht, Schulgeld glaubte sie zunächst sparen zu können. Im Hause fand sich als Bibliothek eine barocke Übersetzung von Bunyans weit verbreitetem «Pilgrim's Progress» unter dem Titel «Bunians Reise eines Christen in die Ewigkeit», ein kraftvolles, aber gewiß kein kindliches Buch. Daneben gab es ein Kirchengesangbuch mit 1000 Liedern. Beides wurde immer wieder gelesen (das Gesangbuch von Anfang bis Ende), beides nicht verstanden, und beides beflügelte die Phantasie und erweckte Fragen. Die Schreib- und Rechenschule, eine rechte Armenschule für 80 Knaben unter einem Lehrer in Schlafrock und Pantoffeln brachte kaum Förderung; am meisten war da am Samstag zu leisten, wenn es galt, sechs Zeilen auswendig zu lernen aus dem in ganz Norddeutschland verbreiteten, zählebigen Schulbuch «Zweymal zwey und funfzig Auserlesene Biblische Historien ... der Jugend zum Besten abgefasset von Johann Hübnern, Rectore des Johannei zu Hamburg». Das war auch unserem Freund Harnisch nicht erspart geblieben und hörte sich so an:

> Tobias kriegt ein Weib, das hat ein schön Vermögen,
> Hingegen Sara kriegt auch einen frommen Mann.
> Danach ist Gottesfurcht dem Reichtum nicht entgegen,
> Man trifft auch Haab und Gut bey frommen Leuten an.
> Wohlan ich will vor mich auf dieß Exempel trauen,
> Und auch auf Gottesfurcht mein ganzes Glücke bauen.[27]

Man bemerkt hier (und nicht nur hier), wie barocke Denkungsweisen bis an die Schwelle des 19. Jahrhunderts reichen. Nach solchen Lektüren mußte eine andere Leseerfahrung wie eine Offenbarung wirken; es war der nicht minder zählebige, aber springlebendige «Robinson», den wir in nahezu jeder Autobiographie jener Zeit antreffen, ein Werk von unvergleichlicher Wirkung. Ein geliehenes Exemplar der alten, bei Felßecker in Nürnberg erschienenen Übersetzung öffnete eine neue Welt, Welt überhaupt. Es war im Winter, das Kind konnte das Haus nicht verlassen, hatte vom Frost offene Füße (es gab nur einen kleinen Ofen für alle und eine Kerze), aber *Von nun an aber spielte das Buch eine große Rolle in meinem innern Leben; ein Reich der Phantasie war mit ihm aufgegangen, und was mir wichtig war, die Gewohnheit einer solchen Gedankenabsonderung, und die nie wieder erloschene Liebe zu einer Lectüre ähnlicher Art ... Ich las mit Fleiß langsam, legte oft auf Minuten das Buch weg, um länger gut davon zu haben, und freute mich meiner wunden und oft sehr schmerzenden Füße, weil ich ihnen diesen Genuß verdankte. Diese Art, ein Buch zu genießen, mich ganz der Einbildungskraft für fremde Scenen hinzugeben ... ist mir für das ganze Leben geblieben; und ich glaube, hier liegt der Grund.[28]* Das war im zehnten oder elften Lebensjahr, und die Frage stellte sich, was denn aus dem Kinde werden sollte; ein Handwerk hätte nahe gelegen, aber das *Familien- und Standesgefühl*[29] der Mutter sträubte sich. Es schien, als bleibe kein anderer Weg als der einer Kaufmannslehre, aber was sollte ein Kaufmann ohne Geld?

Da entsann sich ein sonst gleichgültiger Verwandter der Tatsache, daß ein Familienstipendium von 400 Reichstalern bestehe, das Georg Friedrich, wenn er nur darum anhielte, mit Gewißheit zugesprochen werde. Studieren, das heißt: das Gymnasium besuchen und dann die Universität – das war mit den Vorstellungen der Mutter vereinbar und übertraf alle Hoffnungen des Sohnes.

Das Werk ward sogleich in Angriff genommen, ein Primaner für Lateinunterricht gewonnen, dessen offenkundig großes pädagogisches Talent den schüchternen aber schnell auffassenden Zögling in einem Vierteljahr zur Aufnahme in das Christianeum Regium vorbereitete. Unversehens fand er sich in der untersten Klasse, zum ersten Mal in näherem Umgang mit anderen Jungen. Links saßen an einem langen Tisch, Respekt einflößend, die Sekundaner, rechts die Tertianer, an der Tür stand einer, der zu spät gekommen war, für die ganze Stunde mit der aufgeschlagenen Bibel in der Hand. Wieder finden wir das Gymnasium in einem alten Klosterkomplex, durch mächtige Nußbäume noch mehr als gewöhnlich verdunkelt. Die Lehrer, ob klein und hager oder stark mit respektablem Bauch, *waren immer gekleidet, wie für das Visitenzimmer,*[30] anders als in Salzwedel; in den unteren Klassen leisteten sie ebensowenig wie dort, aber in den oberen unterrichteten doch Männer, deren Namen auch heute noch nicht ganz vergessen sind, etwa der Literat Dusch, wohlbekannt mit Klopstock, von dessen Glanz ein wenig auf ihn herabstrahlte.

Aber mindestens so einprägsam wie die Lehrergestalten mußte einem jugendlichen Gemüt die Figur des Pedellen erscheinen, der die Schulglocke schlug, den Lehrern mit einem Kratzfuß die Türen öffnete, die Primaner mit *Herr* anredete und vor allem Vollzugsbeamter für körperliche Züchtigungen war. Dreierlei Strafen gab es: den Tadel, das isolierte Stehen unter der Tafel während der Stunde und die Rutenschläge in die Hand, zu deren Exekution der pädagogische Unterbeamte feierlich herbeigerufen wurde. Nach vollzogener Strafe mußte das Opfer ihm noch ein Trinkgeld von 4 Schilling verabreichen, so wie er 8 Schilling erhielt, wenn er im Staatsrock die sehnlich erhoffte Anzeige der Versetzung ins Haus brachte. Solcher Brauch mußte Schumachers Mutter hart ankommen, aber angesichts des Aufsteigens ihres Sohnes versagte sie sich die Scheltrede, von der jede Ausgabe begleitet war. Ihr Versuch, das Schulgeld zu reduzieren, das mit den Klassen anstieg, mußte freilich scheitern.

Die Rangfolge in der Schule war eingeschliffen, zwischen den beiden Unterklassen und den oberen war eine tiefe Kluft, und wenn die Versetzung in jene wie ein Schritt über einen kleinen Bach anzusehen war, so war der Übergang in die Prima wie *ein Hinübersetzen über einen Strom, an dessen jenseitigem Ufer eine andere Welt liegt.*[31] Die Schüler der unteren Klassen mußten vor denen der Prima und Selecta, der oberen also, den Hut ziehen. Die Primaner gingen, wie die Selectaner, mit einem Stock zur Schule, ein eifersüchtig gehütetes Vorrecht. Bei feierlichen Anlässen gar marschierte man gestiefelt und gespornt auf, mit Federhut und Degen, die Anführer in Scharlach und Gold, etwa wenn der Kronprinz aus Kopenhagen zu Besuch kam; als der Subrector zu Grabe getragen werden mußte, war der Aufzug ähnlich, aber schwarzer Flor herrschte vor. Wie die Kleidung war, wenn die unverheiratete Tochter einer angesehenen Familie nach altem Vorrecht durch Gymnasiasten zu Grabe getragen wurde, ist nicht überliefert, wohl aber, daß jeder der zwölf Träger nach der Feier auf einem Teller eine Zitrone und einen Speziestaler in Papier gewickelt erhielt. Die Zitrone galt seit alters als Desinfektionsmittel, mit dem Taler konnte der Aufwand kaum bestritten werden. Schumacher half sich aus der Bedrängnis, in die er durch solche Bräuche notwendig gebracht wurde, indem er sich die Utensilien zusammenborgte. Im übrigen war er fleißig, soweit der Unterricht ihn herausforderte, und das war keineswegs in allen Lektionen der Fall. Am meisten lernte er, wie es auch unsereinem heute geht, durch Lehren. Den ersten Unterricht gab er mit 14 Jahren einem Knaben vom Lande im Lateinischen; das Honorar betrug 4 Schilling pro Stunde, eben die Summe, die der Pedell erhielt, wenn er einem Schüler in die Hand schlug.

Noch war Latein das Hauptstück des ganzen Unterrichts und eine gute Latinität sein Ziel. Schumacher war geschickt darin, nicht in der Mathematik, die über den Pythagoras nicht weit hinauskam. *Ein Bischen Linguistik* (das heißt ein wenig Fremdsprachen), *etwas Geographie, sehr wenig Historisches, das war die ganze Herrlichkeit.*[32] Die erste Grundlage des Geschichtsunterrichtes waren – man höre und staune – die Bücher Moses, und das zu einem Zeitpunkt, da die Bibelkritik zu einem Hauptgegenstand der gelehrten Welt geworden war. Es ist dies ein gutes Beispiel für die wechselseitige Überlagerung geschichtlicher Epochen. Immer noch gab es im letzten Jahrzehnt des 18. Jahrhunderts barocke Denkweisen, wie schon Hübners Schulbuch gezeigt hat; das ist nichts anderes als die Präsenz wilhelminischen Stils in der ersten Hälfte des 20. Jahrhunderts bis tief in die Ära Adenauers und über diese hinaus. Auch nach Altona war der Geist der Aufklärung nur sporadisch gedrungen, und so brauchte der Geschichtslehrer drei Stunden, um die Israeliten durch das Rote Meer zu führen; die späteren Epochen wurden trocken chronikalisch absolviert. Es nimmt nicht wunder, wenn der siebzigjährige Schumacher rückblickend das facit zieht: *Vergleiche ich, was da (oder vielmehr wie) gelehrt ward, mit dem, was jetzt auf guten Gymnasien z.B. den Preussischen gelehrt und gefordert wird, so war das Ganze, allem Glanz zum Trotz, erbärmlich. Von Wissenschaft nichts, außer etwas Mathematik, elend die Geschichte, noch fruchtloser die Dogmatik; übrigens:* (das heißt hier «und im übrigen») *alte Sprachen als Hauptsache, Englisch und Französisch oberflächlich.*[33] Deutschunterricht gab es nicht, nicht ein einziger deutscher Aufsatz ward in der Prima oder Selecta verfaßt, die Alten wurden so traktiert, daß ein rechtes, zusammenhängendes Übersetzen und Begreifen der Texte nicht zustande kam. *Uns quälte das Gefühl unsers Nichtkönnens, und wir wollten so gerne.*[34]

Da half nun teils das Schicksal, teils der gute Wille, man kann auch sagen das Bildungsbedürfnis der jungen Leute weiter. Schumachers Mutter starb, vermutlich an Schwindsucht, an der schon sein jüngerer Bruder gestorben war. In die Trauer mischte sich ein Gefühl von Befreiung, denn ein tatkräftiger Vormund sorgte für ein bescheidenes, aber endlich eigenes Zimmer, für die Freitische, von denen wir schon gesprochen haben, und gewann eine Anzahl von Bürgern für eine Subskription, die mit regelmäßigen Beiträgen den Unterhalt des begabten Jungen sichern sollte. Und da ihm ein Partout-Billet für das Theater gestiftet wurde, *so läßt sich begreifen, daß mein Leben auf der Schule nach meiner Mutter Tode allerdings ein Himmel zu nennen war an Genüssen, gegen die traurige entbehrende Zeit der frühern Jahre.*[35] Zu den Genüssen gehörte auch die Begegnung mit der Literatur. Die Schule besaß eine ansehnliche überlieferte Bibliothek von 10000 Bänden, aber niemand machte sie den Schülern zugänglich. Man durfte sich ein Buch ausbitten, aber man durfte keines aussuchen, und so blieben die Anläufe unseres Helden frühzeitig stecken. Aber es gab einen von den oberen Klassen gegründeten

«Humanistischen Verein», in dem – nach des Erzählers Worten – der Geist mehr als das Wissen herrschte. Da las man, schrieb man und rezensierte, z. B. den «Wandsbecker Boten», damals eine aktuelle Zeitschrift aus nächster Nähe; oder man las den sentimentalen «Siegwart», in welchem der Liebhaber dahinstirbt auf dem Grabe der geliebten Nonne, man las «Werthers Leiden» und den Roman «Siegfried von Lindenberg» des Landsmanns Müller von Itzehoe. Wahrscheinlich hat diese jugendliche Selbsthilfe die Geistestätigkeit mehr gefördert als der Unterrichtstrott insgesamt. Im Zusammenhang mit solchen Gefühlsgenüssen standen die *Freuden an der Natur*,[36] womöglich bei Mondschein. Es ist heute schwer vorstellbar, daß die Umgebung von Altona von großer Lieblichkeit war; die rechte Elbseite war von Ottensen abwärts noch unbebaut, hin und wieder ein einfaches Bauernhaus, überall die weite Aussicht auf das andere Ufer. An den Uferhängen saß man und sang vierstimmig, in die Nächte hinein wurde diskutiert in jenem Zustand erhöhten wechselweisen Selbstgenusses, der charakteristisch ist für die ausgehende Pubertät. *Die drei Jahre*, so erinnert sich der Siebzigjährige, *in denen ich nun noch Gymnasiast blieb, waren allerdings die glücklichsten meines ganzen Lebens.*[37] Sie endeten, als der Achtzehnjährige (das war spät) die Landesuniversität in Kiel bezog.

Dahin begleiten wir ihn nicht mehr, so wenig wie wir mit dem jungen Harnisch nach Halle und Frankfurt an der Oder gegangen sind. Es stand nicht gut um die deutschen Universitäten, wenn man absieht von Halle und Göttingen; aber davon zu sprechen hieße ein anderes, großes Kapitel aufschlagen. So verlassen wir Schumacher, der schläfrig im Postwagen von Altona nach Kiel reist, das in den neunziger Jahren etwa 150 Studenten insgesamt zählte. Er sollte Theologie studieren, und die Gründe waren die gleichen, wie wir sie bei Harnisch kennengelernt haben: *Und was wollte, was sollte ich nun da auf der Academie? Für meine künftige bürgerliche Existenz mich vorbilden; das ist doch, ganz prosaisch, gewöhnlich der Punkt, worauf es hinausläuft, und an Begeisterung für Kunst und Wissenschaft, um ihrer Selbst willen, ist bei den Wenigsten auch nur ein Fünkchen da ... Ich sollte Theologie studieren; hatte ich das denn gewollt? und war dies recht eigentlich mein Beruf? Ich glaube Nein. Aber Umstände geboten auch hier. Hätte unser Vaterland damals schon ein philologisches Seminar gehabt, wie jetzt, so wäre meine eigentliche Bestimmung mir selbst klar geworden.*[38] Nun, er ist doch in den Lehrerstand gekommen; nach der üblichen Hauslehrerzeit

mit ihren bitteren Erfahrungen, nach dem Rektorat einer Zwerg-
schule und einer Zeit in Husum beschloß er ein langes Leben zu
Schleswig, ordensdekoriert und geachtet. An den Leser seiner Autobiographie gewandt hatte er gesagt: *Wer mich liest, mag mir etwas
Weitläufigkeit zu Gut halten; mich interessiren die Specialien aus dieser Zeit noch immer, und so muß er mit mir vorlieb nehmen.*[39]

Die gleiche Bitte mit derselben Begründung muß ich am Ende der
Betrachtung zweier Jugendleben auch an meine Leser richten. Freilich, gerechtfertigt ist die Beschäftigung mit den *Specialien aus dieser
Zeit*, soll sie mehr als bloße Neugier befriedigen, nur dann, wenn im
Besonderen auch ein Allgemeines deutlich wird. Davon noch ein
knappes Wort, zunächst das Allgemeinste. Die noch einigermaßen
gleiche Sprache, die wir mit jener Zeit bürgerlicher Kultur gemein zu
haben glauben, täuscht uns leicht darüber hinweg, daß es eine sehr
andere Zeit war. Noch sind die gesellschaftlichen Lebensformen fest-
gefügt und die Zwänge groß; in Altona ist dies deutlich geworden,
nicht nur weil Schumachers Jugendleben ein dutzend Jahre vor dem
Harnischs begann und Perücke und Degen noch Standesabzeichen
waren. Aber gemeinsam war beiden die Einfachheit, ja Kargheit der
Lebensführung und die Überschaubarkeit des Lebenskreises. Zugleich aber wird eine Durchlässigkeit der überkommenen Schranken
und Vorstellungen sichtbar: der Trieb zu einer höheren Bildung und
Geistestätigkeit, charakteristisch für viele solcher Zeugnisse und
Lebensläufe, erweist sich zugleich als ein Mittel zum sozialen Aufstieg. In ihrer späteren Wirksamkeit haben beide ihre Jugend nicht
vergessen und mitgewirkt an einer gründlichen Reform des Bil-
dungswesens. Gern hätte ich auch noch gesprochen vom Leben des
preußischen Geheimrats Eilers, eines ostfriesischen Bauernsohns;
unter dem einen Strohdach seines frommen Elternhauses lebten noch
Herr und Knecht mit dem Vieh zusammen; aber als Student trifft er
die berühmten Männer seiner Zeit.[40] Gemeinsam ist allen eine
größere Gegenwart von Natur und Jahreszeit, freilich schon überschattet von einem schwer greifbaren Gefühl bevorstehender Veränderung. Wir treffen es bei fast allen; ich will es zusammenfassen
nochmals mit den Worten Schumachers, der sich von seinen Schuljahren verabschiedet mit der Erzählung eines ihm unvergeßlichen
Erlebnisses; es war der Aufstieg des französischen Luftschiffers
Blanchard. Sein Ballon wurde auf der Sternschanze vor Hamburg
gefüllt, wo heute der Bahnhof ist; er stieg auf vom Heiliggeistfeld.
Davon schreibt nun Schumacher im Jahre 1841: *Nur diese eine Luft-*

fahrt habe ich gesehen. Aber um vieles mögte ich die Erinnerung nicht entbehren. Der Charakter dieser Erscheinung war ganz anderer Art, als die jetzigen Fortschritte in der Physik, wo nur das prosaische Utilitätsprincip herrscht, und wo alles mittelst Locomotiven und Dampfschiffen nur Einem Götzen der Zeit im eigentlichen Sinne nachjagt, dem Gewinn. Die Luftfahrt war poetisch, ideal, hoher Jubel über einen gelungenen Versuch, die Natur zu beherrschen, aber nicht um Schätze zu gewinnen, sondern schwelgend in dem Gefühl: die Erde, wenn auch nur auf Augenblicke, zu verlassen, und zu schweben in höhern Regionen, die bis dahin dem Menschen versagt waren.[41] So dachte man, noch.

Wandsbeck

Wandsbeck[1] ist heute ein nordöstlicher Stadtbezirk von Hamburg, 148 Quadratkilometer groß mit 372 200 Einwohnern. Als Matthias Claudius und für eine Weile J. H. Voß dort wohnten, in den letzten Jahrzehnten des 18. Jahrhunderts, hatte es 141 Häuser und 900 Einwohner, ein stattliches Schloß des Grafen Schimmelmann, überdies eine *Buchdruckerey* (sie druckte den «Wandsbecker Bothen»), *3 Kattunmanufakturen, eine Wachsbleiche, Band- und Strumpfwebereyen, Korn- Holz- Loh- Papier- und Tabaksmühlen. Der Ort hat große Freyheiten.*[2] Mit den großen Freiheiten meinte Johann Hübners «Staats-, Zeitungs- und Conversationslexikon» von 1795 vor allem Privilegien, welche die Judenschaft in dem der dänischen Krone gehörigen Ort genoß. *Ein Jude war ehedem in den Augen derer mehresten die sich Christen nennen,* so schreibt der ungenannte Verfasser der «Nachrichten von der Geschichte und Verfassung des adelichen Gutes Wandsbeck» (Hamburg 1773) *ein abscheulich Ding, und er ist es in vielen Ländern und Örtern, wo sie selten sind, noch; es wird den kleinen Kindern schon eine Abneigung gegen diese Leute eingeflößt.*[3]

Nicht zuletzt daher rührte, so weiß der anonyme Gewährsmann, daß Wandsbeck zu Unrecht einen schlechten Ruf habe, denn: *Wenn man eine Ungerechtigkeit, ein niederträchtiges Betragen, eine betrügliche, lüderliche oder überhaupt eine Handlung bemerklich machen will, die gegen Tugend und Wohlstand streitet, die lasterhaft ist, so pflegt man davon zu sagen: Dies gilt zu Wandsbeck.*[4] Auf diesen Spruch bezog sich auch der ebenfalls namenlose Verfasser einiger «Meine Wanderung durchs Vaterland» überschriebenen Aufsätze in den «Neuen Schleswig-Holsteinischen Provinzialberichten» vom Jahre 1813, offenbar ein reiselustiger Pastor. *Itzt gilt zu Wandsbeck als recht nichts, als was nach dem allgemeinen Gesetz dafür erkannt ist.*[5] Und er hebt hervor, daß der Ort merkwürdig sei als Wohnsitz zweier Männer, *des Grafen Heinrich Carl von Schimmelmann* und *unseres Claudius.* Die Anmut Wandsbecks hatte auch schon der erste unserer beiden Zeugen hervorgehoben: *Wandsbeck war ehemals schon von der Natur zu einem anmuthigen Orte gemacht; ein kleines lustiges Gehölze, woran es liegt, die dasige reine Luft, das gesunde Wasser, welches eine allda vorhandene Quelle giebt und andere Annehmlichkeiten, reizten verschiedene aus dem benachbarten Hamburg, welche Liebhaber des Landlebens waren, schon zu vorigen Zeiten dazu an, sich allhier Sommerhäuser zu bauen und Gärten dabey anzulegen.*[6] Claudius hat die Broschüre nach dem Erscheinen rezensiert. *Das ist nun so'n Büchel von Wandsbeck das dem Leser von allem Bescheid tut, von allem – von den alten Wenden ... von Juden und Christen ... und von noch viel mehr, das Zeit und Umstände, zwar alles mit sich, hier aber nicht alles vor's geneigten Lesers sein Auge bringen.*[7]

Vor's Auge gebracht wird darin freilich der zum (1861 abgebrochenen) Schlosse gehörige *herrschaftliche Garten,* in Wahrheit ein Park. *Es sind in selbigem viele große und reizvolle Gänge, schöne Lusthäuser, schattige Lauben, prächtige Portale und Pavillons, Springbrunnen und andere anmuthige Vorrichtungen gemacht, welche dem Auge und Gemüthe die sanftesten Ergötzungen darbieten.*[8] Die schönen Anlagen standen dem Publikum offen, und auch Claudius, zuweilen Gast im Schlosse, ist darin spazieren gegangen. Er selbst wohnte seit 1782 nach heutigen Begriffen großzügig und schön, trotz seiner chronischen Geldverlegenheiten. Das Haus, das der Zweite Weltkrieg zerstört hat, war von dem noblen einstöckigen Typus, der im nördlichen Deutschland und in Skandinavien anzutreffen ist: auf beiden Seiten des Eingangs, zu dem eine Treppe führte, gingen jeweils sechs Fenster auf Straße und Garten. In der Mitte erhob sich ein Giebel mit einem dreifenstrigen Zimmer, vor und hinter dem Hause standen Linden. Wie es in seinem Inneren aussah, hat uns Claudius' Enkelin Agnes Perthes überliefert: *Meines Großvaters Stube war die einzige, die mit Tapeten geschmückt war. Alle andern Stuben hatten weiße Wände und weiße Fußböden, die mit Sand bestreut waren ... In der Wohnstube stand ein sehr großer Ofen wo die Kacheln, die weiß waren, mit blauen Bildern aus dem Alten Testament bemalt waren.*[9] Claudius zeigte und erklärte den Kindern, was die Ofenkacheln erzählten – eine anschauliche Kinderlehre, aus der Tobias und sein Hündchen der kleinen Agnes den bleibendsten Eindruck machten. An die Wohnstube schlossen sich zwei Schlafkammern an, eine mit einem großen Himmelbett für die Großeltern, eine andere für die jüngsten Söhne. Die Töchter hatten ihre Schlafstube im Nebenhaus, das eine besondere Attraktion für Kinder anbot: von der Schlafkammer konnten sie durch ein Fensterchen in den Hühnerstall sehen: *Wir sahen oft, wie die Hühner auf einem Bein standen und schliefen, oder wie sie auf ihren Nestern saßen und schliefen.*[10] Eine wichtige Rolle, von Claudius' Briefen bezeugt, spielte auch der Hund Phylax, der seinen Herrn überallhin begleiten mußte – *wollte er aber in die Kirche gehen, so klapperte er mit den Schlüsseln und Phylax kroch wieder unter den Ofen.*[11] Als Claudius, dem alles Militärische tief zuwider war, im Jahre 1813 sich vor den kriegerischen Bewegungen nach Lübeck geflüchtet hatte, schrieb er seinem Sohn Fritz, welcher das Haus zu hüten zurückgeblieben war: *Rette mir nur die Linden hinter dem Hause; die Linden und Eichen vor dem Hause will ich verschmerzen, wenn es nicht anders sein kann.*[12] Die Soldaten pflegten sich vorbeugend ein Schußfeld zu sichern, indem sie im Wege stehende Bäume niederlegten.

Unter diesen Bäumen war sein Lieblingsplatz; Jahre zuvor hatte es in einem Brief an die Tochter Anna geheißen: *Ich schreibe Dir unter den Linden hinterm Hause, wo es des vollen Laubes wegen dies Jahr noch schöner ist als sonst.*[13] Freilich hatte Claudius, als er vor fast vier Jahrzehnten zu Weihnachten 1770 nach Wandsbeck zog, durchaus bescheidener begonnen. Er war damals dreißig Jahre alt. *Ich lebe sehr vergnügt und glücklich,* so ließ er den Literaten Gerstenberg wissen, *und wenn ich jährlich einhundert Taler mehr hätte, würde ich mich nach nichts umsehen. So ist freilich* angusta res domi, *aber das schärft das Ingenium.*[14] Zum glücklichen Leben trug vor allem eine Wandsbeckerin bei, Claudius' geliebte Rebekka, eines Zimmermanns Tochter, der neben dem Handwerk eine bescheidene Dorfwirtschaft führte. Dort war der Schlüssel zu Claudius' neu gemieteter Wohnung in Verwahrung. Als er ihn abholen wollte, war das Fach nicht zu öffnen, darin er hing. Die schöne sechzehnjährige Tochter des Hauses ergriff kurzerhand ein Beil, befreite den Schlüssel und eroberte sich mit solcher (vielfach deutbaren) Tat das Herz des Dichters, der nicht zögerte, Wandsbeck zu besingen:

> Gesetzt du wärst, dich zu erfreun
> Und ob des Leibes Stärke,
> In Hamburg (Fleisch und Fisch und Wein
> Sind hier sehr gut, das merke!)

> Und hättest Wandsbeck Lust zu sehn
> Und bist nicht etwa Reiter;
> So mußt du aus dem Tore gehn,
> Und so allmählich weiter ...

Nur siehe fleißig vor dich hin
So wirst du schaun und sehen
Da einen Wald, wo mittendrin
Lang Turm und Häuser stehen ...

Wo unser Pastor Predigt hält,
Und unser Küster singet,
Und uns ein Wunsch nach jener Welt
Durch Mark und Beine dringet ...

Schön ist die Welt, schön unsre Flur,
Und unser Wald vor allem
Ist schön, ein Liebling der Natur
Voll Freud und Nachtigallen.[15]

Claudius' frühe Briefe geben wenig greifbare Auskunft über das Wandsbecker Leben. Dennoch sind wir um Nachricht nicht verlegen, denn Johann Heinrich Voß, der zunächst allein, später mit seiner Ernestine, der geborenen Boie, in das schöne Dorf und in Freundesnähe gezogen war, hat brieflich davon berichtet. *Aus meinem Garten seh' ich Wendemut, eben die Bleiche, die hinter Claudius Garten anstößt, und das bretterne Gerüst, das Vetter Cl. sein Lusthaus nennt, wo wir noch im Sommer auf liegen, Kaffe trinken, und wie Muselmänner Toback rauchen. Hier wohne ich mit meinem Weibe ...*[16] Genauer erzählt Ernestine in ihren Erinnerungen. *Das Haus, das wir bezogen, hatte nur wenig Raum, zwei oder drei Zimmer, einen nicht kleinen Garten, und wir bewohnten es allein. Ein Duzend Stühle, einige Tische, und das unentbehrlichste Geräth ward so hübsch und mit so fröhlichem Herzen wie möglich geordnet; was irgend fehlen konnte, für die Zukunft aufgespart ... Beim Einräumen fehlte es nicht an hilfreichen Händen; besonders thätig zeigten sich Wilm (der Hauswirt), Claudius und Rebekka. Diese geleiteten uns auch Abends nach Hause, und Claudius zündete aus seiner Handlaterne das erste Licht an und hielt dann einen feierlichen Sermon über Einigkeit und Sparsamkeit ...*[17]

Von Sparsamkeit verstand der Wandsbecker Bote viel, der Not gehorchend. Er hatte an Voß, als dieser den Umzug erwog, eine Aufstellung der Kosten gesandt, die sich für einen Hausstand von zwei Personen ergäben. Die Summe für ein Jahr betrug 380 Reichstaler, eine Zahl, für die Relationen zu gegenwärtigen Lebenskosten herzustellen kaum möglich ist. Man mag sich aber erinnern, daß ein Student zu Göttingen damals bei vernünftigem Wandel 300 Taler per annum benötigte. Auch ist das Verhältnis der einzelnen Aufwendungen in Claudius' Liste lehrreich. So wurden für die Putzfrau *Alt Weiblein wöchentlich 2 S gr.*[18] (Silbergroschen) veranschlagt, das waren im Jahr 34 Reichstaler. Der Tischler berechnete für zwei Bettstellen 8 Reichstaler, das Bettzeug sollte 30–40 Reichstaler kosten, den Jahreslohn also der Putzfrau. Zehn Taler wurden für Gardinen – *Behängsel und Fensterhängsel* – eingesetzt, für Holz, mit dem geheizt und gekocht wurde, 20 Taler veranschlagt, *für Essen und Trinken wöchentl. 5 Rthlr. macht 250.– Nota bene Wein wird sehr sparsam getrunken,* der Tabak durfte jährlich 3 Taler kosten, und selbst zwei *Nachttöpfe fein gut* waren nicht vergessen; die gab es zusammmen für eineinhalb Taler mit dem Vermerk *kann auch gespart werden, und die Herren außer der Tür oder aus dem Fenster operieren.* Ein besonderer Posten erhielt den Titel *außerordentliche und ordentl. Feten,*[19] denn Claudius verstand zu feiern und wußte vielfältige Anlässe zu erfinden. Da gab es ein *Revisionsfest,*[20] wenn er seiner alljährlichen Pflicht als Revisor zu Altona genügt hatte, es gab ein *Wurstfest*[21] nach dem Schlachten, es gab ein *Genesungsfest* für Klopstock[22], es gab *den Freuden-Coffee für die Kinder,*[23] und mit dem sorgfältigsten Vergnügen wurden sämtliche Geburtstage begangen.

Gastlichkeit und freundschaftlicher Umgang wurden gern geübt, und man ging zum Kegeln ins Gasthaus, Rebekkas Vaterhaus. *Jeder Luxus war hier strenges Verbot, nicht einmal Kaffe oder Thee ward eingeräumt, bloß Kaltenhöfer Bier, für Claudius ein Ideal, und reines Brunnenwasser; dazu Butterbrot mit Käse und kaltem Braten. Manchmal kegelten wir bis zehn Uhr, bei Licht und im Mondenschein.*[24] Auch in Wandsbeck galt der Meldorfer Satz: *Wir haben einen Begriff von Rechtlichkeit ohne Pracht.*[25] Die Sparsamkeit ging zu Anfang bei dem jungen Paar so weit, so erzählt Ernestine, *daß Abends nur ein Licht angezündet wurde. Da Voß immer stehend am Pult arbeitete, und dazwischen auf und abging, entweder schweigend oder mittheilend, was in ihm lebte, ich aber für die zierlichen Stiche mit der Nadel der Helle nicht wohl entbehren konnte; so ersannen wir die Aushülfe, neben das Pult unsern Eßtisch und auf diesen für mich einen kleinen Strohsessel aus der Küche zu stellen.*[26]

Zu den Freuden, die das schlichte Leben gewährte, gehörte die damals noch unzerstörte Natur. *Ich bin ein paar Stunden im Garten gewesen,* schrieb Voß im März 1776, *und habe mich des schönen Frühlings erfreut. Die Sonne scheint so warm, der Himmel ist blau,* *die Lerche singt; im Bache stehn die Cattundrucker, und singen zu ihrer Arbeit, und in den Gärten umher frohlocken die Mädchen mit blinkenden Spaten und Harken, und säen Salat und Erbsen.*²⁷ Die kleine Industrie zu Wandsbeck, die bunte Baumwollstoffe herstellte, ging in den napoleonischen Kriegen ein. Solange sie bestand, muß sie ein farbiges Leben in die Landschaft gebracht haben, denn die eingefärbten Stoffe wurden auf dem Rasen ausgelegt; manche Farben, so belehrt uns noch Pierer's Lexikon von 1835,²⁸ waren so empfindlich, daß solche Bleiche nur an trüben Tagen möglich war, aber robustere Farben ertrugen auch die Sonne, wie sie Claudius *Im Junius* pries: *... die Lenzgestalt der Natur ist doch wunderschön; wenn der Dornstrauch blüht und die Erde mit Gras und Blumen pranget ... Und der Wald hat Blätter, und der Vogel singt, und die Saat schießt Ähren, und dort hängt die Wolke mit dem Bogen vom Himmel und der fruchtbare Regen rauscht herab –*

> Wach auf mein Herz und singe
> Dem Schöpfer aller Dinge ...²⁹

Zu idyllisch soll man sich dies alles nicht vorstellen. Im alten Lexikon-Artikel über den Kattun stand auch zu lesen: *Die Kattunmanufaktur ist nur da mit Vortheil zu betreiben, wo der Lebensunterhalt der Arbeiter wohlfeil ist, oder wo es an andern Erwerbsmitteln fehlt.*³⁰ Im März 1806 schrieb Claudius seiner Tochter Anna: *Die Fabriken hier im Ort kommen sehr ins Abnehmen, und das hat natürlich auf alle Einwohner Einfluß.*³¹ Und der Gräfin Schimmelmann widmete er Verse, die er überschrieb *Die Armen in Wandsbeck:*

> Wohltaten, still und rein gegeben
> Sind Tote, die im Grabe leben;
> Sind Blumen, die im Sturm bestehn;
> Sind Sternlein, die nicht untergehn.³²

Aber die Armen konnten von *Wohltaten* allein auch nicht bestehen, und so stieg die Kriminalität. Dem Pastor wurden alle Hühner und Teelöffel gestohlen, drei Korb Wäsche überdies.³³ Im Gehölz erschoß sich der Dr. Arnemann, freilich war es ungewiß, ob aus Geldnot und Schulden, oder aus anderen Gründen. *Er hatte die Pistole mit grobem Hagel geladen, unterm Kinn angesetzt und Nase, Zunge, Augen und Ohren pp. sind so zerschmettert und gerissen gewesen, daß er unkenntlich und die Leute über den Anblick ohnmächtig geworden sind.*³⁴

Oft war auch im Claudiusschen Hause die Mühsal groß. *Sie dürfen es auch wirklich nicht übelnehmen,* schrieb Rebekka dreiunddreißigjährig an Ernestine Voß, *denn der Brief hat alle Zeit her schon sollen geschrieben werden, aber 7 große und 1 kleines Kind, ein dickes Bein und nur eine Magd dazu im Hause – Frau Nachbarin, da muß mans eigentlich gut nehmen, daß er nun noch geschrieben ist.*[35] Das war zu Beginn des Jahres 1787; im Herbst richtete Claudius eine Bittschrift an den Kronprinzen, seinen späteren König Friedrich VI. *Durchlauchtigster Gnädiger Prinz,* so begann sie, *ich habe mich bisher meiner Hände Arbeit genährt und mich nicht übel dabei befunden; aber acht Kinder die doch halbwege erzogen und unterrichtet sein sollen, fangen an, mir meine Zeit zu nehmen und mir meine itzige Lebensart etwas beschwerlich zu machen ... Ich wünschte irgend eine Stelle in des Königs Lande und, wenn es sein könnte, im lieben Holstein. Gnädiger Prinz, ich bitte nicht um eine sehr einträgliche Stelle, sondern nur um eine, die mich nährt...*[36] Der Brief war nicht erfolglos; der vertrauenswürdige Bittsteller erhielt die Stelle des 1. Revisors der Schleswig-Holsteinischen Bank zu Altona, offenbar nicht übermäßig verbunden mit kaufmännischem Zahlenwesen, sondern der Verpflichtung, in einigen Jahreswochen der Revision in persona beizuwohnen.[37] Das gab eine nicht üppige, aber solide materielle Grundlage und erübrigte weitere, der Schriftstellerei abträgliche Anstrengungen, wie sie zuvor zum Beispiel in der Aufnahme jugendlicher Pensionäre bestanden hatten.

Friedrich Heinrich Jacobi nämlich hatte seine beiden halbwüchsigen Söhne dem Freund anvertraut, ob mehr aus pädagogischer als aus wohltätiger Absicht sei dahingestellt. Zwei Jahre lang hatte Claudius sie gewissenhaft unterrichtet, solid im Lateinischen und Griechischen, auch den neueren Sprachen, weniger handfest in der Mathematik.[38] Claudius' wohlinformierter Biograph Wilhelm Herbst zitiert ein Geburtstagsgedicht, das die *Brüder und Schwestern Jacobi* dem Wandsbecker Boten im Jahre 1783 gewidmet hatten:

> Ihm, der an seinem Bothenstab
> So friedlich geht, so still vorüber
> Vor Nachtigallenhain und Grab;
> Dem seiner Kinder Freude lieber
> Den Himmel und die Erde macht;
> Der jeden Weg bey Tag und Nacht,
> So rauh er ist, zu Ende singt,

Und Deutsch und wahr in That und Worten,
Den guten Seelen aller Orten
So manche gute Zeitung bringt –
Ihm wollen wir zu Lieb' und Ehren
Den zweyten Freudenbecher leeren.[39]

Es wurde, trotz aller Sparsamkeit, so mancher Becher geleert, und die Wandsbecker Gastlichkeit ist vielfach gelobt worden. Ein jüngerer, früh verstorbener katholischer Theologe namens Seltele, der das nördliche Deutschland durchwanderte, hat eine Weile als Gast bei Claudius gewohnt und davon erzählt: *Sie können nicht glauben, wie ich mich auf die Stunden freue, wo ich weiß, daß Claudius geschäftsfrei ist. Von 7 bis 10 Uhr Abends verfließen die glücklichsten Augenblicke meiner Reise … das ihm Eigne: unter schlechten Lumpen von Worten etwas Wichtiges zu sagen, seine Anmaßungslosikeit, seine Mäßigkeit im Urtheile, Hindringen auf die Hauptsache und sein Respekt gegen das Zufällige, wenn es ein Mittel zur Hauptsache sein kann, davon habe ich alle Tage Beispiele … Vor oder nach dem Abendessen nimmt Claudius seinen oben gekrümmten Stecken – seine Haare hängen ihm unfrisirt und ungepudert über den Rock; er ist auch nicht bange, wenn ihm die Strümpfe in Falten über die Beine hängen – und wir durchstreifen das angenehme Wäldchen.*[40] Am Abend aber finden sich die Freunde *im Garten um das Chor gelber Nachtblumen und warten stille den Zeitpunkt ihrer Entwickelung ab.*[41]

Der heutige Leser fragt sich, wo die tieferen Gründe liegen mögen für die Intensität, mit der Natur betrachtet, erfahren und besungen wurde. Am Himmelfahrtstage 1775 schrieb Voß an seinen Freund Brückner: *Wir sind den ganzen Tag bei Bruder Claudius und liegen gewöhnlich bei seiner Gartenlaube auf einem Rasenstück im Schatten, und hören den Kukuk und die Nachtigall. Seine Frau liegt mit ihrer kleinen Tochter im Arm neben uns, mit losgebundenen Haaren, und als Schäferin gekleidet. So trinken wir Kaffee oder Thee, rauchen ein Pfeifchen dabei, und schwazen, oder dichten etwas gesellschaftliches für den Boten …*[42] Es ist eine inszenierte Natürlichkeit, schon im Moment des Erlebens wird sie poetisch begriffen, und damit zugleich Vehikel des Selbstgenusses: *Wir haben diesen Frühling unzählbare Lustbarkeiten gehabt. Die schönste war eine Elbfahrt. Wir waren den ganzen Nachmittag in einem Garten, der aus lauter Lindenalleen und Lauben besteht, wo ganze Banden Nachtigallen sangen, und übersahen die Elbe, so weit das Auge reichen konnte, mit fliegenden Schiffen bedeckt. Des Abends fuhren wir auf der Elbe zurück ... Der Mond schien so hell am Himmel, und goß einen ganzen Bach von Stralen über den stillerwartenden Fluß aus.*[43]

Die Nachtigall steht diesen Poeten auch tags zur Verfügung. Wiederum Voß, am 29. April 1775: *Ich schreibe dies auf Claudius Stube, der mit seiner Frau und Müller nach dem Holze gegangen ist, die liebe Nachtigall zu hören.*[44] Der Brief wird am 2. Mai fortgesetzt: *Wir liegen den ganzen Tag im Walde oder in seinem Garten auf einem Grasstück neben einer Laube von zwei Stockwerken, hören die Nachtigall schlagen und sprechen gemeiniglich von dir.*[45] Nur ein Requisit fehlt in dieser Frühlingskulisse: *Hast du schon Veilchen gehabt? Hier um Wandsbeck wachsen gar keine. In Göttingen laufen jezt sicher die Jungen schon auf den Wällen damit herum.*[46] Aber man huldigte auch habhafteren Genüssen als solchen gefühlsreichen, in denen die Nähe des Göttinger Hains noch sehr erkennbar ist: *Gestern Abend sollte ich bei Claudius Gänsebraten essen. Allein wie erstaunte ich, als ich Claudius Stubenthür aufmachte, und im Schlafrock und mit der Nachtmüze vor einer ganzen Gesellschaft von Herrn und Damen erscheinen mußte! ... Ich ward derbe ausgelacht, und lachte mit; hatte aber demungeachtet die Ehre, der einen Dame zur Rechten zu sizen, und ich kann nicht behaupten, daß mir der schöne Braten, der fette Karpfen und der Rothwein deshalb weniger geschmeckt hätten.*[47] Das höchste Ideal eines Mahls aber war für den Gastgeber, glaubt man Voß, *Grüze und Carbonade.*[48] Es sollte freilich nicht lange dauern, bis er sich aus *dem öden Wandsbeck*[49] fortsehnte, in dem die Arbeit an der Odyssee-Übersetzung ihren zielstrebigen Fortgang nahm.

Im Grund mußten die beiden Männer sich umso weniger im Einklang finden, je mehr sie ihrer eigenen Bestimmung sicher wurden. Das lag nicht nur an elementaren Denkungsweisen, die bei Claudius fromm und genügsam, bei Voß ehrgeizig und rationalistisch waren. Nachdem dieser Wandsbeck verlassen und Rektor in Otterndorf im Land Hadeln geworden war, charakterisierte Claudius ihn gegenüber Herder so: *Er ist keine weiche gefällige Haut, die für andre Leute, noch für Kinder sanft und lustig anzufühlen ist, und darum glaub ich, kann zwischen ihm und Kindern so ein recht herzlicher nexus nicht stattfinden. Er hat vielmehr seine eigen Form, die sich nicht anschmiegt, sondern bleibt wie sie ist, so daß er bisweilen kalt scheint ... dabei hat er wenig Weltkenntnis oder gibt nichts darauf und keine feine Lebensart ... Aber Voß ist auf der anderen Seite ein ehrlicher*

Kerl, der etwas von Edelstein in seinem Charakter hat, der das Seinige treu tut, der ein scharfes Gefühl von Recht hat und wenn er es gegen sich oder andre beleidigt glaubt, sehr heftig und mutig ist.[50] Es war dies eine Charakteristik von Claudiusscher Milde; noch war die Zeit fern, da Voß den Mangel an feiner Lebensart in maßlosen Invektiven gegen den Hainbund-Genossen gemeinsamer Göttinger Jugendzeit, den Grafen Friedrich Leopold Stolberg, einem staunenden Publikum vorführte. Anlaß dafür war der Übertritt des Grafen zur katholischen Kirche, Titel des Pamphlets «Wie ward Fritz Stolberg ein Unfreier?» (1819) Auch poetisch wird Voß den Stolbergschen Glauben angreifen in einer Weise, die Claudius nicht gleichgültig lassen konnte; unter der Überschrift *Warnung. An Stolberg* finden sich folgende Zeilen:

> Freies Sinns Aufhellung gespäht und Wahrheit,
> Sonder Scheu, ob Pabst und Tyrann durch Machtspruch
> Geistesflug einzwäng'; und geübt mit reiner
>   Seele was recht ist ...
> Pfaffenknecht? Abschwörst du Licht und Wahrheit?
> Am Altarschmaus dann des gebacknen Gottes
> Schnaubst du dem, Was Menschen vom Thier erhebet,
>   Haß und Verfolgung?[51]

Als Voß diese wenig anmutigen Verse schrieb, hatten sich seine und Claudius' Wege längst getrennt; aber es kann kein Zweifel darüber herrschen, daß ihm auch schon früher fremd war, was den Hainbundfreund bewegte und was dieser – zum Beispiel – *Bei der Einweihung unserer neuen Kirche den 30. Nov. 1800* der Wandsbecker Gemeinde zu singen gab:

> Es woll uns Gott genädig sein
>   Und wenn wir beten, *hören!*
> Der Mensch ist ohne Gott *allein,*
>   Und kann ihn nicht entbehren.
> Noch keiner Trost gefunden hat
>   Auf seinen eignen Wegen;
> Er wandelt ohne Licht und Rat,
>   Ist hülflos und verlegen
>   Im Leben und im Tode.[52]

Im Grunde hatte Voß sich schon viel früher von den Genossen seines Göttinger Sturm und Drang und von dem Wandsbecker Einverständnis (nichts anderes als dessen Nachklang) abgelöst: *Ich hoffe, so schrieb er im September 1785 an Müller, der doch Pfarrer war, auch unser Stolberg kommt allmählig von seiner früh eingeprägten Neigung zur Pietisterei und zum mystischen Unsinne zurück... Nur Claudius versinkt immer tiefer in den grundlosen Morast, der ihm ein Paradies scheint.*[53]

Es ist bemerkenswert, wie gereizt viele Zeitzeugen (und nicht die geringsten) auf die schlichte und durch ihre Schlichtheit absichtslos wirksame Frömmigkeit des Dichters reagierten. Die Aufgeklärten wie der ältere Voß und die Großen von Weimar sahen in dem Ortsnamen Wandsbeck alles zusammengefaßt, was einer freien Intellektualität entgegenstand. In den Xenien klang das so:

Irrtum wolltest du bringen und Wahrheit, o Bote von Wandsbeck:
Wahrheit, sie war dir zu schwer; Irrtum, den brachtest du fort.[54]

Noch deutlicher redet Goethe in der Italienischen Reise von denen, die *mit aller Gewalt die Stühle um den Thron des Lamms aufzustellen bemüht* sind. Er zählt sie auf: *Wenn Lavater seine ganze Kraft anwendet, um ein Märchen wahr zu machen, wenn Jacobi sich abarbeitet, eine hohle Kindergehirnempfindung zu vergöttern, wenn Claudius aus einem Fußboten ein Evangelist werden möchte, so ist offenbar, daß sie alles, was die Tiefen der Natur näher aufschließt, verabscheuen müssen.*[55]

Die Nachwelt hat anders gedacht. Claudius' Name hat seinen stillen Zauber über die wechselvollsten Zeiten hinweg behalten, und der Ort Wandsbeck war schon früh vor allem um dieses Namens willen denkwürdig. So beschließt das in diesem Buche schon oft benutzte Piersche Lexikon, 20 Jahre nach Claudius' Tod, den Artikel über den *Marktflecken ... eine Stunde von Hamburg entfernt* mit der ein Achtel des knappen Textes beanspruchenden Information *Aufenthaltsort des Matth. Claudius (s. d.), Verfasser des Wandsbecker Boten.*[56] Orts- und Eigenname waren früh beinahe identisch geworden, fast ein halbes Jahrhundert hatte der Dichter dort gelebt, mit geringen Unterbrechungen, wie dem aufgegebenen Versuch, ein Amt in Darmstadt auszufüllen. Und welch ein halbes Jahrhundert! Am 4. Juni 1807 schrieb Claudius seiner Tochter Anna (sie hatte den Hamburger Buchhändler Perthes geheiratet) einen Geburtstagsbrief: *5 Uhr. Um diese Zeit sind es 30 Jahre, daß Du in dieses Jammertal gekommen bist. Es hat darin in all der Zeit nicht an Jammer gefehlt; aber so voll wie dermahlen ist es wohl nicht gewesen. Von Madrid bis*

Tobolsk, von Konstantinopel bis Stralsund, und der Hauptjammer
nimmt bei dem allen nicht ab; wenn er nicht zugenommen hat.[57]

Was Madrid und Tobolsk ergriffen hatte, kam auch über Wandsbeck, während der sogenannten Freiheitskriege. Dänemark stand auf
Napoleons Seite, Hamburg war von den Franzosen besetzt, und es
sah so aus, als ob Wandsbeck Kriegsschauplatz werden könnte. Da
entschloß sich Claudius (anläßlich der Linden vor seinem Hause ist
schon die Rede davon gewesen) Anfang September ins ländliche
Holstein auszuweichen und gelangte über allerlei Aufenthalte nach
Lübeck. *Wir sind hier soweit sehr wohl,* schrieb er am 11. Januar
1814, *haben ein kleines Stübchen, darin ein breites Bett und ein*
Kanapee stehen. Dann aber auch so wenig Raum übrig, daß ein
Mensch sich kaum umwenden kann. Wir kochen selbst Grütze und
Kartoffeln, nur die Feuerung ist überteuer; der Faden Holz kostet
40 Mark, ohne Nebenunkosten, Ölkuchen das Hundert 5 Mark und
sind fast nicht zu haben usw.[58] Zehn Tage später hatte er Nachricht
aus dem geliebten Wandsbeck, das *in alliirten Händen* war, also
preußisch-russischen. *Im Keller sieht es wüst aus, wie vor der Schöp-*
fung schreibt Sohn Fritz, *wüst und leer. Sonst ist nichts beschädigt als*
Stakette und Gitter.[59] Im April dann kommt die ganz unclaudius-
sche, lakonische Mitteilung: *Schwarzenberg und Blücher haben sich*
vom 21.-25. täglich herumgeschlagen, und den 26. den Napoleon
totaliter geschlagen, 80 Kanonen und 10000 Gefangene, andere
sagen 15000 Gefangene gemacht.[60] Und so ist Claudius mit Frau
Rebekka wieder in Wandsbeck: *das Haus war freilich ein Schweine-*
stall, aber doch nicht ruiniert, und Mama hat es so lange gewaschen
und gekämmt, daß wir wieder bequem darin wohnen.[61]

Claudius sollte sich nicht mehr lange daran erfreuen. Nach einem
guten Jahr schreibt er am 4. Dezember an den gleichen Sohn: *Ich*
werde wohl am Ende in den sauren Apfel beißen und nach Hamburg
hineinziehen müssen.[62] Es waren nicht nur körperliche Übel, die
den Dreiundsiebzigjährigen schwächten; der Schwiegersohn Perthes
berichtete von einer anderen, schweren Last, die auf seinem Gemüt
lag:.. *ein dankbares und treues Herz brach an der Ungewißheit des*
Gefühls, an der Unsicherheit des Gedankens, als er sein deutsches
Vaterland im Kampfe sah mit Dänemark und sich sagen mußte: die
Erhebung und der Sieg der Deutschen sei die Besiegung seines eige-
nen Königs, den er ehrte und liebte und Ursache hatte zu ehren und
zu lieben. Diesen Zwiespalt während der gewaltig aufgeregten Zeit
im eignen Innern zu ertragen, war dem einfachen Sinn, dem lieben-

den Herzen des herrlichen Greises zu viel.[63] Im Dezember noch zog er zu seinen Hamburger Kindern, wo er am 21. Januar starb, ohne Wandsbeck wiedergesehen zu haben. Am 25. Januar wurde er dorthin heimgeführt, um begraben zu werden. *Wir fuhren,* so berichtete Perthes dem dreiundsiebzigjährigen F. H. Jacobi nach München, *bis vor sein Haus, an der Grenze empfing ihn der Wandsbecker Pastor mit der Schule – das Haus war ganz leer ... Es war das Rührendste meines Lebens – so dies Haus und davor die Leiche dieses Mannes auf der Bahre.*[64]

Meldorf

Meldorf, so berichtet «Johann Hübners reales Staats-, Zeitungs- und Conversationslexikon» von 1795, sei ein *Flecken mit Stadtgerechtigkeit und einem Hafen, in Süderditmarsen an der Mile, Dänemark gehörig. Es liegt sehr hoch an den Grenzen des Marschlandes, und hat eine sehr schöne Aussicht.*[1] Um die Wende des 18. zum 19. Jahrhundert zählte man 360 Häuser; heute hat es 7 300 Einwohner, und man kann die von Hübner hervorgehobene Höhenlage genau in Metern angeben: es sind sechs Meter über dem Meeresspiegel. Meldorf war Sitz des Landvogts und Gerichtsort; der Landschreiber, ebenfalls dort ansässig, berechnete und erhob die Steuern. Beide unterstanden dem Regiment der deutschen Kanzlei in Kopenhagen, und beide waren damals berühmte Männer: der Landvogt hieß Heinrich Christian Boie, der Landschreiber Carsten Niebuhr. Boies literarischer Ruf war in Göttingen begründet worden, wo er studiert und im Hainbund mitgeschwärmt hatte; Niebuhr, einziger Überlebender einer Expedition in die noch unerforschten arabischen Länder, hatte seinen Ruhm durch die «Beschreibung von Arabien» (Kopenhagen 1772) und die «Reisebeschreibung nach Arabien und die umliegenden Länder» (Kopenhagen 1774/78) begründet. Die Werke wurden ins Dänische, Französische, Holländische und Englische übersetzt.

Freilich änderte die Anwesenheit dieser weltbewanderten Männer nichts an der Enge einer sehr kleinen Stadt. Meldorf ist, so schrieb Boie an seine Braut Luise Mejer, *ein Nest, wie ungefähr Northeim ist. Die Häuser sind freilich alle massiv* (was die Northeimer Fachwerkbauten nicht waren), *selten mehr als eine Etage hoch, und viele noch mit Strohdächern. Der Anblick ist nicht der Ergötzlichste.*[2] Die Landessprache war plattdeutsch, und nicht jeder wußte sich hochdeutsch zu äußern. *Geschmack haben wir hier nicht,* so ließ Boie seine Freundin wissen, *aber kostbar genug ist, was wir tragen.*[3] Boie rühmt seine *mit vielem Geschmack gestickte Weste (lila und grün mit einer zarten goldenen Ranke auf weißem Grunde) ... Ich will ein sittichgrünes Kleid dazu machen lassen.*[4]

Das Kleid war nötig angesichts der vielen Repräsentationspflichten, die Boie als Beamter und Richter hatte. Zwar schrieb er: *Es ist traurig an einem Orte wie Meldorf,*[5] aber er wußte sich die Isolierung zu mildern. Da waren nicht nur die Besuche des Freundes und Schwagers Johann Heinrich Voß, da war vor allem die freundschaftliche Nachbarschaft zu Niebuhr, die noch enger wurde, nachdem Boie endlich seine Luise zur Frau genommen. Der Landvogt schenkte *Niebuhrs Kindern*[6] den Campeschen «Robinson». *Dienstag nach Tisch kamen Voßens. Sie wohnten alle bei Niebuhr; ich wollte die drei Kleinen mit ihrem Mädchen hier behalten, aber die Niebuhr wollte durchaus Mutter und Kinder nicht getrennt wissen. Voß kam immer um neun zu mir und um elf kam die Mutter mit den Kindern nach. Wir blieben dann beisammen bis sieben Uhr und gingen darauf miteinander nach Niebuhrs, wo wir aßen.*[7] Die Gespräche waren gewiß nicht nur literarisch, wenngleich Voß, mit der Überarbeitung seiner Odyssee und der Herausgabe seiner Gedichte beschäftigt, mit Boie als dem Herausgeber des «Deutschen Museum» vielerlei zu verhandeln hatte. Beide waren Größen im norddeutschen Literaturbetrieb.

Die Geselligkeit blühte an dem kleinen Ort, und Boie hatte Grund zu dem Stoßseufzer: *Die leeren Gesellschaften rauben mir zu viel Zeit.*[8] Aber offensichtlich genoß er seine Rolle als Primus loci: *Nach unserer Zurückkunft mußten wir auf einen Ball gehen, der freilich für Leute aus der Welt nicht gewesen wäre, aber doch, nachdem ich die Menschen erst ein wenig in Gang gebracht hatte, sehr vergnügt wurde, und sich erst gegen Morgen endete. Von den Vornehmen hier (das ist der Ausdruck) war niemand weiter da, als Niebuhrs.*[9]

So ein Ball war ein rares Ereignis, um so häufiger waren die abendlichen Diners. Seine Deichgeschäfte unterbricht Boie, *um mein großes Diner für achtzehn Gäste vorzubereiten,*[10] und wie es an einem solchen Abend zuging, weiß er ausführlich zu beschreiben. Seine Haushälterin, im Eifer für die Ehre des Hauses, richtete neun Schüsseln an, *die in 3 Gängen aufgesetzt wurden … Meine Gäste machten der Mahlzeit Ehre und es ward, trotz der Klagen über die Vielheit der Schüsseln, von allem recht gut gegessen. Ich hielt mich an einen Puter à la Daube, den niemand kannte. Noch unbekannter war eine vortreffliche Kalbssülze … Noch lange wird von diesem Souper gesprochen werden.*[11]

Freilich war das Haus auf solche Repräsentation wohl vorbereitet, und die Ratschläge, welche die häusliche Luise Mejer aus der Ferne gab, waren schon zuvor verwirklicht: *Eine Räucherkammer ist unentbehrlich, lieber, bester Boie. Alles geräucherte Fleisch, Würste pp. ist so angenehm, und so nützlich für die Domestiken. Laß dir doch Gänse fett machen, und in Essig einkochen.*[12] So klug war Boies Haushälterin, *die Fiandt,* auch, eine vortreffliche Aquisition, die in den Junggesellenhaushalt Ordnung brachte: *Allein an Butter brauchte meine Wirtin 18 Pfund, wo die Fiandt jetzt mit 6 ebenso weit kommt ... Ich habe jetzt, wenn ich allein bin, nicht mehr als zwei Schüsseln, aber so, daß ich immer jemand bitten kann, der unvermutet kommt.*[13] Das war immer noch eine stattliche Menge, die allerdings von einem für heutige Begriffe stattlichen Haushalt benötigt wurde. Außer der Fiandt *(Nichts übergeht die Aufmerksamkeit, mit der sie für meine Bequemlichkeit und Ruhe sorgt*[14]) gab es zwei Hausmädchen und einen Diener, der eine *Livree, stahlgrau mit grün* trug.[15] Über ihren Lohn wird nichts gemeldet, aber es gab bei Gelegenheit Geschenke, etwa *Leinen zu sechs Hemden* für den Diener und für die Mägde Zeug (d.h. baumwollenen Stoff) *zu Kamisol und Rock.* Alles war überaus sauber und adrett. *Durch Ordnung, Simplizität und Reinlichkeit* sollte der Haushalt *brillieren.*[16]

Der Haushalt glänzte wirklich, und das begann schon in der Küche, *die beste in Meldorf, in allen Stücken gut versehen und alles in musterhafter Ordnung ... Die Speisekammer hat rundherum Börte, an einer Seite einen großen Tisch mit einem Schrank darunter, an der anderen einen noch größeren mit 16 großen Schiebladen und dem gegenüber einen Gewürzschrank mit vielen großen und kleinen Schiebladen. Über dem großen Tisch hängt eine Waage.*[17] Die übrige Einrichtung war von der gleichen Großzügigkeit. Im Ankleidezimmer standen zwei große Kleiderschränke, für die Frau einer und einer für den Hausherrn, *mit Fächern, die ausgezogen werden können und worauf die Kleider gelegt werden ... Die Kommoden trugen allerliebste Beschläge aus Hamburg.*[18] Das meiste Mobiliar wurde vom örtlichen Tischler gefertigt.

Hamburg war der Ort, wo die anspruchsvolleren Gegenstände gekauft wurden: *Ich habe ein Bett mir in Hamburg machen lassen. Die Form ist simpel und edel, die Vorhänge grasgrün und weiß.*[19] Darin schlief der Herr Landvogt *ohne Kamisol,* d.h. nackt, was ihm seine Zukünftige verwies: *Du bist ja nicht zwanzig Jahr.*[20] Immerhin trug er eine Nachtmütze, wie sie von den Insassen des Arbeitshauses in Celle angefertigt wurden. Die *Leute-Betten* waren einfacher, *ohne Umhänge,* auch das Bett der Haushälterin mußte einen solchen entbehren, während dem Sekretär des Landvogts ein Umhang zustand. Die herrschaftlichen Betten hatten Matratzen, die übrigen einen

*Sack von grobem Leinen, worin Stroh oder Heu ... dann ein Unter-
bett, zwei Pfühle, Kissen, Decke und Oberbett.*[21] Die beiden Hausmädchen mußten sich ein zweischläfriges Bett teilen.

Auch die Tischwäsche war reichlich bemessen; zu den Tisch-
decken gab es passende Servietten, zwölf oder achtzehn an der Zahl,
auch ein Tuch von Damast war dabei. Dem entsprach das Porzellan
aus Fürstenberg, weiß mit großen Tassen, dazu *ein blau und weißes
Meißener von zwölf Kaffee- und zwölf Teetassen nebst dem Zube-
hör.*[22] Einem heutigen Antiquitätenhändler, könnte er Boies Haus
besichtigen, würde das Wasser im Munde zusammenlaufen. Wenn er
das Wohnzimmer beträte, so fiele sein Blick auf einen *kleinen, altar-
förmig gearbeiteten Tisch, auf welchem eine Vase von Wedgwood
steht, unter dem Bilde meiner Luise.* Auf dem Tisch lagen zwei
«Taschenbücher», liebevoll bestickte Brieftaschen oder Notizbücher,
*eines auf weißem Atlas gestickt, größtenteils mit Band, lila, violett,
braun und grün. Inwendig ist, statt des Namens, ein Rittersporn-
kranz und ein Vergißmeinnicht gegenüber.*[23]

Alles zeugte vom Geschmack des Hausherrn. *Schränke, Tische
usw. sind von einem mahagoniähnlichen, aber nicht so kostbaren
Holz, das ich aus Hamburg bekomme: ich habe sie hier machen lassen.*[24] Vor den Fenstern hingen Gardinen: *Die im Wohn-, Schlafzimmer und in der Bibliothek sind von gestreiftem Nesseltuch sehr gut
gemacht ... Alle Gardinen sind im Bogen, d.h. die Hölzer, von welchen sie herabhängen, sind wie ein Bogen gemacht. Meine Gardinen
sind jetzt das Gespräch des Orts.*[25] Es war alles von großer Solidität,
aber doch nicht so aufwendig, daß es dem schönen Satz Luisens
widersprochen hätte: *Wir haben* einen *Begriff von Rechtlichkeit
ohne Pracht.*[26] Er war geschrieben im Hinblick auf den Küchen-
zettel, aber er mag als Devise gelten der bürgerlichen Lebensform.

Boie und sein Haus waren nicht die Einzigen, die sie in dem kleinen Ort repräsentierten. Zwischen seinem Haus und dem der Niebuhrs *entstand ... ein sehr vertrauter und täglicher, in die stetige
Lebensordnung verwebter Umgang.*[27] Dabei war nicht nur die Gemeinsamkeit des intellektuellen Niveaus und einiger Interessen
wirksam, eine Anknüpfung wurde auch durch Boies *sehr schöne und
reichhaltige Bibliothek* erleichtert, deren literarischer Teil Carsten
Niebuhr kaum lockte, *die aber doch daneben vieles enthielt und aufnahm, was ihn interessierte und beschäftigte.*[28] Mit Anteil beobach-
tete man die Entwicklung von Niebuhrs Sohn Barthold, dessen
ungewöhnliche Begabung sich frühe kundtat und so groß war, daß

sie am Gymnasium kaum mehr gefördert werden konnte. Diese gelehrte Lateinschule, die wie viele Gymnasien im lutherischen Bereich auf ein Kloster der Dominikaner zurückging, hatte einen bedeutenden Rektor, den Doktor Gottlieb Jäger, Ritter des Dannebrog (1731–1819). Er gab dem jungen Niebuhr privaten Unterricht; als dieser später den Fronto herausgab (ein römischer Rhetor der Kaiserzeit), hat der herangewachsene Mann seinem Lehrer im schönsten klassischen Latein ein Denkmal gesetzt. Er verstand seine Edition als *monumentum aliquod, quo pietatem amoremque in te meum declararem.* Und ausdrücklich sagte er dankend *me tibi, venerande senex, non minus quam patri meo, magno viro, quod litteras nostras cum studiosissime amplexus sum, tum non sine fructus colui.*[29] Auch wenn Niebuhr das Gymnasium nicht besuchte, dessen Schülerzahl niemals die Siebzig überstieg, so zeigt der Lehrplan doch an, was damals zur Bildung gehörte. In der Prima wurden wöchentlich unterrichtet: 8 Stunden Latein, 5 Stunden Griechisch, 1 Stunde Dänisch, 1 Stunde Deutsch, 2 Stunden Französisch, 2 Stunden Religion, 2 Stunden Geschichte, 2 Stunden Mathematik, 1 Stunde Logik, 1 Stunde Naturwissenschaft, 1 Stunde Geographie und 2 Stunden Hebräisch. Die vier Lehrer wurden vom König ernannt, der Lehrplan war in den übrigen Schulen der Herzogtümer Schleswig und Holstein der gleiche.[30]

Wie es im Gymnasium zu Meldorf zuging, wissen wir von einem anderen Dithmarscher aus bäuerlichen Verhältnissen, dem lutherischen Prediger Dr. Claus Harms (1785-1855). Seine «Lebensbeschreibung verfasset von ihm selber» (Kiel 1851) gibt ein farbiges Bild nicht nur ländlicher Zustände. Claus Harms hatte das Windmüllerhandwerk erlernt; wie damals oft hatte der örtliche Pfarrer sich des klugen Knaben angenommen und die Grundlagen des Lateinischen gelegt. *Ich kam dann in Sekunda mit meinen reichlich 18 Jahren und in Bauerntracht – denn ich wollte meine Kleider erst auftragen – unter 10 bis 12 Knaben von 12 bis 15 Jahren.*[31] Aber ehe wir ihm auf der Schulbank über die Schulter sehen, soll von seinem Jugendleben berichtet werden. Es war anderer Art als das Leben in den kleinstädtischen Verhältnissen Meldorfs. Harms wuchs auf im elterlichen und großelterlichen Haus, wie, das zu zeigen lohnt ein langes Zitat: *Da lebten wir denn zusammen, Vater, Mutter, ein älterer Bruder, ich, ein um einige Jahre jüngerer Bruder, ein Müllergesell, eine Magd und zuweilen ein Stallknecht, essend immer an Einem Tisch, betend vor und nach, Morgen- und Abendsegen betend in*

Gemeinschaft, durch die Arbeiten und die Geschäfte meistens zerstreut, zu den bestimmten Zeiten immer wieder beisammen.[32] Im großelterlichen Haus, dessen Stubenwände mit holländischen Fliesen bekleidet waren, *gab es noch mehr Gebet und Lesung ... Da war das Dithmarsische Landrecht, da war Scriver's Paradiesgärtlein, da war eine Dithmarsische Chronik und da war ein alter ächter Robinson Crusoe, und Gellerts Fabeln.*[33]

Zweierlei miteinander eng verknüpfte Arbeiten hatte der junge Harms zu erlernen und auszuüben: die bäuerliche im großelterlichen Haus und die als Müller in der väterlichen Windmühle. Dithmarschen war ein Windmühlenland, weil der Wind dort kräftig weht über weite Flächen. Wasserläufe für Wassermühlen gibt es nicht. Die Mühlen waren so zahlreich und standen so nahe beieinander, *daß weitsehende Augen leicht 12 bis 13 Mühlen sehen konnten.*[34] Der alte Harms besaß eine Bockmühle, drehbar auf einem Holzgestell und mit Flügeln, deren Segel den Windverhältnissen angepaßt werden konnten. Die Müllerei war ein Handwerk mit eigenen Bräuchen; stand die Mühle still, so war die Stellung nicht gleichgültig; als Harms sen. starb, *mußte die Mühle in die Trauerschere gestellt werden.*[35] Als unser Gewährsmann, erwachsen, studiert und soeben verheiratet, seine Sachen von der Mühle abholte, stand sie *in der Freudenschere.*[36]

Die Arbeit war schwer, aber nicht so schwer wie die Feldarbeit: *... gar manche halbe Nacht hab' ich zur Winterszeit in dem bretternen Hause, wie man die Mühle zuweilen nannte, zugebracht ... O, das ist wohl eine lange Zeit, von 1 Uhr Mitternachts, oder von 9 Uhr Abends bis 6 Uhr Morgens auf der Mühle stehen!* Weil man von einer Mühle zur anderen sehen konnte, gab es eine Art Wettbewerb, *wer die meisten Segel führen konnte bei stärkerem Winde,*[37] oder wer bei hereinbrechendem Unwetter am längsten aushielt, ohne die Segel einzuziehen. Der altgewordene und erblindete Harms schreibt, ihm habe sich das Herz im Leibe froh bewegt, *wenn ich eine Mühle im schnellen, freudigen Gang sah − so lang ich habe sehen können.*[38]

Nach des Vaters Tod wurde die Mühle aufgegeben, und der junge Müllergesell vermietete sich als Bauernknecht bei Thies Clausen in Rösthusen, Kirchspiel Marne. Es war ein freundlicher Bauer, aber die Arbeit mußte getan werden und war nicht minder schwer. Da mußte Häcksel geschnitten werden aus sperrigen Bohnenwurzeln, oder es mußte Klei, schwere Marscherde, ausgehoben werden, die Menge war festgelegt. Das harte Holz des Spatenstiels ließ die Hand anschwellen, bis die Arbeit gewohnt war und kräftige Schwielen davon Zeugnis gaben. Auch in der Kornernte war das Landmaß vorgeschrieben, fünf Scheffel am Tag. Wieviel das im metrischen System wäre, ist schwer zu sagen – der Scheffel war ein je nach Gegend ganz unterschiedliches Maß; ursprünglich eine Menge bezeichnend, dann ein Flächenmaß für die Fläche, *zu deren Besaamung mit Roggen grade ein Scheffel Saamen erforderlich ist.*[39] Da wurde der Tag lang, die Woche länger und der Sonntag herbeigesehnt. *O welche Freude war mir jeder kommende Sonntag ... er selbst segnet und heiligt den Menschen, schon dadurch, daß er die Alltagsarbeit aus den Händen legen und das Alltagskleid von Leibe ziehen heißt.*[40]

Der Sonntag wurde heilig gehalten, denn in weiten Teilen Norddeutschlands war das Luthertum am Ende des 18. und zu Beginn des 19. Jahrhunderts durchaus lebendig, in der Übung des Volkes vielleicht mehr als bei den aufgeklärten Theologen: *zu Hause*, so erzählt Harms, *ging Alles seinen orthodoxen Gang. Morgen- und Abendsegen (im Sommer nicht regelmäßig) so wie die Tischgebete blieben dieselben, und aus Jochim's Hauspostille wurde Sonnabends Abends der Hausgenossenschaft, so wie einem und andern Nachbar, der sich dazu einfand, vorgelesen, nachdem ein paar Jahre vorher Spangenberg's Postille bei Seite gelegt worden.*[41] Wenn wochentags die Betglocke läutete, stand alle Feldarbeit still, und die Bauern nahmen ihren Hut ab um zu beten.

In der Dorfschule wurde das Schreiben gelehrt nach Schreibvorlagen, gerechnet wurde auf der Tafel und nach dem Rechenbuch. Die übrigen Schulbücher bestanden aus Fibel, Katechismus, Bibel und Gesangbuch. Bei den Größeren kamen, wie überall, Hübners zählebige «Biblische Historien» dazu, die – ebenso wie in Hamburg – auswendig gelernt wurden, *wöchentlich eine.*[42] Wir haben sie schon im Kapitel über Schumacher kennengelernt, und man kann sagen, daß sie zusammen mit dem «Robinson» (abgesehen vom Katechismus) die Grundlage aller Leseübungen bildeten. Einen Unterricht in der deutschen Sprache gab es nicht, dennoch gab es sprachliche Bildung, soweit sie die notwendig gründliche Einübung im Kirchenlied mit sich brachte. Denn allein bei jeder Leiche – auch hier mußten wie überall die Schulkinder zur Beerdigung singen – wurden sechs bis sieben Lieder gebraucht, dazu kamen die Gesänge im Gottesdienst und ein regelmäßiges Singen, täglich drei bis vier Mal, in der Schule. Ebenfalls vier Mal wurde gebetet, morgens, mittags, nachmittags und zum Schulschluß. Das Gedächtnis wurde geübt, indem

jede Woche ein ganzer, oder war er sehr lang, ein halber Choral auswendig gelernt werden mußte, der Katechismus natürlich auch, und
es gab Schüler, die den Großen Katechismus umfangreich auswendig
wußten. Und so kam der alt gewordene Harms zum dem Schluß,
*daß es schlecht gestanden habe um die Schule ... wahrlich, das geb'
ich nicht zu!*[43]

Daß Harms Gymnasiast in Meldorf wurde, dankte er, wie so viele
Aufsteiger jener Zeit, dem örtlichen Pfarrer, der bereit war, dem
begabten Jungen *täglich zwei Stunden zu geben, und zwar in allen
denjenigen Gegenständen, die in der Schule nicht vorkämen, gegen
eine Vergütung.*[44] Da wurde nicht nur Latein gelernt, sondern auch
Hochdeutsch mit seiner vertrackten Anredeform: *Herr Pastor ... wie
kann ich ihn Sie nennen, Er ist ja kein Frauensmensch.*[45] Geübt
wurde – wie überall seit Jahrhunderten – an Phädrus Fabeln und mit
Cornelius Nepos. Auch das dritte Grundbuch neben Hübners «Biblischen Historien» und dem «Robinson», nämlich Hederichs «Mytho-
logisches Lexikon», wurde fleißig benutzt und so der Eintritt in die
Gelehrtenschule vorbereitet. Als dem Jüngling Harms eine Erbschaft
von 2100 Mark zukam, fiel die Entscheidung für das Studium. Der
Dr. Jäger, der dem Meldorfer Gymnasium vorstand und dem jungen
Niebuhr Privatunterricht gab, prüfte den lang aufgeschossenen Bau-
ernknaben, hieß ihn im Herbst wiederkommen, wenn er sich noch
mehr mit der lateinischen und griechischen Grammatik befreundet
habe, und nahm ihn schließlich auf. Im Gymnasium zählte, was einer
im Lateinischen und Griechischen konnte. Die großen Autoren beider Sprachen wurden fleißig gelesen, aber *einen einzigen deutschen
Classiker gelesen zu haben erinnere ich mich nicht.*[46] Jedoch wurde
das Deutsche wie von selbst gefördert durch den Umgang mit den
alten Sprachen. Der deutsche Aufsatz, der allerdings gepflegt wurde,
war dafür ein Gradmesser. Er wurde noch nach den Regeln antiker
Rhetorik verfaßt und als Ferienaufgabe gestellt. In den Weihnachts-
ferien galt es, eine aphthonianische Chrie zu machen über den Satz:
Alles, was ihr wollet, das euch die Leute thun sollen usw.[47] Eine
Chrie war ein knapper Aufsatz über eine vorgegebene Sentenz, nach
einer gleichbleibenden, durch den Begriff vorgegebenen Disposition,
welche Satz und Gegensatz zu erörtern, zu begründen und in
Gleichnis oder Exempel zu erweisen hatte. Als Lektüre dienten
Homer und das Neue Testament sowie die Texte, welche die Chre-
stomathie Geßners bot, eines ehemaligen Rektors der Leipziger
Thomasschule und späteren Göttinger Professors. Im Lateinischen

las man Vergil, Terenz und Livius, aber keinen Tacitus, dafür gründlich Horaz, von dem sehr viel auswendig gelernt werden mußte, ebenso Reden aus dem Cicero. Die Anfertigung lateinischer Verse wurde geübt. Zu all dem kamen noch 2 Wochenstunden Hebräisch sowie alte und neue Geschichte. *Naturgeschichte* fand kaum statt, aber Erd- und Himmelskunde gab es und auch *die Lehre vom menschlichen Körper*.[48]

Ein Abitur gab es noch nicht. Wer studieren wollte, erhielt ein lateinisch geschriebenes Entlassungszeugnis, dessen Jägersche Eleganz von den Kieler Professoren bewundert wurde; die Universität verlangte ein zusätzliches Eingangsexamen. Aber wir begleiten Harms nicht nach Kiel, sondern wenden uns nochmals nach Meldorf zurück, um von dort einen Blick auf ganz Dithmarschen zu richten, wo die Boies seit Jahrhunderten zu den vornehmen Geschlechtern gehört hatten. Die Möglichkeit gibt uns ein Landeskind, Boies Schwester Ernestine, die Frau des sprachgewaltigen Johann Heinrich Voß. Ihre Schriften sind mit ihrem Andenken verschollen. Sie war eine klugbescheidene Frau, die ihrem Mann, dem so oft verzankten, in der Ausgabe seiner Briefe ein sehr schönes Denkmal gesetzt hat, denn sie wußte anmutig zu erzählen. Oft waren sie beide von Eutin aus in Meldorf gewesen, die Boies hingen an Dithmarschen. *Mein Bruder ist sehr geliebt von Allen, mit denen er zu thun hat*, schrieb Ernestine im Juli 1800 aus Meldorf an den alten Gleim und beschrieb ihm ihre Heimat: *Es herrscht hier ein großer Reichthum, aber selbst bei solchen, die reich sind, findet man keinen Übermut. Eine Art von Alterthümlichkeit herrscht durchaus, und etwas Kernhaftes in Speisen, Hausrath, Kleidung und Allem, was dazu gehört.*[49] Ernestine hat ihren Bruder den Landvogt oft auf seinen Fahrten ins Land begleitet. *Die Häuser sind alle auf eine Weise gebaut. Erst kommt man in eine große Dreschdiele (Tenne), zu deren beiden Seiten das Vieh steht; diese ist im Sommer so reinlich wie möglich. Dann folgt eine große Hausdiele (Flur), die in ein großes Zimmer führt, der Pesel genannt, wo gespeist wird. Dieses Zimmer ist mit stattlichen Schränken und blanken Koffern geziert.*[50]

Die Besuche bei den stolzen Bauern verliefen immer gleich. Der Wagen fuhr den Besuch auf die große Diele, wo man begrüßt wurde. Hatte man in der Wohnstube Platz genommen, so entzündeten die Männer ihre Pfeifen; die Frauen warteten mit dem Pfeiferauchen, bei dem sie kräftig mithielten, bis zum Kaffee. Zuvor waren sie lebhaft beschäftigt mit Kochen und Auftragen bei Tische, an dem nur die Männer und die Gäste Platz nahmen. Unter dreißig Personen waren

selten bei einem Gastmahl, und die Vornehmsten unter ihnen bekamen Lehnstühle. *Die Ordnung beim Schmause ist folgende: Erstlich
kommt eine Hühnersuppe mit Reis und Rosinen, und eine Menge
Hühner dabei. Dann folgt ein gekochter Schinken ... und als Tra-
banten geräucherte Zungen ... zum dritten Mal werden aufgetragen
zwei große Rinderbraten und zwei Schüsseln mit Enten und Küch-
lein. Hiezu gehören Pflaumen und Erbsen in kleinen Salat-Tellern;
dann zwei Mandeltorten und zwei Pflaumentorten; dann dicker Reis
in Milch gekocht mit Wein. Den Beschluß machen Kirschen, allerhand kleine Kuchen und Backwerk.*[51] Der Wirt schenkte ein und
nötigte, und wer von den Schüsseln nicht satt wurde, der mochte
zwischen jedem Gang noch ein Butterbrot verzehren. So kräftig
lebte man in der Landschaft, wo Boies und Harms zu Hause waren.
Der hatte geschrieben: *In spätern Jahren ... in die volle, reiche,
schöne Marsch hineinsehend, ist mir der Spruch zugegangen: «Und
zeigete ihm alle Reiche der Welt und ihre Herrlichkeit» ... eine solche Aussicht nicht in ein leeres, sondern in ein volles Land, solche
Äcker mit ihren Früchten, solche Weiden mit ihrem Vieh, solche
Häuser und Scheunen – wo seht ihr die?*[52]

Berliner Leben zu Schinkels Zeit

Im «Schach von Wuthenow» hat Theodor Fontane *das Berliner Leben* vor der Schlacht von Jena und dem Zusammenbruch Preußens dargestellt. Wie immer recherchierte er gründlich, studierte die «Vossische Zeitung» von 1805 und 1806 und schrieb einer Freundin: *Das Berliner Leben unmittelbar* nach *der Schlacht von Jena – ich meine etwa von 1808 bis 10 wo das königliche Paar aus Ostpreußen wieder in der Hauptstadt eingetroffen war – war* total anders *als in den Jahren, die der Jenaer Affaire unmittelbar vorausgingen. Das Colorit der einen Zeit paßt nicht mehr für die andre; Stimmungen, Anschauungen, alles hatte sich geändert.* Und so sah er sich bei der Arbeit beunruhigt von dem Gedanken: *Du schilderst jetzt 1805, es ist aber vielleicht 1809 gewesen.*[1] Wieviel mehr müssen wir uns durch diese Vorsicht des unübertrefflichen Kenners alles Märkischen beunruhigt sehen angesichts der Absicht, das Berliner Leben zur Zeit Schinkels zu schildern. Denn Schinkel kam in die preußische Residenz- und Hauptstadt als Zwölfjähriger im Jahre 1793, sieben Jahre nach dem Tode des Großen Friedrich, dem Jahr, da in Paris Ludwig XVI. zum Tode verurteilt und guillotiniert wurde. Als Schinkel in Berlin starb, schrieb man 1841, sieben Jahre vor der neuen Revolution.

Dazwischen liegt nicht nur ein Menschenalter, sondern die Scheide zwischen zwei Zeitaltern, wie sie ebenfalls 1841 durch die Promotion von Karl Marx bezeichnet werden mag. Er hatte in Berlin Hegels Lehren kennengelernt, und die waren freilich ganz anderer Art als diejenigen, welche Schinkel auf dem Gymnasium zum Grauen Kloster, fast ein halbes Jahrhundert zuvor, durch treffliche Lehrer vorgetragen worden waren. Und wieder anders war die Denkungsweise des Ehepaars Achim und Bettina von Arnim, bei deren erstem Sohn Schinkel Pate stand; anders die von Clemens Brentano, mit dem er nach Böhmen reiste; wieder anders diejenige Wilhelm von Humboldts, dem er das Schlößchen Tegel umbaute, E. Th. A. Hoffmanns, dem er die Operndekorationen entwarf, zu schweigen vom bürgerlich auftretenden König Friedrich Wilhelm III., dessen Hauptstadt er die Gestalt gab. *Fünfundzwanzig Jahre lang,* so schreibt wiederum Fontane in den «Wanderungen», *in runder Zahl von 1815 bis 1840, war er nun als Baumeister im großen Stile tätig, und in eben diesem Zeitraum gelang es ihm ... unserer Residenz im wesentlichen den Stempel aufzudrücken, den sie bis zu dieser Stunde trägt ... Wenige Städte ... zeigen etwas Gleiches.*[2]

Wenige Städte auch – und schon gar keine deutschen – haben ein intellektuelles Leben gekannt, das mit dem Berlinischen jener Jahrzehnte vergleichbar wäre. Es wären noch viele Namen zu nennen, und damit doch noch nichts begriffen von dem Lokalton dieser unwiederbringlich geschwundenen Welt. Hundert Jahre nach Schinkels Tod fielen die ersten Bomben auf seine Bauten, hundertfünf Jahre danach wurde der Name Preußens aus der Liste deutscher Länder gestrichen; dessen Gesinnungen waren schon zuvor unter dem letzten Hohenzollern und dem Führer aus Braunau dahingegangen. *Stimmungen, Anschauungen, alles hatte sich geändert,* so, daß die Unterschiede zwischen 1805 und 1809 nur noch als kaum erkennbare Nuancen erscheinen, gemessen an der Entfernung, die uns von diesem vergangenen Leben trennt.

Denn alles war ganz anders. Die Deutschen waren und dachten anders, es war eine andere Gesellschaft und eine andere Regierung, es war – jedenfalls unter den Gebildeten – eine andere Sprache, und Berlin war eine andere Stadt. Nicht nur weil es kleiner war. Noch lag es innerhalb seiner Mauern und Befestigungen, und man gelangte hinein durch die Stadttore. Es gab das Brandenburger Tor und das Potsdamer, das Hallische und das Schlesische, das Stralauer und das Frankfurter, das Landsberger, Prenzlauer, Rosenthaler und das Oranienburger Tor. Der Tod des Königs Friedrich Wilhelm II. im Jahre 1797 wurde den Einwohnern kund, als alle diese Tore geschlossen wurden. Ihre Namen deuteten auf die nähere und fernere Nachbarschaft, mit der die Stadt durch Straßen verbunden war, und viele von diesen verliefen in östlicher Richtung. In Frankfurt an der Oder fand sich die Universität, die durch die alles überstrahlende Gründung der Berliner Universität – es wird noch die Rede davon sein – abgelöst und nach Breslau verlegt wurde. In Halle war die preußische Hochschule zu Hause, von der noch vor Göttingen ein aufgeklärtes Denken ausging, bis Napoleon sie schloß. An Alt-Landsberg vorbei, über Landsberg an der Warthe (in der Neumark also) führte die Straße nach der Hauptstadt des Königreichs, nach Königsberg, welches die älteste preußische Universität beherbergte. Dort wurden vormals die Könige gekrönt, denn es lag außerhalb der

Grenzen des Heiligen Römischen Reichs, das 1803 sein Ende gefunden hatte.

Näher lag Potsdam, die andere Residenz, mit Berlin durch die Journaliere verbunden, ein zweimal täglich verkehrender Postkurs. Der Weg führte vorbei an den Dörfern Schöneberg (wo Chamissos Botanischer Garten entstand) und Steglitz. Noch näher lag das Fischerdorf Stralau, hochbeliebtes Ausflugsziel. Umso ferner waren die Städte Schlesiens, über 44 Meilen zählte man bis Breslau, und wenn man glücklich die schöne Seenlandschaft von Treptow und Köpenick passiert hatte, war man kaum näher. Denn die fahrende Post nach Breslau ging Montag- und Freitagmittag ab, um am Freitag (bzw. Montag) der folgenden Woche anzukommen. Diese und viele andere Verbindungen konnte man nachschlagen in dem «Wegweiser für Fremde und Einheimische durch die Königl. Residenzstädte Berlin und Potsdam», dessen 3. Ausgabe im Jahre 1813 erschienen war, *Einem Hochlöblichen Magistratskollegium der Königl. Residenz Berlin ehrerbietigst gewidmet.*[3] Das war ein nützliches Büchlein, verlegt von der ehrwürdigen Nicolaischen Buchhandlung; nicht minder nützlich aber (auch für die Zwecke dieses Kapitels), der «Adreß-Kalender der Königlich Preußischen Haupt- und Residenz-Städte Berlin und Potsdam», verlegt bei dem ebenfalls renommierten Friedrich Unger[4] und gedruckt in einer der schönsten deutschen Schriften, in der viele Werke der klassischen Zeit erschienen waren und deren sich noch Kippenbergs Insel-Verlag bedient hat. Dieser Kalender, alljährlich erscheinend, hatte im Jahre 1803 eine *Vorerinnerung*, welche uns besser als eine Beschreibung die Lage Berlins inmitten der von West nach Ost sich erstreckenden Preußischen Staaten vergegenwärtigt. Da stand nämlich, er sei zu haben *im Haupt-Kalender Comptoir an der Jägerbrücke, auf dem königlichen Hof-Post-Amte … in den Provinzen aber auf nachstehenden Königlichen Postämtern: als zu Aurich, Brandenburg, Breslau, Bromberg, Cöslin, Cüstrin, Danzig, Elbing, Frankfurth a. d. O., Glogau, Halberstadt, Halle, Hamm, Königsberg in Preußen, Magdeburg, Marienwerder, Posen, Potsdam, Prenzlow, Stendal und Stettin.*

Alle diese Orte waren durch ein funktionierendes Post- und Speditionswesen miteinander verbunden, aber man soll nicht meinen, daß das Reisen angenehm war. Als Helmina von Chézy, eine damals berühmte Schriftstellerin, von Köln nach Berlin fuhr, um beim Kammergericht ihr Recht in einem Prozeß gegen die Preußische Krone zu suchen, war es in Westfalen so:

Der Weg ging durch Wasser, welches den Pferden bis an den Bauch ging; sie waren heut über Gebühr in Anspruch genommen, legten sich ungefähr drei Stunden vor Lippstadt nieder und konnten trotz aller Bemühungen des Postillions nicht zum Aufstehen gebracht werden. Er erklärte, daß er Vorspann suchen müßte und versprach, bald wiederzukommen ... Wir hatten keine Erquickung, keine Stärkung, keine Decke, uns vor dem Frost zu schützen, der bei heftigem Sturm immer schärfer wurde; uns selbst überlassen, waren wir in einem Korbwagen jedem Unfall ausgesetzt. Ich blies die Hände meiner Kinder warm und umschlang sie fest, befahl mich Gott und seinem Schutze, des festen Glaubens, hier in tiefer Nacht umzukommen.[5] Nun, sie ist, wie man ihren «Denkwürdigkeiten» entnehmen kann, glücklich in Berlin angekommen und hat ihr Recht gefunden. Aber man kann sich vorstellen, wie gern man die wenig gefederten Fahrzeuge verließ und wie froh man war, am Ziele angelangt zu sein.

Denn Berlin insgesamt präsentierte sich freundlich. Es war eine Großstadt, aber eine ländliche, innerhalb deren Mauern (zu schweigen von den davor gelegenen Landschaften) es viele Gärten und viel Ackerbau gab. Bettinas Sohn Siegmund pflegte beim Schwimmen in der Spree, nahe am Schloß, Krebse zu fangen, die daheim verspeist wurden, und Rahel Levin beschrieb im Mai 1811 ihrem Freunde Alexander von der Marwitz den nächtlichen Heimweg aus der Komödie so: *Es regnete um diese Zeit nicht, der Mond leuchtete, obgleich seine Scheibe nicht zu sehen war; und die ganze Straße, der ganze Markt, die Stadt roch nach Bäumen wie ein Wald; kurz, der Geruch, nach dem Sie immer im Tiergarten frugen. Herr von Quast führte mich ... Quast fing zuerst an: «Welch Göttlich Wetter, nichts ist schöner als solcher Abend»* – es schlug eine Nachtigall – *«solcher stiller, wenn dann eine singt!»*[6] Man denke nicht, daß die Nachtigall eine Besonderheit war; im Mai 1813 schreibt Schleiermacher, der unmittelbar bei der Universität wohnte, seiner Frau nach Schlesien: *Das Licht will bald ausgehen, Zeit wäre es, auch mich zu Bette zu legen, Nachtigallen und Mücken haben bis jetzt um mich gewetteifert.*[7] Und ein wenig später: *Ich war in den Garten gegangen, mich zu sammeln. So wie man zur Saalthür heraustritt, umstrickt einen der Akazienduft mit einer Art von Zauber; ich ging zu den Rosen; die gerathen dieses Jahr schlecht, wegen der großen Dürre ...*[8] Aber es waren nicht nur die mit einem Naturgefühl begabten bürgerlichen Gebildeten, denen sich mit Berlin die Erinnerung an solche Augenblicke verband. Karl Gutzkow, aus den ärmlichsten Verhältnissen stammend (sein Vater war Bereiter beim Prinzen Wilhelm), wuchs in dem sehr preußischen Quartier auf, in dem – ebenfalls an der Universität – die Akademie und ihr Hof, Stallungen und Kasernengebäude eng beieinanderlagen. Seine Mutter konnte wohl lesen, aber nicht schreiben, umso besser konnte es der Sohn: *Es zittert als wehmütige Ahnung im Alter nach, was dem Knaben Dinge bedeuteten, die ihm jetzt die gleichgültigsten sind. Muscheln ... Kastanien! Grüne Dornenhülsen und der braunglänzende scheckige Kern! Schmetterlinge! Unter den Fichten der Hasenhaide, auf dem dürren, glattgetretenen Sand- und Nadelboden gab es herrliche Trauermäntel und Todtenköpfe. Selbst der Fang der gemeinen, einfachen, gelbweißen «Kalitte» mit den abfärbenden Flügeln machte schon glücklich. Schilfrohrblätter: lang, scharf, schneidend durch die prüfenden Finger gezogen! Fische, daumengroß, am Spreeufer mit freier Hand gefangen, scharf bewehrt mit zwei Stacheln, Ikleie oder Steckerlinge genannt ... Ein Vogel, gefangen nach tagelanger, wochenlanger Fallen-List! Endlich das warme, unter den Federn klopfende zarte Leben in der Hand ...*[9] Das waren die Freuden des Knaben, wenn er sich nicht auf Holzplätzen oder in der Kaserne herumtrieb. *Nirgends Durchgänge, alles Winkel, Sackgasse, grüner Rasenplatz, so erinnert er sich 1852, da und dort dunkle breitästige Bäume, wo jetzt überall nur Gaslaternen. Schräg gegenüber wohnte Hufeland, der Arzt des Königs ...* (und ein Arzt war der einzige Akademiker, mit dem das sogenannte Volk gelegentlich Berührung hatte). *Zur Seite die Lehranstalt der jungen Militärärzte. Dann Kasernen (Berlinisch: Kasarmen), Exercierplätze, große Magazine, alles verworren, regellos durcheinander auf denselben Plätzen, die nach wenigen Schritten sich zum Überblick der Linden, der Bibliothek, des Opernhauses, des Schlosses, einer der schönsten Perspektiven Europas öffnen.*[10] Man sieht das Arbeitsfeld vor sich des Stadtplaners Schinkel.

Was man nicht mehr sieht, sind die Quartiere solcher armen Leute. Der Bereiter Gutzkow und seine Familie wohnten zusammen mit dem Vorreiter Dorich und dessen Familie. Jede hatte eine einzige Stube für sich, getrennt durch eine gemeinsame Küche, wehe, wenn sich die Frauen nicht vertrugen. Der künftige große Ägyptologe Brugsch, Sohn eines Wachtmeisters bei der Garde-Reserve-Armee-Gendarmerie (so hieß das Korps) war ein wenig besser dran: *Meine Eltern bewohnten zu jener Zeit ein aus Stube, Kammer und Küche bestehendes Heim zu ebener Erde in einem langgezogenen Hause in der Ziegelstraße ... Blätterreiche Weinstöcke, am Spalier gezogen, umrankten die Fenster nach dem kleinen Garten des Hauswirtes. Ein Taubenschlag barg ein ganzes Volk ... Zwischen dem Garten und dem Ufer der Spree lag ein großer Platz, der jeder Poesie entbehrte. Er diente als Lager für die Ziegelsteine, die von den «Zillen» ausgekarrt wurden.*[11] Da machte der mit einer Freistelle versehene Gymnasiast seine Schularbeiten und war sehr bevorzugt, wenn man ihn vergleicht mit dem späteren Begründer der Preußischen Gewerbeschule Karl Friedrich von Klöden, Sohn eines trunksüchtigen pensionierten Unteroffiziers, Torhüters in einer ostpreußischen Kleinstadt, der bei seinem bitterarmen Onkel in die Lehre als Goldarbeiter ging. Er hauste in einem Bodenverschlag: *Ich durfte des Abends kein Licht auf den Boden nehmen, sondern mußte mich im Finstern aus- und ankleiden. Das hätte wenig geschadet, aber ich schlief nicht viel besser als im Freien. Wenn es schneite, mußte ich den Schnee von Kopfkissen und Deckbette abschütteln; bei starker Kälte fror das Bette vor meinem Munde steif ... Vier Jahre lang habe ich alle Winter erfrorne und aufgebrochene Finger gehabt, wie ich sie nie wieder gesehen, und habe dabei viel gelitten ...*[12] Ein wenig zuvor berichtet er: *Gearbeitet wurde im Sommer von des Morgens 6 bis Abends um 7 Uhr, also 13 Stunden ohne Unterbrechung. Des Morgens erhielt ich zwei Tassen Kaffee, Mittags um 12 Uhr wurde ein Gericht, meistens mit etwas Fleisch, genossen ... Um 4 Uhr durfte ich mir zur Vesper ein Stück Brod abschneiden und Salz darauf streuen. Um 8 Uhr wurde zu Abend gegessen, zwei «Stullen» (Schwarzbrot) mit wenig Butter oder «Pellkartoffeln» mit einer Probe von Butter und Salz ... sobald der letzte Bissen genommen war, ging es wieder an den Werktisch.*[13]

Das war ein hartes Leben, und es ist wohl der Bemerkung wert, daß alle drei es – trotz aller Benachteiligungen – wie man so sagt zu etwas gebracht haben. Die kleinen Militärs und Offizianten, die nicht zünftigen Handarbeiter standen auf den unteren Stufen der Gesellschaft. Aber seit dem letzten Jahrzehnt des 18. Jahrhunderts und bis zu der Restauration nach den Freiheitskriegen hatte sich diese Gesellschaft vor allem in Berlin als immer offener erwiesen. Das galt besonders auf zwei Gebieten, welche eng miteinander verbunden waren: dem der Wissenschaft und Kunst und dem der Emanzipation der Juden. Aus Gutzkow wurde ein umstrittener, aber erfolgreicher Publizist, aus Klöden ein Schulreformer und aus Brugsch ein Gelehrter von internationalem Ruf. Alle hatten sie frühzeitig einen Hang zur Geistestätigkeit entwickelt, ein Bedürfnis, sich zu bilden, das oft von der zufälligsten Lektüre seinen Ausgang nahm. Dies Bedürfnis war ganz ursprünglich und sollte nicht mit Ehrgeiz nach sozialem Aufstieg verwechselt werden. Die Jugend des Baumeisters Schinkel mag als Beispiel gelten, denn die Lebensumstände einer Predigerswitwe, die mit ihren Kindern in einem Witwenheim wohnte, waren alles andere als rosig. Der «Wegweiser für Fremde und Einheimische» gibt auch über das Witwenhaus in der *Papenstraße No. 10 und die damit verknüpfte Wittwenkasse* Auskunft: *Eine Wittwe erhält außer der freien Wohnung 75 Thlr. zum Begräbnisse, und eine Pension von 70 Thlr. Geht eine Waise auf Universitäten, oder heirathet eine Waise, so bekömmt sie eine Beihülfe von 30 Thlr.* [14] Das waren Beträge, die kaum das Existenzminimum sicherten, aber es waren doch die ersten schüchternen Anfänge dessen, was man heute das soziale Netz zu nennen pflegt. Es gab bittere Armut und viele Bettler, aber von den 228 Seiten des Wegweisers sind 31 den *Milden Stiftungen* gewidmet, verschiedenartigen Institutionen, die sich die Fürsorge für Arme, Witwen und Waisen angelegen sein ließen. Sie sind einen Blick wert.

Da gab es natürlich für alte Soldaten das Königliche Invalidenhaus; aber es gab auch eine allgemeine Witwenversicherung, in die jedermann *ohne Unterschied des Standes, der Nation* (das heißt der Muttersprache) *und der Religion* [15] eintreten konnte. Es gab als Behörde das *Armendirektorium*, dem Hospitäler (nicht zuletzt die Charité) unterstanden, welche Unbemittelte gratis aufnahmen. Es gab die Armenkasse, die *Unterstützung mit Holz und Torf* und die *Hauptfreischulkasse,* [16] die im Jahre 1810 1364 Kinder zur Schule schickte. Es gab eine allgemeine Armenkasse mit Beiträgen aus der Schatulle des Königs, aus Legaten und Sammlungen, und es gab vor allem kirchliche Stiftungen in großer Zahl, deren Einteilung ein Licht auf die sozialen Strukturen wirft. Der Wegweiser zählt unter der Überschrift *Deutsche Lutherische Stiftungen* deren 17 auf, gespeist aus Kapitalien, Ländereien und milden Beiträgen. Dann folgen die *Deutschen reformierten Stiftungen* (man mag sich erinnern, daß das Herrscherhaus nicht lutherisch, sondern reformiert war), 12 an der Zahl, und die von Privatpersonen gestifteten Waisenhäuser. [17] Unter der nächsten Ziffer erscheinen – und auch daran zu erinnern ist notwendig – die *Französischen protestantischen milden Stiftungen.* Das ist verwunderlich nur für denjenigen, der sich nicht deutlich macht, daß im 18. Jahrhundert zuweilen mehr als ein Drittel der Berliner Bevölkerung französisch sprach, Nachkommen der Hugenotten, loyalste Untertanen des Königs von Preußen und hochangesehen in Armee und Verwaltung, in Geistlichkeit, Handel und Gewerbe, *keine parisischen, sondern puritanische Leute, steif, ernsthaft, ehrpußlich, was sie vielfach bis auf diesen Tag geblieben sind.*[18] Bis auf diesen Tag: das war wohlgemerkt 1889, als Fontane in einem nachgelassenen Aufsatz «Die Märker und die Berliner und wie sich das Berlinertum entwickelte» diese Bemerkung machte.

So nimmt es nicht wunder, daß die französische «Kolonie» nicht nur ihren Dom und ihre Gotteshäuser, ihre Schulen und Armenanstalten besaß, sondern daß die Amtsbezeichnung des Polizeichefs *Polizei-Direktor der deutschen und französischen Nation* lautete. Die Kaufmannschaft kannte unter ihren Funktionären deutsche und französische Gildeälteste.[19] Hier erwies sich in der Organisation des täglichen Lebens eine Eigenschaft, welche den Staat der friderizianischen Zeit bis zum Eintritt der Reaktion vor anderen auszeichnete: die Toleranz im Zusammenleben. Sie wird (gemessen an den übrigen deutschen Staaten und schon gar an den Exzessen unseres Jahrhunderts) augenfällig im letzten Abschnitt des Katalogs der *Milden Stiftungen*, wo von den jüdischen Einrichtungen die Rede ist. Er nennt vierzehn freiwillige und wohltätige Gesellschaften, eine erstaunliche Zahl, wenn man bedenkt, daß Berlin im Jahre 1810 insgesamt 3 281 Seelen in seiner Judenschaft zählte.[20] Darunter aber war eine Anzahl höchst bemerkenswerter Köpfe, deren Wirkung seit den letzten Jahrzehnten des 18. Jahrhunderts unvergleichlich viel größer war, als die Zahlen der Statistik erwarten lassen könnten. Fontane spricht in seinem Aufsatz «Die Märker und die Berliner und wie sich das Berlinertum entwickelte» von Lessings «Nathan» und dessen *Wirkung auf die gebildete berlinische Mittelklasse, ganz besonders auf bestimmte Kreise derselben. Es war nun mit einem Male das da, was man den berlinisch-jüdischen Geist nennen kann; ja der Geist war da, daraus das Buch hervorgegangen und den es andererseits nun weiter pflegte. Vielfache Wandlungen (auch Eroberungen, die von ihm ausgingen), standen diesem Geiste noch bevor; trotzdem wird sich sagen lassen, daß der berlinisch-jüdische Geist eben damals, in seinen vergleichsweisen Anfängen, seine feinste Form und seine höchste Geltung hatte.*[21] Man kann diesen Satz rückblickend erweitern; es war nicht allein der berlinisch-jüdische Geist, der damals seine ausgebildetste Form gefunden hatte, es war die preußisch-berliner Kultur überhaupt, die nie wieder die Höhe erreichen sollte, die sie zwischen dem Tode Friedrichs und dem Ende der Napoleonischen Kriege gehabt.

Das Bild Lessings als eines weltlichen Hausheiligen hing über dem Sofa der Dachstube des Hauses in der Jägerstraße, wo Rahel Levin, die spätere Frau von Varnhagen, ihre Gäste empfing. Man hat diese regelmäßigen offenen Zusammenkünfte etwas irreführend als Salon bezeichnet, nach dem Muster der großen Damen des Ancien Régime. In Wirklichkeit waltete hier eine durchaus bürgerliche Geselligkeit, die freilich – jedenfalls während dreier Jahrzehnte – keine ständischen Schranken kannte. Bildung, Anspruch und Witz begründeten das Entrée, und so trafen sich bei Rahel (gut berlinisch hieß sie die Ralle) die beiden Brüder Humboldt, Alexander von der Marwitz, Friedrich Schlegel, Friedrich Gentz, Schleiermacher, Prinz Louis Ferdinand von Preußen und seine Geliebte Pauline Wiesel, Friedrich August Wolf, der Dichter Tieck und sein Bruder, der Bildhauer, Clemens Brentano, Chamisso, Fouqué und mancher andere, den die Geschichte nicht mehr überliefert. Literaten also, Gelehrte, Dichter, Publizisten, deren Namen ein Hinweis sind auf die Dichte intellektueller Kommunikation, welche sich keineswegs auf diesen wechselnden Kreis beschränkte. Man müßte noch viele Namen aufzählen, den Heinrich von Kleists, Hoffmanns, Johannes von Müllers, Zelters – ein solcher Katalog wäre so unvollständig wie unanschaulich. Es fehlen die bedeutenden Staatsmänner und die gebildeten Beamten, es fehlen noch die großen Namen, welche die junge Universität herziehen wird, Fichte zum Beispiel, Niebuhr oder Savigny. Auch muß ich der Verlockung widerstehen, einzelne zu charakterisieren oder auf die merkwürdige Wirkung hinzuweisen, welche damals von außerordentlichen Brüderpaaren ausging – es waren zwei Humboldt, zwei Schlegel, zwei Tieck, zwei sehr verschiedene Marwitz und späterhin zwei Grimm.

Die Gespräche sind verweht, aber von den Beschäftigungen kann man sich ein Bild machen, wenn man die zahllosen Briefe liest, die uns überliefert sind. Wo die mündliche Mitteilung nicht möglich war, griff man zur Feder – und nicht nur, wenn die Gedanken in die Ferne gingen, auch die Stadtpost wurde fleißig benutzt. Bettina, welche das Stadtleben vorzog, schrieb Arnim, der sein märkisches Gut verwaltete; Humboldt schrieb seiner Frau Caroline von seinen vielen Reisen; Schleiermacher schrieb seiner Frau, sobald man durch äußere Umstände getrennt war, ebenso Fichte, dessen Briefe soviel Härte fühlen lassen wie die Schleiermachers Liebe. Rahel suchte ihre Unsicherheit auszusprechen im Briefwechsel mit Alexander von der Marwitz, dem in diesem Buch ein eigenes Kapitel gewidmet ist, so wie dem Briefschreiben überhaupt. Liest man diese Zeugnisse, so beginnt man zu begreifen, wie eine lebensvolle Gesellschaft miteinander umging, mitteilsam, zuhörend und begierig auf die Meinung des anderen. Es war ein Zeitalter des Gesprächs, in dem das Menschliche, auch das Allzumenschliche, ernstgenommen wurde. Man war sehr ernsthaft im Sittlichen, aber durchaus läßlich im Moralischen, und wenn Schleiermachers schöne junge Frau eine vorübergehende Leidenschaft zu Marwitz faßte oder dieser für ein uneheliches Kind zu sorgen hatte, so begegnete man solchen Vorfällen mit tätiger, helfender Geduld. Gemessen an den Mitteilungen und der Mitteilsamkeit dieser Menschen, nicht zuletzt der Frauen, leben wir heute in einer Gesellschaft von Taubstummen, die genötigt ist, sich selbst ihre Unfähigkeit zur Kommunikation mit Hilfe der Kommunikationswissenschaft zu verbergen. Damals war man des Wortes mächtig, des intimen und des öffentlichen. Das letztere bezeugt zum Beispiel die Wirkung, die von Schleiermachers Predigten und Fichtes Reden ausging, aber besser noch der Satz der Rahel: *Wir sind die Geschöpfe mit Sprache geschaffen, zur Erörterung, zur Vernunftdarlegung bis in die kleinsten Dinge hinab: Mittheilung ist unser Wesen: daher unsre Pflicht.*[22]

Es wäre allerdings falsch zu meinen, daß man sich unausgesetzt und angestrengt «gebildet» unterhalten hätte. Die Formen der Geselligkeit waren einfach. Man schätzte Witz und Spiel und wußte zu würdigen, wenn etwa der alte Abraham Mendelssohn (der Sohn des Philosophen und der Vater des Komponisten) sagte: *Es ist mir eigen in meinem Leben gegangen; in meiner Jugend war ich nichts als der Sohn meines Vaters und in meinem Alter bin ich nichts als der Vater meines Sohnes.*[23] Wie es zuging, kann man wahrnehmen, wenn Clemens Brentano seinem Schwager Savigny den Unterschied bayrischer und Berliner Verhältnisse begreiflich zu machen sucht. Er schreibt ihm, daß *hier die Stände gar nicht so getrennt sind, indem sie eine allgemeine Berührung haben entweder in einem wahren oder Modeinteresse an der Kunst oder durch das allgemeine Unglück des Landes, das sie auf der Flucht oder in fremden Städten zusammengedrängt und vertraut gemacht hat, und es ist vielleicht nirgends so leicht, sich einen offenen Zirkel Abends täglich oder an bestimmten Tagen zu bilden, wo alles durcheinander ein- und austritt und sich ernsthaft oder scherzend unterhält; dazu gehört nichts, als daß der*

Diener Tee herumträgt, der im Vorzimmer gemacht wird ...[24] Und um den im fernen Landshut sitzenden Schwager noch weiter zur Annahme eines Rufes nach Berlin zu verlocken, fährt Brentano fort: *Außerdem haben die meisten Familien hier einen Tag in der Woche, wo ihre Hausfreunde sich regelmäßig bei ihnen einstellen und entweder bloß Tee und etwas Kaltes oder ein Gericht guter Fische, die hier delikat sind, mit den köstlichsten Kartoffeln essen, dazu trinkt man Bier, welches vielleicht nirgends so mancherlei und gut gebraut wird, und ein Gläschen Liqueur ... man ist sehr witzig, frei und lustig. Um einen irgend ausgezeichneten Menschen ist ein recht gefälliges Bestreben und noch kein Scherz, keine Laune ist mir unverstanden vor die Ohren oder von den Lippen gekommen.*[25] Diese letzte, noch nicht ganz verlorene Fähigkeit des Berlinertums war freilich für den immer witzigen Brentano wichtig; aber wichtiger war ihm die Zusammenfassung seines Urteils in den Worten: ... *es ist da bloß ein Auswechseln* (heute würden wir sagen ein Austausch) *von Sitte und Talent und Erfahrung.*[26]

Solcher Austausch materialisierte sich vor allem an politischen, literarischen und Gegenständen der Kunst. Die Teilnahme am Ergehen des Staats – durchaus auch in der Form des Klatsches oder der Weitergabe von Gerüchten – war lebhaft, ja leidenschaftlich, und diejenigen, welche sich über neue Bücher unterhielten oder mitsangen in Zelters Musikakademie, waren oft in bedeutender Stellung tätig oder mitverantwortlich. Die Gegenwartsliteratur wurde überaus ernstgenommen, man war an ihrer Produktion beteiligt, und man blickte beständig nach Weimar, öfter verehrend als antagonistisch. Eine Neuerscheinung Goethes wurde als Sensation empfunden, und als im Jahre 1809 die «Wahlverwandtschaften» erschienen, waren Briefe und Blätter voll davon. Noch war man weit entfernt vom hektischen Nachrichtenwesen unserer Tage. Aber Zeitungen und Journale spielten eine erhebliche Rolle und auch das Hörensagen. Man hatte vielerlei Einrichtungen, welche die Wahrnehmung des Neuesten und das Gespräch darüber erleichterten; eine nicht geringe Rolle spielten die Kaffeehäuser und die Lesegesellschaften. Wenige Häuser von Rahel entfernt, in der Jägerstraße Nr. 25, hatte Herr Rudolf Werckmeister das *Museum zur Belehrung und Unterhaltung im gesammten Felde der Literatur* eröffnet.[27] Es hatte fünf Lese- und Konversationszimmer und eine stattliche Bibliothek in weiteren Räumen. Zwischen 9 Uhr früh und 8 Uhr abends konnte man dort 200 deutsche und französische Zeitungen oder Zeitschriften, neue Flugschriften und wissenschaftliche Werke studieren. Eine Restauration war angeschlossen, und man zahlte eine Benutzungsgebühr, die sich nach der Dauer der Mitgliedschaft berechnete. Daneben suchten allerlei honorige Leute ihre bescheidenen Einkünfte durch die Errichtung von Lesezirkeln aufzubessern. Man konnte beim Geheimen Sekretär Bratring in der Letzten Straße 22, beim Professor Brunn in der Heiliggeiststr. 5, beim Prediger Catel, beim Prediger Marot und beim Prediger Wilmsen, aber auch beim Stadtrat Maurer in der Poststraße auf Journale und gelehrte Zeitungen abonnieren. Auch die Kaffeehäuser boten reichlich Lektüre und waren Treffpunkte; so wird uns vom Etablissement des Herrn Stehely erzählt: *Du findest hier eine ausgewählte Zeitungs- und Journal-Sammlung und eine nach den Tageszeitungen variierende, zahlreiche Gesellschaft, die des Morgens aus Geschäftsmännern und Beamten, Nachmittags meist aus Gelehrten und Literaten und des Abends aus Kannegießern und pensionierten Militairs besteht. Die angeführten Kategorien geben Dir schon skizzenweise den politischen Ton an, der je nach den Besuchern vorherrscht.*[28]

Aber man sprach auch von anderem, nicht zuletzt von den Künsten. Das Theater spielte eine in jedem Sinne erste Rolle unter Ifflands Direktion, und wie man ihn mit seiner Tätigkeit einschätzte, wird von der Tatsache angezeigt, daß er – unter Auslassung aller verwaltenden Instanzen – dem König selbst unterstellt war. In einem Artikel über «Werthschätzung und Überschätzung der Sängerinnen und Schauspieler» lesen wir, wie sich die Kaffeehäuser, eben noch gefüllt, zur Theaterstunde leeren, *denn alle gehen wie mit einem Zuge zu Thaliens Tempel, dessen Leistungen denn für den folgenden Tag das die Lectüre etwa unterbrechende Caffegespräch werden, welches bis zur neuen Theaterstunde die Zeit anfüllt. In solchen Gesprächen nun enthusiasmiren die Herren sich bis zur höchsten Extase ...*[29] Es wäre eine reizvolle und schwierige Aufgabe, die Neigungen des Publikumsgeschmacks und deren Wandel zu beschreiben. Derselbe Dr. Carl Seidel, der eben noch die Theaterleidenschaft der Berliner rügte, kann ihre Kunstbegeisterung nicht genug preisen. Im Jahre 1818 hatte der Katalog der Berliner Kunstausstellung 518 Nummern. *Aber nicht bloß in Quantität,* so schreibt er, *sondern auch der Qualität nach wächst erfreulich die ausgestellte Kunstschau, und eben so auch der Besuch des kunstsinnigen Publicums; noch niemals war die Anzahl der Schauer so groß als jetzt, die weiten Räume bleiben stets gefüllt bis zur einbrechenden Dunkelheit. An dieser*

Stelle fügt der Berichterstatter noch eine Fußnote an: *noch nie sah ich so viele Handwerker und Gesellen schaulustig herzuströmen als diesesmal.*[30]

Das Kunstinteresse zog also weite Kreise, und es war eine populäre Kunstveranstaltung, durch welche Schinkel das Herz und die Förderung des Königs Friedrich Wilhelm und der Königin Luise gewann. Ein tüchtiger Geschäftsmann, Herr Wilhelm Gropius, hatte es verstanden, die Gunst des Publikums durch die Ausstellung übergroßer Rundgemälde zu erringen, die mit allerlei perspektivischen und optischen Finessen vergangene Zeiten und ferne Länder vergegenwärtigen sollten, als wären sie wirklich. Schinkels erster – und was das Tatsächliche betrifft bis heute ergiebigster – Biograph Gustav Friedrich Waagen (sein Reisegefährte übrigens und der erste Berliner Museumsdirektor), Waagen also beschreibt im Jahre 1844 den Vorgang so: *Der König und die Königin, damals erst kürzlich nach Berlin zurückgekehrt, beehrten nämlich die Ausstellung mit ihrem Besuch, und die Königin nahm ein so lebhaftes Interesse daran, daß Schinkel auf Befehl des Königs sich auf dessen Platz neben die Königin setzen mußte, um ihr die Bilder bequemer im Einzelnen zu erklären. Die Gegenstände der Bilder waren aber auch von der Art, daß sie die Aufmerksamkeit einer so geistvollen Frau, wie die Königin, in einem hohen Grade auf sich ziehen mußten. Sie enthielten Ansichten des Domes, des Baptisteriums und des schiefen Thurms zu Pisa, des Theaters zu Taormina, des Innern des Doms von Mailand, des Innern der Peterskirche zu Rom mit der Kreuzbeleuchtung, des Capitols bei Mondschein und des Äussern des Domes von Mailand bei Tagesbeleuchtung.*[31] Auch Königinnen waren damals nicht in Italien gewesen, und so mögen seine Erläuterungen zusammen mit den raffinierten perspektivischen und Lichteffekten ihre Wirkung getan haben, zumal der Biograph noch zu berichten weiß: *Der Eindruck dieser Bilderschau wurde noch durch die Ausführung passender Gesänge verstärkt.*[32]

Es wäre voreilig, solche damals aufkommenden Panoramen zu belächeln. Daß ein so vielfach begabter Mann wie Schinkel sich ihnen widmete, lag nicht nur an der Notwendigkeit des Broterwerbs, solange wegen der Kriegsläufte das Baugewerbe darniederlag. Darin drückte sich vielmehr auf populäre Weise dasjenige Interesse aus, das neben dem Spekulativen die Zeit am mächtigsten beschäftigte: das Interesse an geschichtlicher Vergangenheit und ihren Zeugnissen. Man wollte vergegenwärtigt sehen, wie es eigentlich gewesen war, man wollte eine gesicherte Überlieferung von Texten der Alten und von Dokumenten, so wie man es sich angelegen sein ließ, alte Kunstdenkmäler zu rekonstruieren, mittels *der besonnenen Benutzung vorhandener Nachrichten und Überreste mit echt künstlerischer Combinationsgabe.*[33] Das war im Grunde eine Umschreibung des Verfahrens, welches die Historiker und Philologen der neubegründeten Universität, Männer wie Wolf und Niebuhr, zu großem Ansehen bringen sollten. Es gilt jetzt, dieser hochbedeutenden Gründung zu gedenken, die der höchste Ausdruck des Berliner geistigen Lebens war und das ganze Jahrhundert folgenreich bestimmen sollte. Die Gründung ist bemerkenswert wegen der Gesinnung, aus der sie geschah, und wegen des Zeitpunkts, zu dem sie stattfand. Zu diesem Zeitpunkt war der preußische Staat besiegt, in West und Ost vieler Gebiete entledigt, und seine Kassen waren leer. Daran dachte Wilhelm von Humboldt, der eigentliche Promotor dieser Sache, als er im Juli 1809 dem König schrieb: *Weit entfernt, daß das Vertrauen, welches ganz Deutschland ehemals zu dem Einflusse Preußens auf wahre Aufklärung und höhere Geistesbildung hegte, durch die letzten unglücklichen Ereignisse gesunken sey, so ist es vielmehr gestiegen. Man hat gesehen, welcher Geist in allen neueren Staatseinrichtungen Ew. Königl. Majestät herrscht, und mit welcher Bereitwilligkeit, auch in großen Bedrängnissen, wissenschaftliche Institute unterstützt und verbessert worden sind. Ew. Königl. Majestät Staaten können und werden daher fortfahren von dieser Seite den ersten Rang in Deutschland zu behaupten und auf seine intellectuelle und moralische Richtung den entschiedensten Einfluß auszuüben.*[34] Dieser Vorrang der Geistestätigkeit bei obwaltenden dürftigen materiellen Bedingungen hatte seinen Grund in einer Überzeugung, in der sich die Gebildeten verschiedener Richtungen, sämtlich dem Philosophieren geneigt, durchaus trafen. Schleiermacher hatte sie in seiner Universitätsschrift so ausgedrückt: *Denjenigen ... welche sich zum Behufe der Wissenschaft freiwillig vereinigen, kommt es auf ganz etwas anderes an als allein auf die Masse der Kenntnisse. Was sie vereinigt, ist das Bewußtsein von der nothwendigen Einheit alles Wissens, von den Gesetzen und Bedingungen seines Entstehens, von der Form und dem Gepräge, wodurch jede Wahrnehmung, jeder Gedanke ein eigentliches Wissen ist.*[35] Es hing nicht nur mit den Tendenzen der herrschenden philosophischen Lehren zusammen, daß man sich die Erforschung der Erscheinungen dieser Welt als sinnvoll nur denken konnte, wenn sich daraus ein Erkenntniszusammenhang ergab. Auf Zusammenhang drängten auch die politischen Erfahrungen, wie sie in einer anderen Universitätsschrift aus der Feder von Henrik Steffens als Voraussetzung aller Erwägungen formuliert waren, im gleichen Jahre 1808 publiziert wie die Schleiermachers; sie gewähren übrigens eine Ahnung des Hintergrundes, vor dem die nur scheinbar beschaulichen Schilderungen der Berliner Vergangenheit zu sehen sind: *Alle Teile des Lebens sind erschüttert, Staaten, zu welchen wir gehörten, sind gestürzt, Formen des Lebens, die unverwüstlich schienen, plötzlich verschwunden, die treue Anhänglichkeit an Fürst und Vaterland schwankt, die planvollste Lebensklugheit kennt sich selber in den nächsten Momenten nicht mehr; in allen Teilen des Wissens ringt Irrtum mit Wahrheit, und das Wogen und Brausen des Ganzen läßt uns auf keinem Punkte das Feste und Wahre ergreifen.*[36] Nicht nur Steffens, dem Wahlpreußen aus Norwegen, der erst spät zu der neuen Universität kam, war das Reich der Wissenschaft aufs engste mit dem der nie ganz erreichbaren Wahrheit verbunden, die allem wissenschaftlichen Streben seine Würde lieh.

Daraus folgte auch eine praktische Konsequenz, die heute viele am wenigsten in Preußen vermuten. Man war der Überzeugung, daß der Staat aus den Bereichen der Wissenschaft, wie sie in der Universität sich verwirklichen sollte, ferngehalten werden müsse. Wiederum Schleiermacher: *... der Versuch kann nur angestellt werden in der Temperatur einer völligen Freiheit des Geistes, schon an und für sich, vornehmlich aber unter den Deutschen und mit Deutschen.*[37] Humboldt als treibende Kraft und Chef der Sektion für Kultus und öffentlichen Unterricht fand, der Staat dürfe von seinen Universitäten *nichts fordern, was sich unmittelbar und geradezu auf ihn bezieht, sondern die innere Überzeugung hegen, daß, wenn sie ihren Endzweck erreichen, sie auch seine Zwecke und zwar von einem viel höheren Gesichtspunkte aus erfüllen.*[38] Man hatte keine Schwierigkeit mit Steffens' Grundsatz: *Ein jeder gebildeter Staat erkennt es an, daß die Grenze seiner Gewalt da sei, wo das Geistige angeht. Und wer kennt nicht den Frevel, die Unterdrückung und das mannigfache Unheil, welches daraus entstand, daß der Staat sich ein Urteil über das Geistige anmaßte?*[39]

Das waren die Gesinnungen, in denen das verarmte Land die Universität zu Berlin begründete. Sie konnte gedeihen, nicht nur, weil Humboldt den gesunden Leitsatz hatte: *Die Hauptsache beruht auf der Wahl der in Tätigkeit zu setzenden Männer.* Dazu kam noch ein Verwaltungsstil in seinem Departement, welcher wert ist, in Erinnerung gerufen zu werden. Er hat ihn am 31. Juli 1809 dem Philologen Friedrich August Wolf geschildert, indem er sagte, es komme *erstaunlich darauf an, nicht die krummen und einseitigen Ansichten eines einzelnen sondern das gemeinschaftliche Nachdenken mehrerer an die Spitze zu stellen. Darum behandle ich mit jedem Tage die Sektion mehr als Sektion, räume, ohne es auszusprechen, der gemeinschaftlichen Meinung den Vorzug vor der einzelnen, selbst der meinigen ein, und vertilge, soviel ich kann, das fatale ehemalige Ministerwesen, wo man nur den Einzelnen als allmächtig für sein Fach ansah, und seine Räte höchstens als Leute betrachtete, die das Recht hatten, in den Wind zu reden. Sehr natürlich waren denn auch diese Räte von einem Geiste beseelt, wie wir ihn gekannt haben.*[40]

Man weiß, wie glücklich solche Ansichten, die Gunst der Stunde und der Berliner Lokalton zusammenwirkten, um die Gründung zum Erfolg zu führen. Viele der großen Namen, welche die neue Anstalt für sich gewann, sind schon genannt worden, andere sollten dazutreten. Die Universität (mit der die Institutionen gleichen Namens heute kaum mehr etwas gemein haben) konsolidierte sich schnell, und Savigny, der den Ruf angenommen hatte, konnte berichten, daß nicht nur Studenten seiner Vorlesung folgten, sondern auch *Obertribunalräthe, Kammergerichtsräthe und Referendäre. So splendid geht's hier zu … Doch im Ernst, es kann hier gut werden, Antheil und Empfänglichkeit ist hier in reichem Maaße, und wir brauchen kaum ein mehreres als Ruhe und Dauer, um wirklich etwas Löbliches zu leisten.*[41]

Aber die Geschichte kennt keine Ruhe und erst recht keine Dauer. Die Jahrzehnte, deren reiches Leben ich hier in knappen Worten beschrieben habe, gingen schnell vorbei, und es bleibt nicht viel mehr als staunende Erinnerung, Maßstab für das, was unsere Vorfahren und wir vertan haben, um es jetzt zu entbehren. *Es gibt Menschen,* so hatte Steffens im Vorwort zu seiner «Idee der Universität» tadelnd gesagt, *auch Jünglinge, denen eine überlieferte Welt genügt; bestimmt durch eine fremde Richtung, geleitet durch einen fremden Willen …*[42] Wenn etwas, so war dies nicht der *Lokalton* von Schinkels Berlin. Und wie sehr auch Schinkel im Geiste der Männer und Frauen dachte, mit denen er vielfach umging, zeigen seine Sätze, die hier den Abschluß bilden:

Überall ist man nur da wahrhaft lebendig, wo man neues schafft, – überall wo man sich genug sicher fühlt, hat der Zustand schon etwas Verdächtiges, denn da weiß man etwas gewiß, also etwas, was schon da ist, wird nur gehandhabt, wird wiederholt angewendet. Dies ist schon eine halbtodte Lebendigkeit. Ueberall da, wo man ungewiß ist, aber den Drang fühlt und die Ahnung hat zu und von etwas Schönem, welches dargestellt werden muß, da, wo man also sucht, da ist man wahrhaftig lebendig.[43]

Henriette Herz

Der Enkel Friedrich Nicolais und Inhaber der berühmten Nicolaischen Buchhandlung zu Berlin, Gustav Parthey, hat Jugenderinnerungen hinterlassen, für die Seinigen als Manuskript gedruckt.[1] Sie
erschienen im Jahr der Reichsgründung 1871 und berichten von
einer Zeit bürgerlicher Kultur, die mit eben diesem Datum endgültig
vergehen sollte, nachdem sie in den Jahrzehnten nach Friedrichs des
Großen Tod in der Hauptstadt Preußens zu erstaunlicher Blüte
gekommen war.

Im Jahr 1825 war Berlin die *erste königl. Residenzstadt und Sitz
der höchsten Landescollegien, in der Provinz Brandenburg, an der
Spree, 127 Fuß über der Meeresfläche* gelegen, *eine der größten und
schönsten Städte Europas.* So jedenfalls sah das die 7. (beste) Auflage
des zwölfbändigen Brockhaus von 1827, der überdies und neben
anderem berichtet, die Stadt habe über *vier Stunden im Umfange*
und zählte *133 Straßen, 91 Gassen, 22 öffentl. Plätze und Märkte,
15 Thore, 27 Pfarrkirchen, 37 Brücken usw.* Darin wohnten (am
Ende des Jahres 1825) 220000 Einwohner, unter diesen etwa 3700
Juden, 4000 Katholiken und über 10000 Reformierte, mit Inbegriff
des Militärs.[2] Von dem so beschriebenen Ort sagte Goethe um die
Jahrhundertwende, es sei *der einzige ... von dem man sagen kann,
daß ein Publikum beysammen sei, und umso mehr muß es einen
Autor interessiren, wenn er daselbst gut aufgenommen wird.*[3]

Von Berlin also erzählt Parthey, und unter den vielen berühmten
und unberühmten Personen, die ihm im Elternhause begegneten,
erinnert er sich lebhaft an *eine nicht mehr ganz junge Frau von hoher
Gestalt und von wahrhaft wunderbarer Schönheit. Wir erfuhren, es
sei eine arme Jüdin, Madame Herz ... Nie werde ich den Glanz dieser Erscheinung vergessen ... einer Juno oder Proserpina gleich. Das
einzige, was ihrer Schönheit Eintrag that, war ihr Mund, der an sich
von edel glühender Bildung, beim Sprechen den bekannten jüdischen
Zug in den Mundwinkeln zeigte.*[4] Die letzte abschätzige Bemerkung,
uncharakteristisch für Berliner Intellektuelle, verliert ihr Gewicht,
wenn man liest, was Friedrich Schleiermacher, dreißigjährig an seine
Schwester im Mai 1798 über Madame Herz zu schreiben weiß: *Am

meisten lebe ich jezt mit der Herz; sie wohnt den Sommer über in einem niedlichen kleinen Hause im Thiergarten, wo sie wenig Menschen sieht und ich sie also recht genießen kann. Ich pflege jede Woche wenigstens einmal einen ganzen Tag bei ihr zuzubringen. Ich könnte das bei wenig Menschen, aber in einer Abwechslung von Beschäftigungen und Vergnügungen geht mir dieser Tag sehr angenehm mit ihr hin. Sie hat mich italienisch gelehrt oder thut es vielmehr noch, wir lesen den Shakespeare zusammen, wir beschäftigen uns mit Physik, ich theile ihr etwas von meiner Naturkenntniß mit, wir lesen bald dies bald jenes aus einem guten deutschen Buch, dazwischen gehen wir in den schönsten Stunden spaziren und reden recht aus dem Innersten des Gemüths miteinander über die wichtigsten Dinge. So haben wir es seit dem Anfang des Frühlings getrieben und niemand hat uns gestört.[5] Natur, Physik, Shakespeare – das waren die ein wenig modischen Gegenstände, die Gebildete zu diesem Zeitpunkt zu beschäftigen pflegten. Aber die Unterhaltungen, welche die beiden führten, mündlich und schriftlich, gingen weit darüber hinaus: sie umfaßten, wenn man es so sagen darf, Gott und die Welt, wobei die letztere die Ereignisse des Tages, bedeutende oder nahestehende Menschen, die Künste und das Wetter einbegriff. Ein Blick in die Erinnerungen der Henriette Herz[6] und die aufmerksame Würdigung ihrer Schreibweise genügen, um die Bedeutung dieser Frau wahrzunehmen. Und dennoch hat sie immer im Schatten der Rahel gestanden oder mußte mit ihrer zwar großzügigen, aber durchaus bürgerlichen Lebensführung hinter dem vielbeschrienen Wandel der Dorothea Schlegel née Veit zurücktreten. Das gilt bis heute, wenn z.B. Carola Stern von *Henriettes Oberflächlichkeit und Naivität* redet und keine andere Erklärung für die merkwürdige Freundschaft mit Friedrich Schleiermacher hat als: *es beglückte ihn, sie anzusehen.*[7]

Wäre dem so, so hätten die Vertrautheit und das wechselseitige Vertrauen zwischen Schleiermacher und Henriette nicht lebenslang gehalten und der Briefwechsel, einer der schönsten in der deutschen Sprache, wäre zum Erliegen gekommen. Aber er hat mehr als drei Jahrzehnte angedauert; es war die Freundschaft eines Mannes, von dem der so anders verfaßte Karl Barth mit den Worten sprach: ... *er war ein weiträumiger und darum weitausgreifender, ein wahrhaft komprehensiver Geist*, von einer *überragenden menschlichen Person und Geistigkeit.*[8] Nicht minder bedeutsam war die Freundschaft (und die briefliche Aussprache) mit dem Grafen Alexander Dohna, späteren preußischem Innenminister, einem früheren Verehrer Henriettes; schließlich ist der anfänglich nahezu kopflosen Verehrung zu gedenken, die der noch ganz junge Wilhelm v. Humboldt Henriette entgegenbrachte, ein Gefühl, das in den Jahrzehnten einer nie abgerissenen Verbindung freilich größerer Distanz wich. Sie hat ihn nicht gehindert, später seiner Frau im Hinblick auf Henriette zu schreiben: *Ich werde doch die Verbindung immer lieb haben. Sie hat meine Gefühle offenbar gehoben und gereinigt und mich doch eigentlich nicht beschränkt. Mit vollkommener Freiheit, selbst darüber in mir manchmal zu spotten, blieb mir doch das Gute und wirklich Tiefe darin gleich heilig, und es ist immer die erste Veranlassung gewesen, in der sich etwas besseres in mir selbst erschlossen hat.*[9] (27.1.1810) Freilich klang es kaum zwei Monate später, am 4.3.1810, durchaus spröde: *Sie ist noch immer dieselbe, sie lernt ewig und nimmt ewig Stunden, ohne jemals nur irgend interessanter zu werden.*[10]

Dies unfreundliche Urteil läßt den Ursprung solchen lebenslangen Bildungstriebes außer acht. Dieser Begriff war offenbar schon der Henriette Herz verdächtig. Indem sie sich ihrer Jugendzeit erinnerte, schrieb sie: man sprach damals *unbefangen und rückhaltlos aus, man habe das Bestreben sich zu bilden, ein Wort, welches jetzt beinah lächerlich geworden ist.*[11] Die Gründe für das Bestreben waren alles andere als lächerlich, vielmehr eng, ja ursächlich verbunden mit der Lage (in Fontanes Worten) *des gebildeten bürgerlichen Berlin am Ende der friderizianischen Zeit.*[12] Zu dem Zeitpunkt, den Theodor Fontane in seinem Aufsatz von 1889 «Die Märker und die Berliner und wie sich das Berlinertum entwickelte» vorstellt, nicht ohne Staunen und mit einem Blick auf Lessings «Nathan», *war nun mit einem Male das da, was man den berlinisch-jüdischen Geist nennen kann ...* Und Fontane bemerkte, *daß der berlinisch-jüdische Geist eben damals, in seinen vergleichsweisen Anfängen, seine feinste Form und seine höchste gesellschaftliche Geltung hatte.*[13]

Die Gründe für solche Entwicklung hat Henriette Herz in ihren Erinnerungen benannt. Sie hängen mit der sogenannten Emanzipation des Judentums und dem vorschreitenden Verlust seiner Glaubenswelt zusammen, nicht zuletzt aber mit der Wirksamkeit einiger bedeutender jüdischer Frauen. Sie hatten in ihrer häuslichen und wohlhabenden Lebensführung mehr Zeit zur Verfügung als ihre vor allem im Kaufmännischen oder Bankwesen aufgehenden Männer. Ihr Gemüt war durch keinerlei Vorbildung, durch keinen standesüblichen Lehrplan und keine zwingende Religionsübung versperrt; um es mit Henriettes Worten zu verdeutlichen: *Hier fehlte jede Vermittelung durch eine Tradition, durch eine von Geschlecht zu Geschlecht sich fortpflanzende, mit dem Geist und dem Wissen der Zeit schritthaltende Bildung; aber auch jedes aus einem solchen Bildungsgange erwachsende Vorurtheil.*[14] Für Dorothea Schlegel, die Tochter Mendelssohns, vor ihrer Ehe mit Schlegel mit dem Bankier Veit verheiratet, galt das Gleiche, so wie für Rahel Levin, die spätere Frau Varnhagen von Ense. Die Wirkung, die von diesen Frauen ausging, blieb von den Zeitgenossen nicht unbemerkt. So konnten die Abonnenten der «Jahrbücher der Preußischen Monarchie» in deren 2. Band (Mai–August) von 1798 einen langen Bericht «Über Berlin» *Aus Briefen einer reisenden Dame an ihren Bruder in H.* lesen: *Die Berliner Elegants und junge Gelehrte* hieß es darin, *welche keinen Zutritt zu den Vornehmen haben, oder suchen, wenden sich zum Ersatz an reiche jüdische Häuser. Die Gebildeten dieser Nazion machen eine besondere Klasse aus, die gegenwärtig mehr Einfluß gewinnt, als ihre getauften Mitbürger ihnen gern zugestehen möchten ... Streben nach Bildung ist ihnen nicht abzusprechen. Besonders zeichnen sich die jüdischen Frauenzimmer durch einen gewissen Anstrich von Geistesbildung und Empfänglichkeit fürs Schöne, vor ihren christlichen Rivalinnen aus.* Nicht ohne Neid fügt die reisende Dame, die sich auch über das Militär – sogar über das Bordellwesen – informiert zeigt, den Ausruf an: *Sie mögen sich hüten, die Töchter Israels!*[15]

Stattdessen hielten die Töchter Israels Haus und übten eine keineswegs aufwendige, aber vielfältig willkommene Gastfreundschaft. Man könnte eine gewiß unvollständige Liste derer aufstellen, die im Hause Herz ihren Tee tranken und miteinander Konversation hatten, eine Unterhaltung, deren Charakter und Funktion noch zu bestimmen sein wird. Es waren vorwiegend Männer, teils noch der Geistigkeit des zuende gehenden 18. Jahrhunderts, teils derjenigen der neuen Zeit zugewandt. Aber es waren auch bedeutende Frauen darunter; später, in den vierziger Jahren, als die preußische Liberalität wieder gewichen und alte gesellschaftliche Schranken renoviert waren, sollte Henriette nicht ohne Hochmut feststellen: *... die feine Sitte, jene, ich möchte fast sagen bestrickende Courtoisie der früheren Zeit ist dahin, vielleicht nicht ohne Nothwendigkeit dahin, vielleicht als Folge des Stückes Geschichte welche die civilisierten Völker in dem letzten Jahrhundert durchlebt haben, aber ich regrettiere sie dennoch. Die Frauen herrschen nicht mehr in der Gesellschaft, die*

Interessen der Männer drehen sich nicht mehr um sie – da steckt der Fehler.[16]

Und welche Frauen waren das, nicht nur unter den Töchtern Israels. An der Seite des Königs stand die unvergeßliche Königin Luise. Man konnte beide im Tiergarten spazierend antreffen, wie andere Bürger auch, so wie der König mit dem Zaren Alexander ohne Gefolge durch die Stadt ging, höflich Grüße erwidernd, aber niemand galt höher als Luise; wenn Henriette von ihr spricht, lange nach deren Tode, so drohen ihr die Worte zu fehlen: *Die Königin – nun eben unbeschreibbar. Man muß sie gesehn haben. Ich kenne selbst kein Bildniß von ihr welches ich, wenn auch nur annähernd, ähnlich nennen möchte ... der Teint war der zarteste und feinste den man sich denken kann, das schöne blaue Auge das mildeste, ihr Lächeln, welches zwei liebliche Grübchen auf ihren Wangen erzeugte, das holdseligste. Und nun die hohe majestätische Gestalt! Sie war zur Königin geboren ... ihre Sprache Musik. Ich habe nie wieder einen so zauberischen Ton der* Sprechstimme *gehört.*[17] Man wäre geneigt, solche Zeilen für schwärmerisch zu halten, gäbe es nicht noch mehr Zeugnisse derart. Und so muß man auch akzeptieren, wenn Henriette, wie alle Berliner interessiert am Hofe, dessen zweite Dame würdigt, die Prinzessin Wilhelm. Sie war eine geborene Prinzessin Marianne von Hessen-Homburg, eben die, welche in einem bewegenden Briefwechsel ihre Schwester Auguste mit der Frage konfrontierte: *Wie hattest Du Hölderlin geliebt?*[18] Zwar trat sie in Henriettes Augen hinter der Königin zurück, aber Schleiermacher nannte sie *eine der ersten und herrlichsten deutschen Frauen.*[19] Auch sie war schön, und das Volk freute sich an der gesamten königlichen Familie, wenn diese *im Schloßgarten zu Charlottenburg ... frei und zwanglos, freundlich nach allen Seiten grüßend*, sich unter den Leuten bewegte.[20]

Hier ist vielleicht die Stelle, wo man des Verhältnisses dieser Jüdin (und nicht nur dieser) zu ihrem Land gedenken sollte, das sich noch in der Krone repräsentiert fand. Zwar gab es ein Bewußtsein allgemeiner Zugehörigkeit zu *Uns Deutschen*.[21] Aber dem übergeordnet war die preußische Gesinnung, und wenn Henriette die Prinzessin Marianne loben wollte, so hob sie hervor, daß diese Homburgerin sich ein *unzerstörbares Denkmal in den Herzen aller Preußen gesetzt*[22] habe. Wenn sie aber den Herausgeber eines mit den Franzosen während der Besetzung Berlins collaborierenden Blattes zu tadeln hatte, so freute sie sich *hinzufügen zu können kein Preuße sondern ein Braunschweiger.*[23] Die Inkarnation alles Preußischen aber war ihr und nicht nur ihr – seiner Schwächen zum Trotz – die Gestalt des Prinzen Louis Ferdinand, des Neffen Friedrichs des Großen, der nach seinem Tode in der Schlacht von Jena eine Idealisierung gleich derjenigen Luises erfuhr. Der kecke und wie so viele Hohenzollern musikalisch begabte Gardeoffizier war ein häufiger Gast nicht nur bei Henriette, sondern auch bei der Frau von Staël. Er hatte in seinem kurzen Leben viele Herzen gebrochen und dasjenige Henriettens nicht ganz ungerührt gelassen – man versteht das, wenn man sein herausfordernd geistvolles Gesicht betrachtet, wie es aus dem Porträt von J. C. Mosnier hervorblickt. *Es ist wahr*, so erinnert sie sich (nachdem sie ihn *einen der liebenswürdigsten Fürsten* genannt hat) *daß er bei alledem einen gewissen* ton de corps de garde *nie völlig unterdrücken konnte. So verfuhr er an jenem Abende hinsichts meiner auf eine Weise die, von jedem andern geübt, unzart ja verletzend gewesen wäre, bei ihm jedoch sich wie gemüthliche Theilnahme darstellte. Er faßte mich nämlich bei der Hand und führte mich vor die Herzogin von Kurland. «Betrachten Sie diese Frau!», rief er. «Und diese Frau ist nie geliebt worden wie sie es verdiente!»*[24] Das Wort muß Henriette getroffen haben, denn sie fügt, indem sie sich seiner erinnert, zwei Sätze hinzu: *Recht hatte er in Letzterem freilich. So unendlich gut mein Mann gegen mich war, so liebend er sich die Bildung meines Geistes angelegen sein ließ, so vertrauensvoll er mir alle Freiheit gewährte die mir das Leben verschönen konnte, eine Liebe wie ich sie im Herzen trug kannte er nicht, ja wenn ich sie äußerte wies er sie gleich einer Kinderei zurück.*[25]

Vielleicht liegt hier ein Schlüssel für Henriettes so offensichtliches Bedürfnis nach Freundschaft und die Herbheit, mit der sie gelegentlich über andere Frauen urteilen konnte. Da waren zum Beispiel die beiden Töchter eines reichen jüdischen Kaufmanns in Berlin, die Frau von Grotthuis und die Frau von Eybenberg, zwei ansehnliche und gescheite Damen, denen es an Lebenslust nicht mangelte. Die eine, Sara, hatte den preußischen Offizier Nikolaus v. Grothus geheiratet (die Schreibung seines Namens schwankt), den Goethe den *abenteuerlichen Grothus*[26] nannte, die andere, Mariane, wollte höher hinaus. Sie verkehrte in Adelskreisen, wurde schließlich dem Fürsten Heinrich XIV. Reuß heimlich morganatisch angetraut und starb als dessen Witwe in Wien, nachdem ihr der Name einer Frau von Eybenberg verliehen worden war. Die beiden Damen verehrten Goethe (eine Verehrung, welche Henriette mit ihnen lebhaft teilte), lernten ihn bei Badeaufenthalten in Teplitz kennen und erfreuten sich freundlicher Brieflein von ihm, die für allerlei Gaben wie Kaviar und Schokolade Dank sagten. Henriette beschreibt die Frau von Grothuis so: *Sie war eine hübsche Frau, es hat dümmere gegeben als sie war, eben ... unter allen ihren Eigenheiten stand die Narrheit obenan.*[27] Und über die Schwester Mariane urteilte sie: *Sie war hübsch, von elegantem Wuchse, in ihren Bewegungen durchaus anmuthig. Ihr Temperament war lebhaft, wenngleich unstät. Ihr Geist war mehr anregend als schöpferisch; konnte man sie auch nicht gerade geistreich nennen, doch eben so wenig geistlos. Sie hielt darin eine Mitte wie sie den meisten Männern und Frauen sehr wohlgefällig ist. Mit ihren Kenntnissen stand es so, daß man sie den damaligen Ansprüchen an weibliches Wissen nach ein unterrichtetes Frauenzimmer nennen durfte.*[28] Natürlich mögen beide Schilderungen zugetroffen haben (und wir werden noch treffenderen Beispielen von Henriettes Charakterisierungsgabe begegnen). Aber der Unterton von Schärfe ist unüberhörbar, und die eigentlichen Gründe offenbart der Nachsatz über Mariane. *Als Tochter eines Kaufmanns und als Jüdin, und sonach, bei der Kluft zumal durch welche Verschiedenheit des Standes und Glaubens damals noch die Menschen trennte, vermöge ihrer Stellung in der Welt nicht auf den Umgang oder gar auf eine nähere Verbindung mit christlichen Männern hohen Standes angewiesen, sah sie doch eben von diesen Letzteren einen nach dem anderen zu ihren Füßen, ja ernstlich um sie werbend.*[29] Das war um die Jahrhundertwende und eine Weile danach nichts Ungewöhnliches, und so wird es die Zielstrebigkeit zum immer höheren sozialen Aufstieg gewesen sein, die, von den Schwestern Meyer an den Tag gelegt, Irritation bei Henriette erregte.

Ganz anders stellte sie sich zu ihrer Kindheitsfreundin Dorothea Mendelssohn, die von ihrem berühmten Vater achtzehnjährig dem Bankier Veit zur Frau gegeben, in dieser ungewollten Ehe Mutter von vier Kindern geworden war; nur zwei von ihnen, die beiden Maler, überlebten. Es war in Henriettes Wohnung, wo im Sommer 1797 die Begegnung zwischen Dorothea Veit und Friedrich Schlegel stattgefunden hatte, und es war Henriette, welche zu ihrer noch nicht geschiedenen Freundin hielt, die sich von ihrem Mann getrennt hatte und mit dem neuen Freund zusammengezogen war. Das Verhältnis erregte umso mehr Aufsehen, als der junge Autor im Jahre 1799 seinen Roman «Lucinde» erscheinen ließ, der Dorothea kaum verhüllt in ein öffentliches Licht zu stellen schien. Da fand der neugierige Leser Bettszenen, welche das sanfte Liebesgeflüster der zeitgenössischen empfindsamen Romane Lügen straften. Man kann verstehen, daß Dorothea sich im wörtlichen Sinne bloßgestellt fühlen mußte, aber auch, daß das Publikum mehr bei solchen Stellen verweilte als bei der Absicht des Buchs, die Einheit von Geistigkeit und Sinnlichkeit als Bedingung der Menschlichkeit zu begreifen. Es ehrt Henriette Herz, daß sie zu ihrer Freundin hielt und dem im Stich gelassenen Veit Gerechtigkeit widerfahren ließ. Es kann nicht leicht gewesen sein, denn der Dr. med. Herz forderte von seiner Frau den Abbruch der Beziehung, von der man in öffentlichen Blättern munkelte. Aber Henriette erklärte mit Entschiedenheit, *daß er Herr im Hause sei, daß ich ihn aber bitte mir zu gestatten hinsichtlich meines Umgangs außer seinem Hause auch ferner meiner Ansicht zu folgen, und daß ich eine so liebe Freundin in einer so schwierigen Lage nicht verlassen würde.*[30] Der feste Standpunkt hatte zwei verschiedene Gründe. Der eine war die Treue, welche Henriette gegen ihre Freunde zu halten pflegte, und gar gegen eine Freundin, die sie seit Jugendzeiten kannte. Der andere Grund lag in der liberalen Auffassung, die man im Berlin der Jahrhundertwende gegenüber erotisch-sittlichen Verhältnissen an den Tag legte. *Die Gesellschaft,* so schrieb Henriette als alte Frau, *war von der Zeit meines Eintritts in dieselbe bis etwa in das erste Jahrzehnt dieses Jahrhunderts hinein eine von den jetzigen Bedingungen in vielen Beziehungen wesentlich verschiedene ... und möglicherweise hat ... damals eine etwas laxere Moral geherrscht als jetzt. Während jetzt die Sinnlichkeit vielleicht wegen einer mit ihr verbundenen Rohheit ängstlich nach Verborgenheit streben muß, war sie damals bei den wenigsten ohne ihr ästhetisches Moment ... Die Sinnlichkeit war, wenn ich mich so ausdrücken darf, mit einer Art reinigenden Princips gemischt welches zu verletzen man sich scheute, und die «Lucinde» ist gewissermaßen aus der Idee dieses Verbandes hervorgegangen.*[31]

Freilich hat Henriette solche kluge und ein wenig spitzfindige Duldsamkeit zwar gegen andere, nicht aber gegen sich selbst geübt. Sie ist – nicht nur nach ihrem eigenen Zeugnis – eine treue Ehefrau ihres soviel älteren Mannes geblieben, obgleich es ihr an Verehrern, ja an Nachstellungen nicht gefehlt hat. Sie bekennt ehrlich, daß es auch für sie Verlockungen gegeben hat, denen es zu widerstehen galt. Nichts kann weniger verwundern, wenn man außer ihrer Erscheinung noch Vielfalt und Intensität des geselligen Lebens in Betracht zieht, an dem sie teilnahm und dessen Mittelpunkt sie im berühmt gewordenen Kreise ihres Hauses war. Man hat ihm (wie dem Kreis um Rahel Varnhagen) den Namen «Salon» gegeben, ein Wort, das Henriette durchaus zuwider war; sie wollte sich lieber *unseres guten deutschen Wortes Gesellschaftszimmer*[32] bedienen. Und welch eine Gesellschaft war das, die sich in ihrem Zimmer traf und wieder traf! Aber ehe diese einer näheren Betrachtung unterzogen wird, seien die Voraussetzungen erwogen, welche diese Zusammentreffen so denkwürdig und so wirksam werden ließen.

Eine Voraussetzung war das unter Gebildeten lebhafte Bewußtsein (vielleicht auch die Erfahrung), daß ein geselliger Kreis sich umso eher belebe und befestige, je mehr er sich zu gemeinsamer Tätigkeit verbinde. Nichts bot sich nun dem seit der zweiten Hälfte des 18. Jahrhunderts erwachten bürgerlichen Bildungsbedürfnis mehr an als gemeinsames Lesen in einer Gesellschaft, in der man einigermaßen gleiche Bildung und Umgangsformen, aber unterschiedliche Meinungen und Temperamente erwarten durfte. Das war der Ursprung der immer verbreiteteren Lesegesellschaften. Eine der frühesten, an der die am ersten März 1779 frisch verheiratete sechzehnjährige Henriette Herz teilnahm, fand im Hause ihrer ein Jahr älteren und ein Jahr früher verheirateten Freundin Dorothea statt, welche noch Dorothea Veit hieß. Ihr Mittelpunkt war die ehrwürdige, milde Gestalt Moses Mendelssohns, des Vaters der Hausfrau. Man las Dramatisches, wohl mit verteilten Rollen, der Dr. med. Herz war dabei, der nicht genug zu schätzende Karl Philipp Moritz und Mendelssohns Freund David Friedländer, ein Verfechter jüdischer Freiheit, dazu allerlei Familie. Für Henriette mag es ein förderliches Erlebnis gewesen sein, nachdem sie bereits vorher (ein ziemlich schauderhafter Gedanke) *fast die ganze Viewegsche Leihbibliothek zweimal durchgelesen hatte*[33] – als Braut mit 13 Jahren.

Eindrucksvoller noch (und für das Berlinische Geistesleben bezeichnend) war eine andere, etwa 1785 entstandene Gesellschaft, der Intellektuelle von Rang und Namen angehörten: der alte Ramler, einer früheren Generation und verblassenden poetischen Vorstellungen verpflichtet, wieder der lebhafte Moritz, der einflußreiche Probst Teller, der um die Judenbefreiung verdiente Diplomat Christian Wilhelm. Dohm, Zöllner, ebenfalls Theologe und bemüht um die Besserung des Schulwesens, sowie wiederum die sehr jungen vielversprechenden sechzehn- und achtzehnjährigen Brüder Wilhelm und Alexander von Humboldt. Mit beiden Brüdern verband Henriette seither eine *Freundschaft für das Leben*.[34] Sitzungen fanden in der kalten Jahreszeit im königlichen Schloß statt, dessen Kastellan, Hofrat Bauer, dem Zirkel angehörte, im Sommer in dessen Garten vor den Toren Berlins. Zur Vielfalt des literarischen Lebens gehörten überdies hier noch das von Henriette erwähnte *Teekränzchen* und die *Mittwochsgesellschaft*,[35] die nicht nur fortbestand, als Henriette schon gestorben war, sondern bis ins Dritte Reich, wo sie eine Nachhut bürgerlich-akademischen Nonkonformismus' bildete. Es verstand sich von selbst, daß die Frauen an den meisten dieser Vereinigungen teilnahmen. Schönwissenschaftliches, Dramatisches, Physikalisches wurde gelesen, und es gehört nicht sehr viel Phantasie dazu, sich das Niveau und die Lebhaftigkeit der Konversation vorzustellen, um derentwillen man nicht zuletzt zusammentraf. Das Wort bezeichnete damals das gepflegte Gespräch, der oberflächlich-unverbindliche Sinn, den man ihm heute verliehen hat, fehlte noch gänzlich. Henriette wußte die Teilnehmer solcher Gespräche vortrefflich zu charakterisieren, überhaupt die Zeitgenossen, die in ihren Gesprächskreis traten. *Es ist die Art meines Geschlechtes, daß wir in kleinen Dingen gute Beobachterinnen sind.*[36] Davon gaben schon die Schilderungen der Damen Grotthuis und Meyer Zeugnis, noch mehr bezeugen es die Porträts derer, die ihr wichtig waren.

War das Bildnis des Prinzen verklärt, das der Königin aus der Entfernung von Jahrzehnten nicht minder (obgleich man in beiden Fällen einer realistischen Grundierung sicher sein darf), so wurden die aus der Nähe gesehenen Porträts umso deutlicher. Manchmal genügten zwei Sätze: *An Dorothea war nichts zur Sinnlichkeit reizend. Nichts war schön an ihr als das Auge, aus welchem freilich ihr liebenswürdiges Gemüth und ihr blitzender Geist strahlten, aber sonst auch gar nichts, nicht Gesicht, nicht Gestalt, ja nicht einmal Hände und Füße, welche doch an sonst unschönen Frauen mitunter wohlgeformt sind.*[37] Durchaus lebhaft, wiewohl zurückhaltender wird Ernst Moritz Arndt porträtiert, in dessen Bonner Haus Henriette Gast war: *Arndt ist ein Mann welchen ich sehr hochachte und der sich mir auch stets freundlich erwiesen hat. Dennoch bin ich niemals dazu gelangt, mich ihm so zu erschließen wie ich öfter den Drang dazu in mir fühlte. ... Ich glaube den Grund darin zu finden, daß er nur ein Organ für kräftige, fast heroische weibliche Naturen besitzt. Die übrigen Frauen stehn in seiner Meinung tief unter den Männern. Sie sind ihm Alle Blumen und Kinder.*[38] Man muß dazu wissen, daß Arndts Frau eine Schwester Schleiermachers war, und schon dadurch ihrem Hausgast nahe.

Unterricht im Französischen nahm Henriette zeitweilig bei einer großen Dame, einer vor der Revolution geflohenen Emigrantin, *... in dem schlechten kleinen Zimmer einer engen Straße der Neustadt nahe der heutigen Dorotheenstraße. Hier saß die berühmte Gräfin Genlis, Marquise de Sillery, vor einem Windofen und kochte ihre Chokolade. Auf einem etwas gebrechlichen Tische stand ein hölzerner Leuchter mit einem dünnen Talglichte. Auf einem sogenannten Schappen, wie sie sonst nur in Küchen stehen, fehlte es nicht an Töpfen, Pfannen und anderem Kochgeschirr, und ein gewisses Geräth unter dem Bette bemühte sich nicht im mindesten sich zu verbergen .... Sie schien in dieser Umgebung einen ganz ausgesprochenen Ausdruck zu haben, sie sah ernst und befremdet aus wie ein gebildeter Mann der durch Zufall in eine unfeine Gesellschaft geraten ist.*[39] Fast immer blieben die Charakteristiken Henriettes so nah an der Realität, aber keineswegs immer so wohlmeinend wie angesichts der Aristokratin, die sich von der Herstellung künstlicher Blumen ernährte. Überhaupt hatte Henriette eine Neigung zu Damen gehobener Herkunft oder bedeutenden Rufes. Da war die damals vielgelesene Schriftstellerin Elisa von der Recke, eine Baltin: *Ihr Wuchs war hoch und zierlich, ihr Gesicht fein, der Ausdruck desselben anmuthig. Aber ein kräftiges, heiteres Wesen gehörte nicht zu ihren Eigenschaften. Sie litt vielmehr an einer Sentimentalität welche sie ... theils früheren, Geist und Herz bedrückenden, Verhältnissen, theils endlich physischen Einflüssen ... verdankte ... Aber sie war überaus wohlwollend, ja von unerschöpflicher Güte.*[40]

Man unterschätzte Henriettens Scharfblick, wollte man nur solche wohlmeinenden Bildnisse erwarten. Sie spart nicht mit Einschränkungen, so wenn es von A.W. Schlegels berühmter Freundin Mme. de Staël heißt: *Es ist nicht möglich, sich eine lebendigere und geistreichere Unterhaltung zu denken als die ihre. Allerdings aber wurde man von ihr fast bis zum Überdruß mit Geistesblitzen überschüttet.*[41] Im Jean Paul gewidmeten Kapitel figuriert dessen im Wortsinn damalige Busenfreundin Sophie Bernhard: *Sophie Bernhard war eine geistreiche und sehr gutmüthige Frau, nichts weniger als schön aber sehr empfänglichen Herzens, und vorzugsweise richtete sich ihr Gefühl auf Literaten. Da sie mit einer großen Fülle des Busens gesegnet war, so wurde in Berlin scherzweise von ihr gesagt: sie lege die Gelehrten an ihre Brüste.*[42] Ganz vernichtend freilich verfährt sie (und nicht nur sie) mit dem Schweizer Historiker Johannes von Müller, der bei Mme. de Staël verkehrte und von verbreitetem Ruf, aber auch von zweifelhaftem Charakter war; den fand Henriette schwer erträglich, wenn es auch ungerecht war, daß sie ihm sein helvetisches Deutsch anrechnete. *Dabei war sein Äußeres unangenehm, seine Gesichtszüge waren breit, zerflossen, sein Mund sah stets aus, als sei er mit Fett bestrichen, eine Voraussetzung, welche bei dieses Gutschmeckers Rüstigkeit im Essen sehr berechtigt gewesen wäre, hätte man nicht zugleich vorauszusetzen gehabt, daß der Wein, welchen er in großer Fülle genoß, das Fett wieder abspülen mußte.*[43] Man glaubt den Tonfall einer Berlinerin in der geschärften Tonart der Berliner Jüdin zu hören.

Drei Menschen freilich hat es gegeben, so ist eingangs schon erwähnt worden, die von bedeutender, ja bestimmender Wirkung auf ihr Leben gewesen sind. Das war die um sieben Jahre jüngere Rahel Varnhagen, geb. Levin, nicht ganz unähnlich in ihren äußeren Vorbedingungen und gewiß überlegen an intellektuellem und sprachlichem Vermögen – bis zum heutigen Tag muß Henriette sich mit ihr vergleichen lassen – und dann der Lebensfreund aus preußischem Hochadel, Alexander Graf zu Dohna. Die zwischen beiden Liebenden gewechselten Briefe sind vernichtet, aber auch ohne sie ist deutlich, daß eine tiefe Neigung den Grafen mit Henriette verband. Er war ein Mann von hohen Graden, im Laufe seines Lebens in immer verantwortlicherer Stellung im Staate. *Was Alexander seit 10 Jahren ungeteilt mir war, wird kein Mensch mir wieder und ich keinem ... er ist sehr edel und gut, nur hat er eine Erziehung bekommen, die seine Äußerungen so wunderlich bildete, daß das schöne Innere nur selten sichtbar wird, und nur dem, der es ganz kennt, wird es hell und klar.*[44] Schleiermacher war, wie er Henriette am 26.X.02 schrieb, überzeugt *dass Du Alexander angehörtest.*[45] Die Verbindung war offenkundig. Er wußte, wovon er sprach, denn er war Hauslehrer im Gräflich Dohnaschen Hause gewesen, und wohl befugt, im Hinblick darauf zu sagen: *Es ist etwas ganz eigenes und hat so etwas Patriarchisches an sich, wie die ältesten Söhne in diesen vornehmen Häusern gehalten werden; die Geschwister sehn ihn als den zweiten Vater, die Mutter ehrt ihn als den künftigen Beschützer, und der Vater selbst glaubt ihm von allem Rechenschaft schuldig zu sein. Alexander verdient es aber auch, er ist ein gar trefflicher Mensch.*[46] Dieser *treffliche Mensch* bot Henriette nach dem Tod des Dr. Herz seine Hand an, sie schlug sie aus. Über ihre Gründe kann man nur spekulieren. Wahrscheinlich beruhten sie auf einer realistischen Vorstellung der Rolle, die sie als Herrin im Schloß zu Schlobitten und im Umgang mit

Standesgenossen spielen würde, denn noch waren – im Unterschied zu wilhelminischen Zeiten – solche Heiraten ungewöhnlich: *Meine sehr unverdiente Zelebrität und die Jüdin sind mir in Deutschland im Wege.*[47] Der in seiner Deutlichkeit seltene Satz wurde im Oktober 1807 an den Freund auf Rügen geschrieben. Alexander blieb unvermählt.

Der andere Lebensfreund war der vier Jahre jüngere große Theologe Friedrich Schleiermacher. Wenn zuvor gesagt wurde, der Briefwechsel der beiden sei einer der schönsten deutscher Sprache, so ist diese Behauptung begründet, aber nicht erweisbar. Denn die Briefe Henriettes sind verloren und zugänglich nur durch die Spiegelung, die des öfteren aus Schleiermachers Briefen hervorscheint. Diese aber könnten nicht so sein, wie sie sind, wenn ihr Gegenüber ihnen nicht gewachsen gewesen wäre.

Der erste Erhaltene ging noch einigermaßen auf Stelzen: *Wenn eine ruhige und schöne Seele sich zwischen den lieblichen Ufern des Wohlwollens und der Liebe bewegt, so gestaltet sie ihr ganzes Leben sich ähnlich.*[48] Das war am 1. Januar 1798 um *4 Uhr Morgens* geschrieben, vermutlich nach einer bewegten Silvesternacht. Ganz anders, nun in der dem Verfasser eigenen Sprache: *Eigentlich giebt es doch keinen größeren Gegenstand des Wirkens als das Gemüth, ja keinen anderen, wirken Sie etwa da nicht? O Sie fruchtbare, Sie vielwirkende, eine wahre Ceres sind Sie für die innere Natur und legen einen so großen Akzent auf jene Thätigkeit in die Außenwelt, die so durchaus nur Mittel ist, wo der Mensch in den allgemeinen Mechanismus sich verliert ... was weiß die Welt von unserer inneren Natur und ihren Bewegungen? Ist ihr nicht alles Geheimnis?*[49] So klingt es ein Jahr später, am 17. März 1799 aus Potsdam, wo Schleiermacher das Amt eines Hofpredigers wahrnahm. Wie es im März 1800 geklungen haben mag, entzieht sich unserer Kenntnis, denn da war Schleiermacher schon lange wieder als Prediger an der Charité in Berlin, in ständigem Umgang mit seiner Freundin. *Wir waren,* so erzählt sie, *in Berlin gewohnt uns täglich zu sehen, und waren wir voneinander getrennt mußte briefliche Mittheilung den mündlichen Verkehr thunlichst ersetzen.* Und dann zitiert sie aus einem seiner Briefe: *Ach, Liebe, thun Sie Gutes an mir, und schreiben Sie mir fleißig. Dies muß mein Leben erhalten, welches schlechterdings in der Einsamkeit nicht gedeihen kann. Wahrlich, ich bin das allerabhängigste und unselbstständigste Wesen auf der Erde, ich zweifle sogar ob ich ein Individuum bin. Ich strecke alle meine Wurzeln und Blätter aus nach Liebe ...*[50]

Es konnte nicht fehlen, daß der großstädtische Klatsch sich des ungewöhnlichen Verhältnisses annahm, zumal sich Schleiermacher zur selben Zeit in eine leidenschaftliche Neigung zur Frau eines Amtsbruders verstrickt sah. Diese Geschichte, die mit Entsagung und Schleiermachers Fortgang ins ferne pommersche Stolp endete, ist hier nicht zu schildern, weil Henriette alle Aufmerksamkeit in Anspruch nimmt. Es genügt anzumerken, daß sie in hohem Maße und ausdrücklich erotischen Charakter hatte, deren Zeugnisse vermutlich Schleiermachers Biograph Wilhelm Dilthey vernichtet hat; von ihrer Temperatur scheint Einiges in die ›Lucinde‹ eingegangen. Nichts derart gab es in der Freundschaft zwischen dem reformierten Prediger und der jüdischen Arztfrau, die von rückhaltloser Offenheit geleitet blieb. *Es fehlte auch nicht an Leuten,* so erinnert sich Henriette, *welche, die Innigkeit unseres Verhältnisses kennend, ein anderes Gefühl als das der Freundschaft in uns voraussetzten. Sie waren im Irrthum.*[51] Und Schleiermacher griff das Thema in einem schon aus Stolp geschriebenen Brief auf, der sich, wie alle dort geschriebenen, fortan des vertraulichen Du bediente: *Wie sollte es sonst zugegangen sein, daß ich nie in meinem Leben in einem Gefühl gegen Dich aus den Grenzen der Freundschaft herausgegangen bin und daß auf der andern Seite in meiner Zuneigung zu den Mädchen ein gewisses Analogon von Liebe so leicht zu spüren?*[52] Das ist, mit anderen Worten, die Frage, woher es rühre, daß trotz seiner Empfänglichkeit für das Weibliche gegenüber Henriette jegliches Verlangen schwieg.

Ein Grund war gewiß Henriettes Haltung; ein anderer, tieferer und bewegender wurde von Schleiermacher mit dem *Gefühl unseres unermeßlichen physischen Abstandes voneinander* bezeichnet: *Ich würde mir lächerlich vorgekommen sein, wenn ich mich in irgendeiner sinnlichen Situation mit Dir gedacht hätte, und eben darum kam es mir auch so abgeschmackt vor, wenn die Leute dergleichen von uns vermutheten.*[53] So am 26. Oktober 1802 aus Königsberg; es ist ein ebenso freies wie resignatives Geständnis des kleinwüchsigen und mit einem (wie die Berliner sagten) «Verdruß» behafteten Mannes gegenüber der Freundin, der er drei Wochen später auf ihre Frage, warum denn Männer ihr gegenüber zurückhaltend seien, die Antwort gab: *Du bist zu schön, Du bist zu imponierend und zu wenig pikant.*[54] Seiner Schwester, die sich als eine fromme Herrnhuterin durch das Verhältnis des Bruders beunruhigt sah, hatte er schon früher verdeutlicht: *Es ist eine recht vertraute und herzliche Freund-*

schaft, wobei von Mann oder Frau aber auch garnicht die Rede ist; ist das nicht leicht sich vorzustellen? ... Sie hat nie eine Wirkung auf mich gemacht, die mich in dieser Ruhe des Gemüths hätte stören können.[55] Aber all diese Erklärungen, die mehr sind als bloße Apologie, sollten ein Factum nicht verdecken – diese Freundschaft war eine von beiden ermöglichte Leistung, und wie alle gelungenen menschlichen Verbindungen auch ein Kunstwerk.

Sie bezeugt überdies als solche und unwiderleglich das zuweilen bezweifelte intellektuelle Niveau Henriettens. Es findet sich bestätigt durch die Namen derer, die mit mehr oder weniger Regelmäßigkeit in ihrem Gesellschaftszimmer anzutreffen waren. Viele sind schon genannt worden; ihre Liste liest sich wie eine Art bürgerlich-intellektueller Gotha der Berliner Gesellschaft um 1800, in dem der Geburtsadel nur in geringem Maße, freilich mit bedeutenden Figuren vertreten ist: Chr. Graf von Bernstorff (ein Sohn des großen dänischen Staatsmanns); die gräflichen Brüder Alexander und Karl Friedrich v. Dohna; die Brüder Humboldt und der Graf Mirabeau, dessen Schilderung durch Henriette angedeutet werden sollte: *Breiteste Nase, erdenklich größter Mund mit dicken wulstigen Lippen ... Aber man vergaß Alles, wenn er sprach.*[56] Der heutige Zeitgenosse, soweit er ein Freund der Blüte nicht nur Berlinischer Kultur um 1800 ist, würde manches darum geben, könnte er Zeuge der Gespräche an Henriettes Teetisch sein. Eines scheint gewiß, es war eine Kultur des Gesprächs, in manchem Betracht eine Erbschaft des französischen 18. Jahrhunderts, wie sie längst vergangen ist. Nichts wäre falscher, als sie für hochgestochen und künstlich zu sehen. Wer einen Begriff davon haben will, der mag den Artikel «Conversation» in dem unübertrefflichen Brockhaus von 1827 lesen. Aber auch die Klage, welche die alt gewordene Henriette führt, deutet schon auf den Verlust gebildeter Geselligkeit. *Nenne man mich immerhin eine Lobrednerin der vergangenen Zeit.*[57] Mit diesem bequemen Schlagwort von der laudatio temporis acti ist sie nicht abzutun. Vielmehr hat Henriette einen Klimawechsel wahrgenommen, der nicht lange nach ihrem Tod den Wetterschlag von 1848 verursachen sollte; 1830 war ihr als Warnung erschienen.

Sie begriff den Wandel der Zeit als eine Veränderung in den Vorbedingungen menschlichen Umgangs. *Ich habe ausgesprochen, daß die Mitglieder der damaligen geselligen Kreise bessere Kenner des menschlichen Herzens waren ... Die Menschen waren sich damals mehr als jetzt gegenseitig Objekte der Betrachtung, und zwar – ich nehme nicht Anstand es auszusprechen – weil mehr Liebe zu den Mitmenschen in ihnen wohnte, als heut wo sich der Egoismus tief in die meisten hineingefressen hat.*[58] Man bedachte die *geistigen und Gemütsevolutionen*[59] nicht nur der Zeitgenossen, sondern auch die eigenen. Als bis heute erkennbares, ja heute mehr denn je Bewunderung abnötigendes Dokument galt ihr die längst verlorene Briefkultur, in der das *Reflectieren über sich und den Anderen ... fast drei Jahrzehnte hindurch einen Grundzug im brieflichen Verkehr der damaligen gebildeten Welt*[60] darstellte. Der Leser im letzten Jahrzehnt des 20. Jahrhunderts nimmt diese Diagnose mit Staunen zur Kenntnis. Man ist gewohnt, die bis zum jetzigen Tag wirksame Explosion des *Egoismus* in der Zeit nach 1866, eher noch nach dem Kriege von 1870 anzusiedeln, sozusagen nach dem wilhelminischen Sündenfall, der die alten «preußischen Tugenden» in rhetorische Floskeln verwandelte. Es zeigt sich, daß ein feiner und sensibler Kopf diese folgenreichen Veränderungen schon viel früher wahrnahm. Man geht nicht fehl in der Annahme, daß dabei auch ein Sensorium wirksam war, das die im Alter getaufte Henriette von ihren jüdischen Vorfahren ererbt hatte, welche, eine Minderheit und oft eine verfolgte, eine grössere Empfindlichkeit entwickelt haben mochten. *Ich verweile nicht gern bei dieser Epoche*, schrieb sie. *Ich habe während derselben Tage erlebt, die nur zu dem heißen Wunsche Anlaß geben sie nicht erlebt zu haben ... Es gab jetzt Stoffe der Unterhaltung, die man nur mit Mißstimmung auftauchen sehen konnte ... ein heißer Kampf entgegenstehender Ansichten und Überzeugungen, den niemals eine Einigung, höchstens eine oft sehr spät beachtete Rücksicht auf den übrigen Theil der Gesellschaft endete.* Und daraus folgt am Ende: *Und so gewährt mir diese Gesellschaft denn auch keine Freude mehr. Die Geselligkeit bin ich freilich nicht im Stande aufzugeben ... doch nur in einem kleinen Kreis vertrauter Freunde fühle ich mich wohl.*[61]

Dies Wohlgefühl hat sie behalten, auch als sie alt und es stiller um sie geworden war. Wenn sie ihre Erinnerungen teils niederschrieb, teils zur Niederschrift erzählte, mögen alle noch einmal vor ihren Augen vorübergezogen sein, die ihren Tee angenommen, ihr und ihrer Gäste Gespräch gesucht hatten. Die meisten, obgleich arrivierte Leute, gehörten der zwischen der Mitte der sechziger und der siebziger Jahre geborenen Generation an. Aber auch ältere, denen wir schon begegnet sind, nahmen teil, etwa der durch sein eigenes Hauptwerk «Der Philosoph für die Welt» trefflich bezeichnete J. J. Engel;

der mächtige Theologe Probst W. A. Teller (er sollte 80 Jahre alt werden und seine Lehren überleben); Schillers Gönner Chr. G. Körner, der Vater des so berühmten Dichters; der schon öfter erwähnte K. Ph. Moritz; der Protestant gewordene Kapuziner J. A. Feßler, der die Mittwochsgesellschaft begründete; auch von Steffens war die Rede, dessen vielbändige Autobiographie Henriettes Denkwürdigkeiten zeitlich und räumlich übertreffen – er war 1773 geboren und zählte zu den jüngeren im Kreise, zu schweigen von K. A. Varnhagen von Ense, dem späteren Gemahl Rahels, beflissener Förderer ihres Ruhmes. Es scheint nicht sinnvoll, diese immer wieder hinzugezogene Gästeliste aufzählend fortzusetzen, in der noch viele bedeutende Namen aus Wissenschaft und Kunst in Erscheinung traten; wer will, mag das in umfassenderen Darstellungen nachlesen. Aber das Wort, mit dem Schleiermacher aus pommerscher Ferne den Berliner Zirkel als Zeitgenosse charakterisierte, hat auch in der Erinnerung heutigentags sein Recht: ... *laß es uns stolz und froh gestehn, daß es nicht viel solche vereinigte Kreise von Liebe und Freundschaft geben mag als den unsrigen, der so wunderbar zusammengekommen ist, fast aus allen Enden der moralischen Welt. Alle sind meiner Seele gegenwärtig, welche gemeinschaftlich dazu gehören. Mögen sie sich alle noch immer enger um Dich, jeder nach seiner Weise und mit seinen Gaben des Geistes und des Herzens, vereinigen.*[62] Möge, so möchte man nach bald 200 Jahren sagen, möge sich wenigstens die Erinnerung an dieses Deutschland erhalten.

Rahel und Alexander von der Marwitz

Es ist bemerkenswert, wie der vornehmste preußische Adel, der ost-
preußische, gegen Ende des 18. Jahrhunderts durchaus nicht reichen
jüdischen Frauen zugeneigt war, eine Neigung, die noch wenige
Jahrzehnte zuvor undenkbar gewesen wäre. Henriette Herz hatte
dem Grafen Alexander Dohna ihre Hand verweigert, blieb ihm aber
lebtags wohlgesinnt. Rahel, spätere Varnhagen, verband sich eng mit
dem Grafen Karl Finck von Finckenstein. Eine förmliche Verlobung
hat es nicht gegeben, wohl aber ein Verhältnis, zu dem ein Mann von
Ehre hätte stehen müssen. Rahel hat es ihm mit Bitterkeit aufgekün-
digt. Der Leser der Briefe, in denen diese Liebesgeschichte enthalten
ist, fragt sich, was eine Frau von so großer Klugheit und Empfin-
dungskraft zu einem Mann geführt hat, der sich nicht anders als in
Beteuerungen und verbrauchten Gefühlsfloskeln auszudrücken vermochte. Es kann nicht allein erotischer Reiz, es wird auch ein Verlangen nach Bestätigung gewesen sein. Rahel hat seine Indifferenz,
die Erfahrung, im Grunde verschmäht zu werden, weder vergessen
noch verwunden. Als sie ihm einmal unversehens im Theater begegnete, schrieb sie: *Ich sah meinen Feind.*[1]

Das war zu einem Zeitpunkt, da ihr eine freundliche Fügung einen
anderen Adligen aus angesehenem märkischen Hause zugeführt
hatte, den 16 Jahre jüngeren Alexander von der Marwitz. Freundliche Fügungen gab es nur wenige in ihrem Leben. Dieser verdankte
sie die seltenste Gabe: einen ebenbürtigen, ohne alle leidenschaftliche
Verstrickung liebenswürdigen Freund. Die Nachwelt verdankt ihr
den vielleicht schönsten Briefwechsel in deutscher Sprache. Marwitz,
auf dem märkischen Gut großgeworden, hatte das berühmte Gymnasium zum Grauen Kloster in Berlin besucht, in Halle studiert und
dort auch den großen Philologen Wolf gehört, der dem Studenten
die schon erworbene Liebe zu den Griechen für immer befestigte.
Marwitz' Leben sollte nur kurz sein. Er fiel im Befreiungskrieg
gegen Napoleon während eines Gefechts nicht weit vor Paris im
Februar 1814. Zwei Jahre zuvor hatte Rahel ihm nach Potsdam
geschrieben: *...welch ein namenloser Verlust es für den andern wäre,
wenn einer von uns stürbe; wie lebenslänglich tief empfunden und*

*bedacht, wie ganz und gar unersetzlich und untröstbar, und alle Tage
und hundert Mal in einem reich erwogen.*[2] Im Herbst 1813 war Marwitz schon einmal verwundet und gerettet worden. Damals fragte
Rahel ihre Freundin Karoline von Humboldt: *... was sagst Du zu
Marwitz Schiksal? Unmittelbare Gottesrettung! und* mein *Glük. Du
weißt vielleicht nicht, daß ohne ein Geliebter zu seyn, er mein theu-
erster Mensch ist: und verdient jede Liebe, und Achtung: du solltest
ihn sehen,* höhren! *... Er ist wie immer: das geistigste himmlischste
Kind.* Voller *Geist, Kenntniß, Verstand, Milde.*[3]

Wer war dieser Mann, wenn man ihn mit weniger bewegten Worten schildern will? Man kommt ihm näher, indem man sein Zuhause
und seine Art zu reden betrachtet. Im Mai 1811 schreibt er an Rahel:
*Ich sitze in einem großen Zimmer des ersten Stocks, mit der Aussicht
nach Abend und Mitternacht, Kastanienbäume blühen vor meinen
Fenstern, ... rechts über das Gesträuch hinaus grüne Saaten, gelbe
dazwischen ... endlich am Horizont weit entlegen blau schimmernde
Wiesen und Wälder. Vor mir zwischen den Kastanien die Aussicht auf
einen Teich und jenseits desselben auf das Dorf. Das Zimmer ist hoch
und weit, von dicken Mauern eingefaßt, die Tapete blau und weiß
gestreift ... So ist das Haus. Jede Tapete, jedes Gerät müßte ich Ihnen
beschreiben, wenn ich Ihnen recht anschaulich machen wollte, wie es
in seinen großen Gemächern und Sälen eine vollständige Familien-
und Zeitengeschichte aufbewahrt.*[4] Es war ein weites und stolzes
Herkommen, von den Wänden blickte so mancher *Urältervater*[5] in
goldenem Rahmen auf die Nachfahren herab, sie alle hatten im
Dienst ihres Kurfürsten und Königs gestanden. Fontane hat es
geschildert. Wie anders Rahel: *Gnädiger Gott, warum bin ich nicht
an solchem Ort! Ich habe es nötiger als je. Ja, einen Ort.*[6] Und das
war immer so *seit meiner infamen Geburt.*[7] Sie fand sich vielfach zu
Marwitz hingezogen, denn da war all die Sicherheit, die ihr abging,
Jugend und schöne Erscheinung, die sie an sich vermißte, in
Kurzem: er war ein Herr im Wortsinn. Rahels späterer Mann Varnhagen hat ihn in einer Weise charakterisiert, die den vor ihm Geliebten geradezu kanonisierte: *... sein Geist und sein Charakter schritten
den höchsten Entwickelungen entgegen ... Edel bis in die kleinste
Faser, unfähig zu jeder Nachgiebigkeit gegen Unwürdiges und Ver-
kehrtes, erhaben über eigne und fremde Schwächen jeder Art, begei-
stert und doch niemals phantastisch, sondern von klarem, scharfem
Verstande in seiner Begeisterung geleitet ... .*[8] So sah ihn der Nachfolger in Rahels Gunst und mochte sich selbst mit solchem Lob ein

wenig erhöhen. In einem Brief an Rahel freilich hatte er über ihn geschrieben: *Er lebt nur in den Dingen, in sich blickt er nie.*[9]

Wie fraglich dieses Urteil ist, mögen einige Zeilen aus einem Brief von Marwitz' Hand erweisen, der im Juli 1812 von Potsdam nach Berlin ging. *Nicht leer, nicht geängstet habe ich mich die Zeit her gefühlt, aber ohne Erhebung, ohne den stillen innern Frieden, den reinen ungetrübten Herzensschlag, das tiefe Gefühl und die lebendige Empfänglichkeit des Gemüts, ohne den Zug nach dem reinen und höchsten.*[10] Freilich pflegte Marwitz solche Seelenbetrachtung nicht im gleichen Maße und schon gar nicht so ausdrücklich, wie es seine Zeitgenossen taten. War aber Varnhagens Dictum nicht abschätzig gemeint, wogegen der Kontext spricht, so hatte er unversehens in Marwitz' Zentrum getroffen. Denn was diesem als Erfahrung wichtig und als Lebenselement wesentlich war, läßt sich an der Mängelliste ablesen, mit der er den Charakter eines Bekannten gegenüber Rahel greifbar zu machen suchte. Als dessen Grundzug hält Marwitz fest: *es geht nicht still in ihm zu.*[11] Und dann tadelt er, *daß er die stille, sanfte Erregtheit der Seele nicht kennt, die Frühlingstage des Gemüts nicht, wo die innere Sonne warm scheint, der Himmel blau ist und still und die Erde in dichtem Grün steht ...*[12] Um den Tadel zusammenzufassen, notiert er: *Grünes kennt er nicht.*[13] All diese Seelenerfahrungen kannte Marwitz, in dem es still zuging, und alle fanden sich für ihn in den Dingen, mit denen er lebte: die Natur vor allem, die vaterländischen Angelegenheiten, die Griechen, in allem erkannte er sich.

Das wird deutlich gemacht durch die so schöne wie genaue Prosa seiner Briefe, welche seine Wahrnehmungen der Adressatin augenscheinlich machen. Am 11. Juni 1811 zum Beispiel in der Morgenfrühe sah er in Friedersdorf *etwas ganz Einziges. Es war drei Uhr vorbei, da wachte ich auf; vor meinem Fenster stand ein Gewitter, große Blitze und starke Donnerschläge folgten unaufhörlich auf einander in ziemlicher Nähe, aber die Luft war ganz still, kein Regen fiel, die Vögel sangen, wie immer beim Sonnenaufgang, und gegen Osten war der Himmel hochrot erleuchtet. Ich trat ans Fenster, um zu sehen, woher das komme, da sah ich den ganzen Himmel dicht bezogen, nur am tiefsten Horizont war ein kleines Streifchen unbewölkt; da ging eben die Sonne auf feuerrot und bestrahlte die ganze eine Hälfte der Himmelskugel; wohl eine Viertelstunde stand so das Gewitter still und mit unaufhörlichem Blitz und Donner. Dann folgte Sturm und starker Regen. Ich habe so etwas nie erlebt.*[14] Das ist eine lange Beschreibung, wohl von der Art, wie Adalbert Stifter schreiben wollte.

Personen werden nicht minder genau porträtiert, wobei in die anschauliche Genauigkeit ein Quentchen Schärfe eingebracht wird. Natur nämlich kann nicht beurteilt, sondern will dargestellt sein. Menschen hingegen fordern im Betrachter ein Verhalten, Neigung und Abneigung heraus: *Reinhardt ... ist ungelenk, er hat nicht die Versalität tätiger Naturen, und es kann ihn eine bornierte Insichgezogenheit Unbekannten gegenüber beherrschen. Dann dominiert der untere Teil seines Gesichts, besonders die fatale Nasenspitze. Ganz anders ist es, wenn seine Augen herrschen und jene unangenehmen Züge um Mund und Nase ganz bezwingen. Sie haben einen doppelten Ausdruck, einen sinnigen, still hörenden, offen und unbefangen aufnehmenden, und eine muntere, innere Behaglichkeit ...*[15] Wer so hinsehen und das Gesehene so benennen konnte, dem waren Lesen und Literatur Bedürfnis. Allen voran stellte er den Zeitgenossen Goethe und mit ihm, in einem Atem, die Alten. *Wie bewundre ich Goethe. Ich habe viele seiner Aufsätze in den Propyläen zum zweiten Mal gelesen. Es sind die höchsten Muster des Stils; jedes Wort ist bedeutsam, organisch von Geist und Bildung durchdrungen, die dargelegte Ansicht individuell nüancierend. Diese bis ins kleinste hineindrängende Bildung hat in* dem *Grade keiner von allen großen Schriftstellern, auch von den Griechen keiner, bis auf Thucydides, der sie aber in einem ganz andern Sinne hat.*[16]

Marwitz hat einmal nach der Lektüre der lateinisch geschriebenen Vorreden, die sein Lehrer Wolf den Vorlesungsverzeichnissen der Universität Halle voranstellte, dessen Prosa mit den Worten bezeichnet: *... vortrefflich geschrieben, mit den geistreichsten Wendungen und alles auf eine gediegen großartige Ansicht des Lebens zurückführend.*[17] Das Urteil ist zutreffend auch für die deutsche Prosa des Schülers, mehr noch für seine *gediegen großartige Ansicht des Lebens* und die ruhige Beständigkeit, mit der er es auffaßt, so beständig, daß man dem reich begabten Edelmann kein Unrecht tut, wenn man sein Bildnis mit nur wenigen seiner Äußerungen schon entworfen sieht. Sie sind sämtlich der Empfängerin zugedacht, aber sie bestehen auch für sich selbst. Marwitz hat das in den Satz gefaßt: *Was soll ich mein armes Wort gegen die donnernde Musik Ihres Innern austauschen?*[18] Aber sein Wort war nicht arm, es war schön und schlicht. Rahel hingegen ist in ihrer lebhaften Vielfalt, im Wechsel der Töne und Einfälle, in ihrer nervösen Gedankenfülle nicht abzubilden mittels einiger ruhig vorgebrachter Zitate. Sie verwirklicht sich in momentaner Rede, dem Freund zugedacht, auf Wechsel- und Widerrede hoffend, in immer erneuten Gedankenfluchten, in der Erwartung, daß Marwitz sie aufnehme und womöglich in ein ruhigeres Gespräch überführe. Dabei spricht sie mit großer Offenheit und scheut keine Selbstentblößung, mit einem Zutrauen, wie es Menschen nur möglich ist, wenn sie lieben. *Wer sich nicht untersucht*, so schrieb sie einer Freundin im Jahre 1807, *wer sich nicht untersucht, hat nicht gelebt.*[19] Und an Marwitz, am 24. März 1812: *Immer noch einmal überdenke ich das Überdachte, kombiniere es zu andern Gegenständen des Denkens, und es muß passen. Teils bin ich dazu gezwungen, teils geht das in meinem Kopfe wie in einem Gebiete vor, wo ich nur das Hinsehen habe, wie große Vegetationen, die sich die atmosphärischen Kräfte unter einander selbst verleihen, in dem einmaligen zum Leben gezauberten Dasein.*[20] Wie so oft, wenn es um angreifende Gemütslagen geht, sucht sie auch hier den hilfreichen Ausdruck in der Metapher. Es ist wie in ihren bilderreichen Träumen, in denen eine Lebenssphäre in andere hinübergeht. In einem Brief vom 7. Juli 1812, der verloren ist, hat sie Marwitz einen Traum beschrieben. Der Kommentar erfolgte in französischer Sprache, als ob sie sich auf diese Weise von der Vertraulichkeit solcher Mitteilung distanzieren wollte; nach der Bitte, ihr die Beschreibung beim nächsten Besuch zurückzugeben, begründet sie diese Bitte: ... *car j'aimerais le conserver, puisqu'il ouvre et montre les abymes de l'ame, ou l'amour s'ouvre des routes inconnues à tout ce qu'on ne crois en dit et en veut publier et qu'il n'est presque donnée qu'à moi de descendre dans mes rêves, dans les fonds les plus obscurs de mon coeur.*[21] Eine Einsicht in das Wesen der Träume, niedergeschrieben ein Jahrhundert vor Sigmund Freud.

Eine solche Fülle der Gesichte war nicht leicht zu bestehen; Rahel war zart bei allen ihr einwohnenden Energien, sich selbst gegenüber skeptisch bis zur Schonungslosigkeit. *Ich habe keine Grazie; und nicht einmal die, einzusehen, woran das liegt: außerdem daß ich nicht hübsch bin, habe ich auch keine innere Grazie ... Ich kann es gar nicht einsehen, woran es liegt, da ich mich doch oft überaus unschuldig finde, lebendig und beweglich bin und dies so überaus an anderen liebe. Doch ist es ausgemacht, daß ich eklig bin.*[22] Das Thema kehrt wieder, stets ohne Selbstmitleid, freilich nie ohne Leiden. Es hat noch einen Unterton: *daß man als Unsinniger sein Leben in Schmutz, Unsinn, Dürre, Sand und Kot, in wahnsinnigen Torhei-*

ten hinrinnen läßt, nicht beachtend, daß kein Tropfen zweimal fließt,
der Diebstahl an uns selbst geschieht und gräßlicher Mord ist.[23]

Nun ist es an der Zeit, daran zu erinnern, daß hier nicht aus
Monologen zitiert wird, daß vielmehr alle Klagen an den Freund
gerichtet sind, der sie mit Ernst aufnimmt. Als Rahel die Wendung
gebrauchte: *Zu Asche ist mein Herz,*[24] greift Alexander sie auf: *Las-*
sen Sie Rahels Herz zu Asche gesunken sein, das menschliche Herz
schlägt weiter in Ihnen mit freieren, höheren Pulsen, abgewandt von
allem Irdischen und doch ihm ganz nahe, die scharfe Intelligenz
denkt weiter und in größern Kreisen; aus dem grünen, frischen,
lebendigen Tal hat sie der Schicksalssturm hinaufgehoben auf Berges-
höh, wo der Blick unendlich ist, der Mensch ferne, aber Gott nahe.[25]
Es wäre ein schlimmer Unverstand, der diese Redeweise einer vergangenen Zeit für bloße poetische Rhetorik hielte, eine Tonart, die
Marwitz ohnehin ganz fremd ist. Rahel saß am Fenster, als sie diese
Zeilen erhielt: *... und geschwinde Tränen stürzten mir in den Schoß,*
über die Wangen, allenthalben hin ... Aus dem grünen, lebendigen,
frischen Tal soll ich verbannt sein und doch leben? Ich, die Gott, an
den Sie mich verwiesen – kennen Sie mich ganz! – nicht kennt als in
der Zeit durch Sinn und Sinne, und bei nichts sich nur nichts denken
kann! Er zeigt, er offenbart sich uns in Erde, Farbe, Gestalt, Her-
zensschlag der Freude oder des Schmerzes ...[26] Sie hatte die Meta-
phern des Freundes zu Herzen genommen und eine Antwort bereit,
die weniger ihrer bezeugten Spinoza-Lektüre, als ihrem eigensten
Gottesbegriff entsprang.

Einige Monate später kam das Thema wieder zur Sprache. Jener
Bekannte, der uns schon begegnet ist, weil er die *Frühlingstage des*
Gemüts[27] nicht wahrhaben wollte, hatte Marwitz auch dadurch irri-
tiert, daß er die *Erscheinung des Göttlichen im Leben, die Würde der*
Natur schlechthin nicht verstand. Er fühlte vielmehr (durchaus
christlich) *einen bewußten persönlichen Gott jenseits der Welt.*[28] Das
bringt Marwitz zu der sehr persönlichen, zur Zeit der deutschen
Klassik dennoch nicht ungewöhnlichen Erkenntnis, daß *Gott nichts*
ist, als das tiefe, mystisch geheimnisvolle, einfache, unbedingte ...
Dasein, die Idee, vor der der ganze wilde Tumult der Welt in leerem
Schein dahinstirbt ... und in der die ganze Fülle der Welt ganz kör-
perlich und ganz geistig zugleich ruht.[29] Das waren gewiß andere
Töne, als Marwitz sie in seiner Jugend beim Hofprediger Arens in
Küstrin im Religionsunterricht[30] vernommen hatte; Rahel griff sie
sogleich auf: *Ja, mein teurer Mitmensch – mehr noch als zufälliger*

Freund –, Sie drücken es aus, wie man über Gott nicht sprechen kann. Wenn der Begriff eines solchen Daseins nicht die Grenze des unsrigen ist, was ist er denn? ... Schneidende Messer sind es mir, wenn sie so dreist weg von Gott sprechen wie von einem Amtsrat und gerade den stummen, Übererfüllten von ihm (ihm!) *abwendig glauben!*[31] Am Ende des großen Briefes faßt sie ihre Überzeugungen in einer schönen Wendung zusammen: *Sie lieb' ich doppelt wegen Ihrem Brief und Ihren Gebeten darin. Es giebt nichts anders! Wer nicht in der Welt wie in einem Tempel umhergeht, der wird in ihr keinen finden.*[32]

«Sie lieb' ich doppelt» – damit ist das Lebensthema angeschlagen, das in der von Leidenschaft freien Freundschaft mit Marwitz schöne und befriedete Wirklichkeit, zuvor aber Ursache bitterer Enttäuschungen geworden war; welcher Name dem Verhältnis zu Varnhagen zukommen sollte, ist schwer zu sagen. Gewiß ist das elementare Liebesbedürfnis Rahels. *Wie wenige lieben! Unter Generationen nur Einer. Treue liegt in den Sinnen: im Schauen des Geistes in das Herz; in seiner Mächtigkeit. Dies große Geschenk hab' ich Elende ohne des Glückes Krone, ohne seinen Einklang. Wehe! Welche Thränen, welche Herzensschreie.*[33] Und am Ende des Brieffragments: *Nur verlassen will man mich. Bei mir will keiner bleiben.*[34] Von dem Grafen Finckenstein ist schon die Rede gewesen. Noch nicht von dem Verlöbnis, das den Don Raphael d'Urquijo an die Dreiunddreißigjährige binden sollte, einen spanischen Diplomaten, von dem man keine Daten und nicht viel mehr weiß, als was ein Vers Brechts zusammenfaßt: *In mir habt ihr einen, auf den könnt ihr nicht bauen.*[35] Rahel baute auf ihn, seine Erscheinung hat sie mehr erregt als jede andere, und das galt auch noch nach dem Bruch. An Varnhagen (auch er um 14 Jahre jünger) schrieb sie im Juni 1808: *Ein mal lebt' ich ganz für* einen *Menschen. Ich liebt' ihn bis zur Tollheit! denn er, sein Anblick, war mir das Jetzt und das Künftig – und in einem Sinne blieb es wahr –, auch gedacht' ich in meiner Seele, ihn nicht zu verlassen. Aber auch das war falsch: denn wie steh' ich nun; geliebt war ich nicht von ihm; und von Freundschaft wußte er auch nichts.*[36] Für einen Augenblick hat sie gezögert angesichts der Confidenzen, die sie da einem jüngeren Mann machte, mit dem sie sich seit dem Frühjahr befreundet hatte und den sie nun seit einer Woche duzte: *Hier steht's! Mag's doch! Es steht in meinem Herzen.*[37]

Marwitz, kaum älter als Varnhagen, war der Empfänger des Briefes, in dem sie das Wiedersehen mit dem ihr für zwei Jahre Verlobten beschreibt. *Ich erwartete ihn wieder. Er sieht verändert aus. In der Nase sehe ich den Neid: zwischen Aug' und Mund nach der Nase die Wangen herab, die Ungewißheit der Meinung. Die Sprache fand ich überaus undeutlich und ungebildet. Er sang aber in Gedanken ein wenig – mit zu viel angewöhnten Manieren – und da kam er auf Töne, die die – Überzeugung, die Liebe hervorriefen: Für mich ist er geschaffen, ich ihn zu lieben! O! Lied. O! Thränen. O! ewiges Schicksal! wahr wirst du bleiben ... Wahr, daß ich das Bild für meine Sinne fand: mein Herz für ewig zu ihm schleuderte; wahr, daß er mich nicht empfand ...*[38]

Man ist leicht geneigt, die bewegte Reihe dieser Ausrufe eher nachzufühlen, als beim Wort zu nehmen. Die Gegenwart des so kritisch Abgeschilderten, sein simpler Gesang genügen, um Rahel von der Paradoxie zu überzeugen, wie wirklich, wahr und immerwährend diese Liebe sei. Zugleich ist aber in den Äußerungen der Gefühle eine merkwürdige Distanzierung mitenthalten: *... daß ich das Bild für meine Sinne fand*, so, als ob der mit so viel Zagen Erwartete, mit soviel Bewegung Empfangene gar nicht um seiner selbst willen die Erschütterung auslöste, sondern als *Bild für meine Sinne*, als ein Repräsentant der immer erhofften, immer wieder entgangenen Liebe. Auf der Kehrseite des Blattes steht: *Er ist so stupid. Weiß nichts von mir: ist so flach geworden! und noch, wenn er mich nicht so epileptisch, so gehässig furchtsam ansähe, so könnte ich die Seligkeit der Erde durch ihn erhalten!* Und dann folgt das abschließende Wort: *Denkt er, ich liebte ihn, so verdient er die Folter. Keiner weiß, wie es um meine Seele steht: was ich sage, ist eine Lüge; ohne meine Schuld.*[39] Wie ein Nachklang zu diesen Wirrnissen findet sich fast zwei Jahre später, im Mai 1811 ein an Marwitz gerichteter Satz: *Einsam steht jeder, auch liebt jeder allein, und helfen kann niemand dem anderen.*[40]

Von Marwitz' Wesensart war schon die Rede, nicht aber von der Liebe zwischen Rahel und ihm. Es wäre töricht, sie mit dem abgenützten und zumeist fragwürdigen Wort «platonisch» zu erledigen. Als die Vertrautheit zwischen beiden bereits unzweifelhaft geworden war, schrieb Rahel darüber an Pauline Wiesel: *Nun hab' ich noch den einen jungen Mann, von dem ich Ihnen vorigen Frühling schrieb* (den Namen nennt sie nicht), *daß ich mit ihm auf dem Felde gegangen sei, und nach Ihnen geschrieen habe: meine ganze Seele liebt ihn, muß ihn lieben, weil seine Eigenschaften sie in Anspruch nehmen. Er liebt auch mich; wie man das Meer, ein Wolkenspiel, eine Felsschlucht liebt. Das genügt mir* nicht. Nicht mehr. *Wen ich liebe, muß mit mir leben wollen; bei mir bleiben.*[41] Es ist nicht zufällig, daß diese Zeilen an Rahels beständige Freundin Pauline Wiesel gerichtet waren, die vielbeschriene Geliebte des Prinzen Louis Ferdinand, den auch Rahel vergötterte. Sie galt als schönste Berlinerin. Karl Gustav von Brinckmann, ein Freund auch er und ein weltbewanderter Diplomat, schrieb über sie an Rahel: *Ich werde ewig den Göttern danken, daß ich dieses himmlische Phänomen gekannt habe.*[42] Rahels nicht wenig geliebter Freund Friedrich von Gentz (Varnhagen bewunderte seine steile politische Laufbahn) bekannte: *Mein Verhältnis zu diesem bezaubernden Geschöpf ist eins von denen, auf welche ich stets mit der innigsten und vollkommensten Zufriedenheit zurückblicke ... Sie ist eins der liebenswürdigsten Wesen, die je erschaffen wurden.* Ja er versteigt sich zu dem Ausdruck: *dieses herrliche Mädchen, denn Mädchen for ever.*[43] Der Adjutant des Prinzen Louis Ferdinand brachte wenige Jahre nach dem Tod seines Chefs Paulines Eigenschaften auf den Punkt: *Diese Frau ist durch ihre starke körperliche und geistige Constitution der antiken Freimüthigkeit verfallen. Ihr Geist bewegt sich leicht in allen Schwingungen, und ihr Blut versäumt nicht, die Verschiedenheit der Geschlechter anzudeuten. Diese Pauline ist eine wahrhafte Erscheinung der weiblichen Urgestalt.* Mit gerechtem Sinn fügt er hinzu, sie sei *in der Welt so gewaltig verzerrt worden wegen dem Widerspruche mit der Convenienz, den zuweilen Verhältnisse, öfter aber noch ihr guter Muth hervorgerufen hat.*[44]

Dieses *Geschöpf* also, *dieses himmlische Phänomen* empfing Rahels in solcher Deutlichkeit ungewöhnliches Bekenntnis: *Wen ich liebe, muß mit mir leben wollen.* Hier am ehesten hat sie Verständnis erwarten können, und vor dem Hintergrund solchen Worts wird erst die ganze Leistung einer Freundschaft faßbar, die dennoch auf jeden Gedanken an ein Miteinanderleben verzichtete. Die innige Vertrautheit, man könnte auch sagen, die geistige Lebensgemeinschaft mit Marwitz wurde im Gespräch und in dessen brieflicher Fortführung verwirklicht, bis (nach fünf kaum unterbrochenen Jahren) der Tod ihr das Ende setzte. In dieser gemessen an Rahels Leben kurzen Zeit hatte sie eine Dichte und Beständigkeit, die ihresgleichen sucht. Während der ganzen Zeit blieb es beim «Sie» als einer Respekt gewährenden Anrede, welche die Intimität eher unterstrich als beeinträchtigte. *Ich habe viel geliebt, aber nie einen Menschen wie Sie*, schreibt sie ihm *Donnerstag Abend nach halb elf, d. 16t. Mai 1811*, nachdem sie ihm das Pauline Wiesel gegenüber schon vor Jahresfrist gemachte Geständnis wiederholt: *Sie wissen, ich halte* nur *auf Beieinanderleben.* Jedoch bei ihm schränkt sie das *nur* ein: *Sie sind der Erste, den ich nie wieder sehen, wieder hören noch besitzen will, wenn es* Ihnen *nur gut geht, wenn* Ihre *Natur mit ihren Bedürfnissen sich nur deployieren* (entfalten) *darf. Eins wissen Sie nicht, Marwitz, wie über alles zu fassende Maß dies bei mir viel ist.*[45] Vierzehn Tage später: *In meiner ganzen Liebe zu Ihnen sehe ich, ich mag's machen, wie ich will, nur Sie.*[46] Im Herbst desselben Jahres (Marwitz war in Potsdam): *Welcher Verlust, getrennt zu leben! Lassen Sie mich's auf dem stummen Papier sagen! Andere Menschen können getrennt* leben, *wir zwei nicht.*[47] Und deshalb war schon vordem die Aufforderung ergangen: *Halten Sie kein Wort, keinen Unmut, keine Stimmung zurück, beehren Sie mich damit, ich will Ihr Leben wie meines ertragen, doppelt leben ist ja schön.*[48]

Wirklich lebt sie insofern doppelt, als die Teilhabe an Alexanders Leben jedem ihrer Briefe den Grundton verleiht, auch wenn sie vorwiegend von den Bewegungen ihres eigenen Gemütes zu sprechen scheint. *Mir tut der Frühling auch* vielfach *weh. Ich kann nicht allein leben, und bin es, nicht ohne Beziehung und habe keine ... und dieser Frühling zaubert mir, zieht mir alle verflossenen durch's Herz, macht es mir erklommen still stehen vor Angst, vor allem künftig! Auch nur Worte! Gott weiß, wie bange, erstockende, zum Tode erstarrte, betrübte Momente ich durchfühlen, durchleben muß! Schreiben Sie mir nur!*[49] Mit dieser unnötigen Bitte (denn wie wird er ihr nicht schreiben) erhoffte sie sich nicht so sehr Trost oder Bestätigung, als die Fortsetzung des gemeinsamen Lebens-Werkes, das in eben diesem Briefwechsel besteht. Mit *auch nur Worte* hatte sie ihre Herzensängste qualifiziert und fügt der Aufforderung *schreiben Sie mir nur* widersprüchlich hinzu: *Wenn auch nur noch so wenige, noch so trübe Worte.* Das ist dann ihr doppeltes Leben.[50]

Man muß sich hüten, diese Anreden als Eigentümlichkeit einer empfindsamen Epoche zu neutralisieren. Sie sind Ausdruck von Zuständen und Erfahrungen und keineswegs der einzige Inhalt dieser wechselseitigen Kundgebungen. Der zuletzt und mehrfach zitierte Brief Rahels vom 16. Mai 1811 ist Antwort auf einen Brief Alexanders, der nicht nur die schöne, schon mitgeteilte Beschreibung seines Zuhause enthält, sondern auch, inmitten des blühendsten Frühlings, die bewegte Klage: *Halb wie Werther komme ich mir vor ... Es wird mir immer klarer, daß ich die Tapferkeit nicht habe, die sich im Dulden bewährt, den ruhigen Gleichmut nicht, der bei großen*

Ansprüchen nötig ist, um sich durch das Leben hindurch zu kämpfen. Ich bin mit den edelsten Anlagen ausgerüstet, und hätte mich eine volle Woge des Glücks ergriffen, so würde ich etwas sehr Ausgezeichnetes geleistet haben ...[51] Er schließt den Brief, nachdem er Friedersdorf geschildert hat, mit den Worten: *Mehr und Besseres kann Ihnen mein beunruhigtes, zerrüttetes Gemüt nicht geben.*[52]

Diese, mit ein wenig Zuversicht am Ende kaschierte mutlose Niedergeschlagenheit ruft in Rahel alle Liebe und allen Stolz auf den Plan, die sie angesichts ihres Freundes bewegen. Jede Betrachtung ihrer selbst scheint vergessen, indem sie ihm seine Rolle in gegenwärtiger Zeit vor Augen hält. Dieser Brief, ein Antwortbrief, zeigt wie kaum ein anderer, welch analytisches Vermögen sich bei Rahel mit der lebhaftesten Teilnahme am geschichtlichen Augenblick verbindet. *Sie können der Zeit nicht entfliehen,* sagt sie ihm und hält die Signatur dieser ihrer Zeit fest: *Unsere ist die des sich selbst in's Unendliche bis zum Schwindel bespiegelnden Bewußtseins.*[53] Damit ist ein Zeitcharakteristikum benannt, welches der Schreiberin in noch höherem Maße eigen ist als dem Angeredeten; es hat bei Marwitz den Selbstzweifel genährt, den er beklagte, und es bestimmt Rahels Gedanken umso mehr, je mehr sie ihre momentane Befindlichkeit auszusprechen sucht. Dem tritt sie nun entgegen, indem sie ihm sein Bild vorhält, wie sie es in sich trägt: *... die größten Heldenanlagen, die wirkungsreichste und fähigste Natur muß austrocknen, vergehen, in Luft und Flammen aufgehen, wenn sie doppelt begabt, recht menschlich begabt ist, wenn ihr ein spekulativer, sinnender Geist zugestellt ist, ein scharfes, intelligentes Verständnis, eine zu bewegende Dichterphantasie, ein starkes, aber zartes Herz. Einem verstehenden Menschen ist in der zerstückelten neuen Welt, wo Griechen, Römer, Barbaren und Christen ausgehaust haben, nichts übrig als das Heldentum der Wissenschaft.*[54]

Wohlgemerkt: Die Antwort (sie wird uns noch weiter beschäftigen) auf Marwitz' Kleinmut greift den Kontext auf, in dem er sie geäußert hat. Es ist der gleiche Brief, der sein heimatliches Schloß schilderte. In dieser Schilderung waren auch die Ahnenbilder aufgeführt, darunter ein schönes Gemälde, *meinen Urältervater vorstellend, der zu seiner Zeit (gleich nach dem Dreißigjährigen Krieg) ein überaus tüchtiger Kriegsmann war. Er steht vor einem dunklen Felsen, von Kopf bis Fuß geharnischt, den Kommandostab in der Rechten, ernst und streng vor sich hinblickend ... rechts neben dem Felsen öffnet sich eine weite, vom Abendrot erhellte Gegend, worauf ein*

Reitergefecht[55] – ein ebensolches, so ist man hinzuzufügen geneigt, wie dasjenige, das dem beschreibenden Urenkel den Tod brachte. *Ich danke Ihnen für die Beschreibung ihres Hauses;* so hatte Rahel erwidert, *ich weiß, daß Sie sie zu Anfang für mich imaginierten, aber wie einzig richtig sah ich dadurch Ihren Zustand, Ihre Denkungsart und die Veranlassung zu den vielfältigen Stimmungen in der einen Grundansicht! Ich kann mir Vorfahren und alles denken (Sie wissen es), wovon ich weit entfernt bin, wenn es edel, wenn es natürlich, einfach und groß ist.*[56] Und wenig später, den *Urältervater* im Sinn, betont sie: *Staatshelden, die erst vernichten und erobern sollen, haben und dürfen kein großes Bewußtsein haben.*[57]

Ihr Freund Alexander von der Marwitz mag die größten Heldenanlagen ererbt haben, aber ihm ist auch ein anderes Erbe, das des neuen Jahrhunderts, zuteil geworden und da gilt eben: *Sie können der Zeit nicht entfliehen.* Sie haben daran teil, ein anderes Bewußtsein, selbstanalytisch, scharf, intelligent, dichterisch und gewiß ein starkes Herz wie der Vorfahr, aber zugleich ein zartes. Und daraus folgt für sie, und sie hält es ihm vor mit aller Deutlichkeit: *Sie nun sind der Mensch mit den doppelten Gaben, mit dem zwiefachen Sinn, und wie geknebelt, erdrosselt, stehen sie mitten drin. Dies ist Ihr Unglück, Ihr Leid. Sie* scheinen *zu schwanken, und eine ausgesogene Welt ist es, die farb- und marklos um Sie her wogt.*[58] Sie scheinen zu schwanken – das *scheinen* ist unterstrichen; aber *schwanken* ist nicht das rechte Wort, weil es den erkannten Zwiespalt nicht benennt, der zwischen Marwitz' nie verleugnetem Herkommen und dem Zeitalter besteht, ein unabweislicher Zwiespalt, den Rahel nochmals in ein kräftiges Bild faßt: *Zu zerrieben liegen die Elemente der Menschheit von den Jahrhunderten da, weil es der Staub der Trümmern ist, die Gottlosigkeit und Blödsinn geschlagen haben, nicht eine heilsame Mischung, durch frommes Beginnen und ehrliches Handeln erzeugt.*[59] Wer Rahel in diesem Brief und in ihren vielfältigen Äußerungen inneren Lebens bis hierher gefolgt ist, der wird überrascht von dem Remedium, das sie solchen Zeiten entgegensetzen will. Es ist der Rückzug auf die Rechtschaffenheit im eigensten Kreis: *Die* ganze *Welt können jetzt nur die Schlachten umschaffen. Menschengebäude lassen sich nicht aufführen, wehren kann man sich nicht, entfliehen auch nicht. Hütten aber und stille Anstalten sind zu treffen ...*[60] Und nach allerlei Erwägungen, die wohl so zu verstehen sind, daß ein Warten auf «Menschengebäude» *nach Alexander* (das heißt in antikem Geist), *nach Moses, nach Christus* benannt, zu nichts führe, ruft sie auf zu einem Zusammenschluß *ohne Projekt, nur das Allernächste immer gut gemacht.* Ohne Projekt – dafür würde man heute sagen ohne Ideologie – darauf setzt sie am ehesten ihre Hoffnung und endet den Gedankengang mit dem überraschenden Satz: *Das Grübeln über Rettung und die Zeit, die ambitiösen Versuche sind das Schlechteste. Leben, lieben, studieren, fleißig sein, heiraten; wenn's so kommt, jede Kleinigkeit recht und lebendig machen, dies ist immer gelebt, und dies wehrt niemand.*[61]

Marwitz nimmt die Zurechtweisung an, die sich ja auch nicht allein gegen seine Person richtet, sondern gegen die theoretisch-idealistische Richtung der Gebildeten seiner Zeit. *Goldne göttliche Worte, liebe Rahel,* sagt er, fällt jedoch sogleich zurück in jugendlichen Idealismus: *Ich will nichts als das Rechte, Gute, Ewige, und das läßt sich in allen Formen darstellen, und also auch in der lieben, himmlisch einfachen, die jene Worte aussprechen.*[62] Ein wenig Zurechtweisung ist schon in diesem Satz enthalten, zumal Marwitz längst von der Frage bewegt ist, ob er nicht nach England gehen sollte, wo der letzte Widerstand gegen Napoleon seine Festung hat. *Soll ich mich nun anschließen an die leibliche Seite meines Vaterlandes, die ich erst begeistern, erst einer großen spekulativen Ansicht unterwerfen muß, wenn sie mir nicht ganz gebrechlich und tot erscheinen soll?*[63] Rahel hat eine souveräne Antwort bereit; es komme, so meint sie, darauf an zu klären, was einem Mann wie Marwitz unerträglich sei, *und klar hinzustellen, was sie ist, diese Welt 1811, und was unser Vaterland in ihr ist.*[64] Was es im Augenblick ist, sagt sie: *Es ist hart, in einem stagnierenden, kranken Lande mit zu siechen, es ist hart, die kranken Freunde der pesthaften Not zu überlassen und dereinst zu erfahren oder nie, wer blieb, was blieb, wer sank.* Unabweislich stellt sich die Erinnerung an den Prinzen Louis Ferdinand ein, aber der Rat heißt: *Können Sie sich wartend nicht achten und nicht achten lassen, so müssen Sie dahin je eher je lieber …* und als Fazit: *Gehen Sie, sagt übernatürlich ruhig mein tiefster Geist, ich mag mich untersuchen, wie ich will.*[65]

Wie man weiß, ist er damals nicht gegangen, vielleicht, weil er die Zeit nicht für reif hielt (noch war die Stimmung weit entfernt von 1813, als aus der Armee ein Volksheer wurde), vielleicht auch, weil seine Begegnungen mit den Offizieren die fragwürdigsten Eindrücke hinterlassen hatten. Er gewann sie nicht zuletzt auf einem Ball in Potsdam. Der erprobte Soldat Marwitz berichtet: *Ich erstaunte von Neuem über die unglaubliche, durchgängige Nichtigkeit der Offi-*

ziere; ich bin nun ganz über sie blasiert und behandle sie mit der bequemsten Rücksichtslosigkeit. Bei keinem ist auch nur ein Anklang des echten militärischen Wesens, nur eine Spur roher oder gebildeter Kraft ... Ekossaise und Quadrille sind die Blüten ihres Daseins, der Mittelpunkt ihrer Gedanken, der einzig ungeheuchelte Ernst, dessen sie fähig.[66] Rahel greift Marwitz' Stimmung auf und gibt ihr einen noch weiteren, dunkleren Horizont: *Lieber Freund, wie elend steht's mit uns! Ist es erhört? Heißt das gelebt? Keine Musik, kein Kunstwerk, kein reizend Ziel in Gesellschaft und Staat, wo auch das Auge wenn auch durch noch so viel Mitteldunkel hinblicken könnte ... Ist es erlaubt, daß eine Jugend so wie die Ihrige so herabrolle? Erlaubt, daß ein Leben wie das meinige so verwese?*[67] Und sie setzt, seine symbolische «Ekossaise und Quadrille» aufgreifend hinzu: *Sie glauben, ich bin nicht bis in jeden Blutstropfen von dieser Wahrheit durchdrungen? Hätte ich es aber jemals ausdrücken können?*[68]

Daß Marwitz' Jugend so dahingehe, konnte Rahel freilich nur so lange sagen, als sie die Lähmung zum Maßstab nahm, der Preußen zu erliegen schien. Es war eine Jugend reichen Geisteslebens, teilnehmend an der Gegenwart, erfüllt von der Antike. Wie für Rahel war Goethe ein Leitstern. *Ich verstehe die Dichter, Mirabeau, Goethe, Winckelmann, Pindar ... Die Wanderjahre las ich vor vierzehn Jahren und hätte Ihnen damals viel darüber sagen mögen.*[69] Der Satz gibt ein Rätsel auf, denn die «Wanderjahre», vom lesenden Publikum sehr erwartet, erschienen erst im Jahre 1821, auch die Mystifikation des Pastors Pustkuchen, die den gleichen Namen trug, war noch nicht auf dem Buchmarkt; es müssen die «Lehrjahre» gewesen sein. Immer wieder gibt es Mitteilungen wie die vom 19. März 1811: von 8–4 Uhr wird amtlich gearbeitet. *Dann Licht und Aristoteles Politik bis acht Uhr; darauf Tee, Goethe, Müller und Jean Paul bis halb elf.*[70] Am gleichen Abend hat er die schönen Sätze über Goethe geschrieben, die schon eingangs zum ersten Zeugnis seines literarischen Sinnes herangezogen wurden und die den verehrten Zeitgenossen neben einen nicht weniger verehrten Alten, Thukydides, stellten.

Es war dies das höchste mögliche Lob, wirklich verständlich nur dem, der zu der kleinen Zahl derjenigen gehört, die diesen Autor noch in seiner Sprache zu lesen vermögen. Für Marwitz und zu Marwitz' Zeiten war das anders. Er bewegte sich mit Freiheit und mit Lust unter den antiken Autoren; bei der Lektüre eines französischen Schriftstellers, der der eigenen Zeit mit tiefer Skepsis begegnet, findet er sich an Tacitus erinnert, den er bald darauf vornimmt, um dessen *Lebensbeschreibung seines Schwiegervaters, des Julius Agricola,* zu studieren: *Sehr schön mit durchgängiger Wortbedeutsamkeit, überhaupt mit der sinnigsten Behandlung der Sprache geschrieben bei dürftigem Stoff.*[71] Es ist dies das gleiche Lob, man könnte auch sagen: die gleiche aufmerksame Charakteristik, wie sie Goethe zuteil geworden war, mit der fast wörtlichen Wendung: *Jedes Wort ist bedeutsam.*[72] An diesen Neigungen läßt er Rahel nach Möglichkeit teilhaben. *Des Morgens lese ich Szenen aus dem Homer. Schaffen Sie ihn sich an. Ich will Ihnen dann immer schreiben, was ich gelesen habe. Lesen Sie dann gleich Ilias B. 21 V. 34 bis 135. Göttlich naiv.*[73] Gemeint ist bei dem «Schaffen Sie ihn sich an» natürlich die Vossische Übersetzung, die im Begriff war, ein Hausbuch unter den Gebildeten zu werden. Das ist aus Potsdam geschrieben, wo Marwitz im Park von Sanssouci so gern spazieren geht, sich auf eine steinerne Bank legt und liest. *Da las ich neulich eine herrliche Elegie von Solon, worin er das Walten der Götter in der Geschichte beschreibt.*[74] Des Abends übersetzt er daraus und schickt Rahel eine ausführliche Probe. Sie verleugnet das Vorbild Voß nicht, indem sie das elegische Versmaß ins Deutsche transportiert. Zwei Verse unterstreicht Marwitz, *weil es gerade an dem Tage bei Sanssouci so war, wie die Verse es beschreiben:*

> Wieder nun scheinet der Sonne Gewalt auf die endlose Erd' hin
> Strahlend, doch vom Gewölk, siehe, ist nichts mehr zu schaun.[75]

Es sind dies Tätigkeiten, die Marwitz ein Bedürfnis sind, genauso wie es ihm ein Bedürfnis ist, Rahel daran teilnehmen zu lassen. Teilnahme ist die raison d'être dieser Briefe – *doppelt leben ist ja schön.*[76] So verwundert es nicht, daß solche Teilnahme häufig genug wie eine Rechenschaft anmutet, welche die beiden einander wechselseitig ablegen. Rahel gebraucht das Wort: ... *mitten in diesen Zuständen bin ich auf nichts beflissen, als Ihnen alles zu erzählen, über alles genaue Rechenschaft abzulegen ...*[77] Und Marwitz setzt sich in Potsdam am Neujahrstag 1812 hin und schreibt einen langen Brief, fast ein komprimiertes Tagebuch: *Denn hören Sie einmal. Donnerstag Abend kam ich von Berlin. Freitag war ich den ganzen Tag zuhause ... am Morgen las und schrieb ich ... Dann gegessen und bis fünf in meiner großen Stube ... ich las und excerpierte Niebuhrs Römische Geschichte bis elf Uhr. Sonnabend früh bis zwei Uhr wieder die juristische Arbeit; darauf ging ich ...; um vier kam ich zurück, aß, erhielt*

Ihren Brief ... Abends besucht er einen Bekannten: *Weiter in der Chronik. Ich blieb bis zwölf Uhr bei Salomon. Den andern Tag las ich an Niebuhr ... am Nachmittag zu Rethel ... wieder nach Hause ... Montag schrieb ich wieder von halb neun bis drei an der juristischen Arbeit, dann aß ich, ging dann ... blieb ... bis um fünf ... Nach Hause und wieder Niebuhr ... Es war elf geworden. Der andre Morgen verging wieder in Arbeiten. Abends war ich ...*[78]

Auch Rahel nimmt sich ein ähnliches Verfahren vor: *Damit nun auch für Sie eine zu verstehende Folge möglich werde, wie es außen und innen über einander ging, so will ich die Dinge der Zeit nach vortragen, wie sie über einander gingen.* Aber damit hat sie Schwierigkeiten *(ein großer Zwang für mich)*[79] nicht nur in dem Brief, der diesen Satz enthält und von Urquijos widrigem Besuch berichtet. Denn während Marwitz' kluge Briefe niemals den Faden verlieren, den das Tägliche und Tatsächliche an die Hand geben, wird bei Rahel Erfahrenes und Erlebtes unverzüglich aufgehoben in der Sprache der Emotionalität, mit der sie es allererst begreift. Das bringt sie zu dem Ausruf: *Warum können Sie alles so gut sagen, was Sie wissen, und ich gar nicht?*[80] Natürlich kann sie alles sagen, was sie will, sogar mit oft bestürzenden Einsichten; aber es wird eben so vorgetragen, «wie es außen und innen über einander ging» und ehe – um bei dem Beispiel zu bleiben – sie zur Beschreibung des Besuches kommt, weiß sie die Seelenzustände auszudrücken, die er in ihr aufgeregt hat: *Hauptsächlich war eines davon dies, daß man als Unsinniger sein Leben in Schmutz, Unsinn, Dürre, Sand und Kot, in wahnsinnigen Torheiten hinrinnen läßt, nicht beachtend, daß kein Tropfen zweimal fließt, der Diebstahl an uns selbst geschieht und gräßlicher Mord ist ... Das Fremdeste lassen wir uns aufbürden und so kommen wir uns selbst abhanden ... Ich Elende, Niedrige, würdig des Lumpenlebens, das ich führe! Gott sieht jetzt mein innerstes Herz und diese Tränen.*[81] Zwar sind Ausbrüche ihres Inneren in solcher kompakten Ausdrücklichkeit nicht häufig, aber stets ist ihre Mühe dahin gerichtet, Marwitz, soweit Worte es vermögen, wissen zu lassen, wie es in ihr aussieht. Daß ihr das gelingt, zeigt er mit diesen Worten an: *Nur Ihre Briefe können einem das Leben unmittelbar in seinen Massen und zugleich in allen seinen bedeutenden Beziehungen vor die Seele bringen.*[82] Rahel gibt ihm mit wendender Post zurück: *Sie sind meine einzige Stütze, wie auf weitem Meere ein Leuchtturm, ein dämmerndes Land; ich wüßte nicht mehr, daß ich Rahel bin, wenn ich nicht an Sie denken könnte, wenn ich Ihre Briefe nicht hätte, ich nicht wüßte,*

Sie werden kommen ... Als ich aber vorgestern Abend spät mir selbst unkenntlich, vernichtet, aus einem wahren Bataillentag zu Hause kam, wurd' ich plötzlich ennobliert wie durch Schwertberührung willentlich und Zaubersaft in einen andern Lebenskreis versetzt (wie wohl ward mir nur dadurch, in mein Lebenselement zurückzukommen!) durch Ihre sehr lieben Briefe ... [83] Wie so oft, «wenn es außen und innen über einander geht», sucht sie Zuflucht im Bild, um sich mitzuteilen. Marwitz, der Empfänger, wußte wohl, was ihm anvertraut wurde: *Ihre reichen, von dem vielfachsten Leben durchdrungenen Briefe* [84] nannte er sie und die seinen *arme kranke Fragmente*. In Wahrheit war es so, daß die Briefe der älteren Frau und des jungen Mannes, der Jüdin und des Junkers, zusammengenommen ein Ganzes an vollkommener Menschlichkeit darstellen, indem ein jeder dem anderen beitrug, was ihm mangeln mochte. Das hat es in Deutschland einmal gegeben.

Louis Ferdinand, Prinz von Preußen,
und Pauline Wiesel, geb. César

Wenn der Prinz Eugen von Savoyen der letzte Ritter war, so war der Prinz Louis Ferdinand von Preußen vielleicht der letzte Held in einer Zeit, da die Kriege immer unritterlicher und das heroische Handwerk immer anrüchiger geworden. Ein Kriegsheld also und nicht minder ein Frauenheld. Theodor Fontane, der viel von ihm und am meisten von seinem Kreis und dem späten Preußen seiner Zeit wußte, hat es in balladesker Form zusammengefaßt:

> Sechs Fuß hoch aufgeschossen,
> Ein Kriegsgott anzuschaun,
> Der Liebling der Genossen,
> Der Abgott schöner Fraun,
> Blauäugig, blond, verwegen,
> Und in der jungen Hand
> Den alten Preußendegen –
> Prinz Louis Ferdinand.[1]

Aber diese poetische Charakteristik sagt nicht genug. Mehr tut Rahels Scharfblick kund, die ihm befreundet war, ein Jahr älter als er. Am 29. November 1811, fünf Jahre nach dem Tod des Prinzen, schrieb sie an Fouqué: ... *alles schrieb der Vielverworrene der vertrauten Freundin, oft auf einen Bogen, auf einer Blattseite.* Zuvor hatte sie gesagt: *Er ist ein geschichtlicher Mann; Er war die feinste Seele: von beinah niemand gekannt, wenn auch viel geliebt; und viel verkannt.*[2] Der Prinz hat Rahels, sie seine Briefe vor dem letzten Feldzug verbrannt. Sie müssen überaus freimütig gewesen sein und vor Wahrheiten nicht zurückschreckend: *Mir aber machte er es möglich, sie* (die Wahrheiten nämlich) *ihm jedesmal, wie ich sie einsah, zu zeigen ... Das Menschlichste im Menschen faßte er auf; zu diesem Punkte hin wußte sein Gemüt jede Handlung, jede Regung der andern zurückzuführen. Das war sein Maßstab, sein Probierstein; in allen Augenblicken des ganzen Lebens. Das ist das Schönste, was ich von ihm weiß.*[3] Wo sonst war solche Freundschaft zwischen einer Mlle. Levi und einem königlichen Prinzen möglich als im Berlin des ersten Jahrzehnts vorigen Jahrhunderts. Vor Mißdeutungen warnt Rahel: *Mein Verhältnis zu ihm war sonderbar, beinah ganz unpersönlich ... Von uns zueinander war nicht die Rede. Doch mußt' er mir alles sagen: komponierte er, so mußt' ich bei ihm sitzen.*[4] Die derart ausgedrückte Vertrautheit bezog auch Louis Ferdinands Liebe zu Pauline Wiesel ein, von der noch zu berichten sein wird. Rahel hat ein Leben lang der vielbeschrienen schönen Frau des Kriegsrates Wiesel die Treue gehalten.

Schon mit diesen wenigen Briefzitaten deuten sich Eigenschaften des Prinzen an, die leicht vergessen werden: seine intellektuelle Differenziertheit und seine ungewöhnliche musikalische Begabung, die eine durchaus seriöse Ausbildung erfahren hatte; auch an diesem Punkte, keineswegs nur als draufgängerischer Soldat, erwies er sich als der Neffe des großen Friedrich. Bedürfte es einer Bestätigung, so besteht sie in dem gleichsam umgekehrten Ritterschlag, den ein berühmter Bürgerlicher dem zwei Jahre jüngeren Musiker aus königlichem Hause zuteil werden ließ: Beethoven widmete ihm das Klavierkonzert in c-moll, op. 37.

Ein Kriegsgott anzuschaun – so hatte Fontane in Worte gefaßt, was die Zeitgenossen immer wieder mit Staunen vermeldeten: die Ungewöhnlichkeit, ja die Schönheit seiner Erscheinung. Ludwig von der Marwitz, das Haupt der preußischen, den Reformen feindlichen Konservativen, beschreibt ihn in seinen Memoiren, nicht ohne zuvor seine Lebensweise zu mißbilligen: *Er war groß, schön wie Apollo, geschickt in allen Leibesübungen, ein gewandter und dreister Reiter, einer der stärksten Schläger im Fechten, im Ringen und Voltigieren (was man jetzt Turnen nennt), dabei so außerordentlich stark, daß ich gesehen habe, wie er drei Finger in die Läufe von drei Infanterie-Musketen steckte und sie so mit einem Male aufhob ... Wenn er erschien in der sehr schönen und prächtigen Uniform seines Regiments, sei es zu Fuß, sei es zu Pferde (und nie auf einem andern als dem allerschönsten), so war es nicht anders, als wenn der vornehmste Herr in der Welt, der schönste und der Kriegsgott selbst sich sehen ließ.*[5] *Ein Kriegsgott anzuschaun* hatte Fontane gesagt und mag aus dieser Quelle geschöpft haben. Es wäre verlockend, auch noch die Schilderung der Uniform hinzuzufügen, der blaue Rock mit rotem Kragen und Aufschlägen, goldenen Schleifen, weißer Weste, weißem Jabot und weißer Halsbinde, im Dienst gestiefelt, sonst seidene Strümpfe. Aber die Einzelheiten würden zu weit führen, und die lebhafteste Anschauung vermittelt das berühmte Porträt von Steuben, aus dem Geist und Kühnheit gleichermaßen hervorschauen; auch die zweiunddreißig goldenen Schleifen sind nicht vergessen.

Daß in dieser Uniform ein ungewöhnlicher Soldat steckte, zeigte sich erstmals in den Koalitionskriegen, als der zwanzigjährige Oberst sich bei der Belagerung von Mainz nicht nur durch Mut und Umsicht auszeichnete, sondern auch durch Menschlichkeit: ein österreichischer Soldat des Louis Ferdinand unterstellten Regiments Pelligrini blieb verwundet im Feuer der Franzosen liegen. Prinz Louis sprang ihm zu, lud ihn auf seinen Rücken und brachte ihn (jetzt selbst eine Zielscheibe) glücklich in Sicherheit. Der Vorfall begründete seine Popularität, die immer noch anwachsen sollte, nicht nur in der Truppe. Wenige Tage später wurde er verwundet, zum ersten Male. Der König schrieb: *Prinz Louis hat viel Ruhm erworben, und wenn er so fortfährt, wird er einst gewiß ein großer General werden.*[6] Es ist nicht der Zweck dieser Schilderung, über Gebühr bei Militaria zu verweilen. Aber da sie neben der Liebe und der Kunst, ja mehr als diese, ihm seinen eigensten Lebenszweck vorgaben, so darf man sie auch nicht übergehen. Er war alles andere als ein bloßer Troupier und aufs lebhafteste an Militärtheorie interessiert. Als er eine Arbeit über die Arten des Angriffs im Jahre 1801 an Scharnhorst, den großen Reformer der Armee schickte, schrieb dieser jeglicher Liebedienerei unverdächtige Mann zurück: *Ew. Königlichen Hoheit schicke hier ich ganz untertänigst die Aufsätze, welche Sie die Gnade gehabt haben mir zu kommunizieren, zurück. Ich habe sie nicht nur mit sehr großem Interesse, sondern auch mit Belehrung gelesen, und was die Präzision im Vortrage betrifft, so glaube ich, daß Ew. Königliche Hoheit viele militärische Schriftsteller übertreffen ... Der Aufsatz über die verschiedenen Arten des Angriffs würde mit Vergnügen in jedem militärischen Journale gelesen werden ...*[7]

Solche Anerkennung änderte nichts daran, daß seine persönliche Lage, vor allem seine Beziehung zum Hofe umso schwieriger wurde, je länger der falsche Friede dauerte. Er schien seine Pflichten als Kommandeur seines Regiments in Magdeburg, absichtsvoll von Berlin entfernt, nicht hinlänglich wahrzunehmen, wenngleich seine Soldaten bei der Besichtigung den besten Eindruck machten. Er verbrachte viel Zeit in lockerer Gesellschaft in Hamburg und im dänischen Altona, von wo ihn ein alter Kriegskamerad, der Oberst von Massenbach, auf königlichen Befehl zurückholen mußte. Ein Brief ist überliefert, den Massenbach ihm geschrieben hat, nicht nur ein persönliches, sondern auch ein die Wertvorstellungen dieses Offizierskorps formulierendes Zeugnis: *Auf dem Wege, auf welchem Sie seit mehreren Jahren wandeln, ist noch kein großer Mann, kein großer Feldherr gebildet worden … Ihre Lektüre ist nicht geordnet, ist Stückwerk, daher sind Ihre moralischen und wissenschaftlichen Grundsätze schwankend und unstät … Sie fliehen die Einsamkeit, und nur in der Einsamkeit reift der Mann … Alle edlen Männer Ihres Vaterlandes trauern um Sie, der Sie mit eigener gewaltsamer Hand die Talente, mit denen die Natur Sie ausgerüstet hat, zerstören … Welche unglückbringende falsche Philosophie ist es, die Sie antreibt, alle Pflichten, die den Menschen heilig und ehrwürdig sind, mit Füßen zu treten? Ist das die Philosophie des Marc Aurel und Julian, die Sie studiert haben wollen?*[8] Mit solchem Freimut sprach in dieser Armee ein General zu einem königlichen Prinzen, nicht ohne an den Maßstab zu erinnern, den eine gemeinsame Bildung nahelegte: mit dem Namen des Marc Aurel wird deutlich, wie weit die als bürgerlich bezeichneten Ideale in Adelskreisen angenommen worden waren.

Der Mahnbrief Massenbachs ist dafür nicht das einzige Zeugnis, auch nicht das einzige für die Teilnahme bedeutender Männer am Lebensgang des Louis Ferdinand. Im Frühjahr 1799 sah sich der Reichsfreiherr vom Stein (noch nicht Minister) zu Vorhaltungen genötigt, als einer, der *bittet in der Sprache, die er zu Ihnen redet, nur die Ehrerbietung zu finden, welche er Ihren ausgezeichneten Eigenschaften und Ihrer Liebe für die Wahrheit zollet.*[9] Auch das waren keine anbiedernden Wendungen; Louis' Pflichtgefühl wurde durchaus anerkannt: *Es hat mir große Genugtuung gewährt, zu hören, welche Sorgen Sie der Erziehung der jungen Offiziere und Kadetten Ihres Regiments widmen, mit welchem Fleiße Sie die Wissenschaften studieren, die das Ganze der furchtbaren und erhabenen Kriegskunst bilden, und wie Sie Ihre Einsamkeit verwenden, um Ihre Seele mit großen starken und nützlichen Ideen zu nähren.*[10] Solcher Vorrede folgen freilich handfeste Rügen: die Vernachlässigung der väterlichen Familie, die unglückliche *Leidenschaft des Spiels … welche von der Langeweile und einer unbestimmten Unruhe genährt wird, Sie aus den Armen Ihrer Freunde reißt und Sie in Gesellschaften zieht, die durch die zügellose Habsucht vereinigt und durch die widerwärtigsten Leidenschaften in Bewegung gesetzt werden.*[11]

Mit diesem Satz war der Anstoß formuliert, den Zeitgenossen am prinzlichen Lebenswandel nahmen. Sein Umgang mit Geld und mit

Frauen fand sich mißbilligt, wobei besonders seinen Liebeshändeln ein Übermaß von Interesse zuteil wurde, welches doch seine politischen und strategischen Entwürfe gewiß nicht weniger verdient hätten. In dem Exemplar der Erinnerungen seines Adjutanten Karl von Nostitz (1848), das die Göttinger Bibliothek besitzt, findet sich auf dem Innendeckel ein einziger Bleistifthinweis von alter Hand: S. 82–83 amours, als ob das die Hauptsache wäre in dem freundschaftlich-gerechten Büchlein. Aber gerade weil die Nachwelt ihre Neugier dort festgelegt hat, scheint es ratsam, sie sogleich zu befriedigen, damit Louis Ferdinand von Preußen nicht nur in einseitiger, wenn auch herkömmlicher Beleuchtung erscheine; er hatte viele und reiche Gaben.

Läßt man flüchtige Begegnungen außer acht, so waren es vor allem zwei Frauen, beide bürgerliche Berlinerinnen, die er liebte und von denen er nicht lassen konnte. Die eine war Henriette Fromm, über die man nicht viel mehr weiß, als daß sie ihm zwei Kinder gebar, an denen er hing und für die er zu sorgen bemüht war; sie wurden nach seinem Tod vom König mit dem sprechenden Namen von Wildenbruch geadelt. Die andere war Pauline Wiesel, Frau eines zwar pedantischen, aber in Liebesdingen offenbar weitherzigen Beamten. Auch sie war schön, so schön, daß sie ob ihrer Erscheinung eine Berühmtheit der Hauptstadt war. Friedrich von Gentz, zu Rahels Kreis gehörig und später ein vielgewandter und überaus wortgewaltiger Diplomat, sprach von Pauline in der undiplomatischsten Begeisterung: *Mein Verhältnis mit diesem bezaubernden Geschöpf ist eins von denen, auf welche ich stets mit der innigsten und vollkommensten Zärtlichkeit zurückblicke. Ohne sie je mit eigentlichem Verstande zu lieben, war doch mein reines Wohlgefallen an ihr vom ersten Augenblick unserer Bekanntschaft an bis auf den heutigen, so groß, daß es fast nichts Denkbares gab, was ich für sie nicht getan hätte ... Sie ist eines der liebenswürdigsten Wesen, die je erschaffen wurden ... Überdies gibt es keine große Eigenschaft, keinen Vorzug des Geistes oder des Herzens, keine Tugend, zu welcher dieses herrliche Mädchen – denn Mädchen for ever! – nicht mit der leichtesten Mühe erzogen werden könnte ... sie kömmt mir immer wie eine verbannte Gottheit vor ...*[12] Empfänger dieses Lobliedes war der schwedische Diplomat Gustav von Brinckmann, auch er zu Rahels Zirkel gehörig und Paulines Reizen nicht minder erlegen. Sie mußten erleben, wie sie sich im Jahre 1804 mit aller Leidenschaft dem Prinzen zuwandte.

Zeuge dessen sind die Briefe, die zwischen den beiden gewechselt wurden. Sie wurden zum ersten Mal im Jahr 1861 in Leipzig durch A. Büchner veröffentlicht, wenn auch in sittsam gereinigter Form: die Freiheit, mit der man zu Anfang des Jahrhunderts erotischen Verhältnissen begegnete (und schon gar in Berlin) war nicht nur auf der Insel der Victoria einer kleinlichen Enge gewichen. Henriette Herz hat das schon in ihren Erinnerungen beklagt, und wenn solcher Wandel der Anschauungen noch weiterer Bestätigung bedarf, so wird diese durch eine bis heute grundlegende «sittlich-biographische Studie» über das Leben Louis Ferdinands von Paul Bailleu (1885/86) geliefert, die alle Liebschaften verschweigt. Noch der vielgewandte und wohlunterrichte Varnhagen verhielt sich anders, als er im Jahre 1835 einen großen Essay über Louis Ferdinand schrieb, aus der Kenntnis Rahels und aus eigener. Wenn er berichtet, wie der Prinz Henriette verließ (ihr Name bleibt ungenannt) um Paulines willen, so heißt es: *Sein unbewachtes Herz fiel jedoch unerwartet neuen heftigen Eindrücken und leidenschaftlichen Regungen anheim, deren Gestalt ihn wie durch Zauber gefangen hielt. Die Fähigkeit zu einer solchen Leidenschaft ist eine große und seltene Gabe, gleich anderen höchsten Auszeichnungen nur wenigen Menschen verliehen, und unter diesen den wenigsten zum Glück.*[13]

Es gehörte zu den Vorzügen dieses briefschreibenden Zeitalters, daß Freunde, einander vertrauend, sich wechselweise rückhaltlos eröffneten. Darin tat sich das Bedürfnis kund, sich einander allererst schreibend zu versichern. Schutzpatronin der Liebe zwischen Louis Ferdinand und Pauline war Rahel, die im Dezember 1805 folgendes Bekenntnis des Prinzen las: *Wie es mit meiner Liebe zu Pauline eigentlich ist, wäre schwer Ihnen zu schreiben, ich weiß nur, daß ich sie unaussprechlich liebe, und alle meine Gefühle erlangen in Einsamkeit und Entfernung mehr Kraft. Oftmals ist mir, als liebte ich sie ewig – lange schon hatte ich sie im Herzen und im Kopfe – ich sah sie wieder! Allein da war es, als wäre eine Mauer zwischen uns, ich suchte und doch fürchtete ich sie ... bis endlich, wie Sie wissen, es auflloderte, ich sie, trotz den Menschen, trotz mir, ja ihrer selbst, liebte, jeden Tag mehr opferte, jedes Opfer mich mehr an sie band und festkettete; rechnen Sie noch dazu den ans Magische grenzenden Liebreiz, den sie für mich hatte ...*[14] Es ist offensichtlich, daß Pauline Wiesel nicht nur ein Bild von einem Weib, sondern auch ein Weibsbild gewesen ist, und alles andere als ein unbeschriebenes Blatt.

Im gleichen Brief an Rahel heißt es weiter: ... *ich habe zuweilen gehofft, die Reliquien von Paulinens schöner Natur zu retten – meine heftige, zärtliche Liebe sollte ihr Herz erwärmen – die Ideen des Guten und Schönen beleben, sie sollte wieder an sich selbst glauben ... überdem ist bei ihr die Härte nichts weiter als die Reaktion der tiefsten Gebeugtheit, der Zerrüttung ihres Innern – sie hat nicht den Mut, zu zeigen, daß sie gut ist, nicht den Mut, Gefühle an den Tag zu legen – ich habe sie erröten sehn, wenn sie etwas Gutes und Gefühlvolles sagt ... bloß weil sie fühlt, daß sie das Recht, es zu sagen, verloren hat.*[15] Das war am 11. Dezember 1805 in den ersten Tagen des verhängnisvollen Feldzugs gegen Napoleon geschrieben und zeigt, mit welcher Klarheit der so tief Verstrickte die Geliebte sah. Gegen sie selbst äußerte er sich am gleichen Tage nicht weniger klar: *Pauline, die ich liebte, liebe, anbete, alles Böse in Dir entschuldigte ich und begriff es so, wie es in Deinem Briefe aus Schricke steht* (Schricke war das Landgut des Prinzen im Madgeburgischen), *das übrige entsteht aus Deiner Erziehung. Arme Pauline, Du wagst es nicht mal, gut zu sein, Du denkst, die Leute würden es Dir nicht glauben ... Dein eigentliches Herz liebe ich, weil ich es trotz seiner Verzerrungen und Verstümmelungen erkenne, ich kenne auch die Leeren in Deinem Wesen ... ich kenne das Gebiet Deiner Ideen, ich weiß, daß Du heftiger als zärtlich und empfindend bist, daß das Schönste in Dir verborgen ist, weil Umstände, Verderbtheit anderer und Verlust der Deinen es in Dir zurückgeschreckt haben. Du hast das Vertrauen, glücklich zu sein und glücklich zu machen, verloren, gebeugt ist Dein ganzes Wesen, und Du bist zu stolz, aufrecht gehalten zu werden.*[16] Es ist deutlich, daß diese Verbindung für Louis Ferdinand (und wohl nicht nur für ihn) alles andere war als nur eine betörende Bettgeschichte. Er war so gerührt von dem, was er *Paulines schöne Natur* nannte, die durch Erziehung (oder Mangel derselben), schlechten, ja verderbten Umgang und eine tief eingefleischte Skepsis nur in Resten noch vorhanden schien. Es ist, als ob dieser wirkliche Prinz sich die Rolle des Märchenprinzen aufgeladen habe, um die in sich selbst gefangene Schöne zu erlösen.

Es galt dabei allerlei Dornenhecken zu überwinden. *Die unselige Schwäche, Deine Beschäftigungslosigkeit, und die Gewohnheit, stets in äußeren Dingen Zerstreuung, Amüsement zu suchen, machen, daß Du Dich stets vom Strome fortreißen läßt ...* Sie führe, so schreibt er ihr in demselben Brief vom 7. Januar 1806, ein Leben, *dessen Leere Du fühlst, und zugleich kannst Du auch, der alten Gewohnheit treu,* den Tag so recht tüchtig totschlagen, ihn mit den Promenaden, Déjeuners, tausend notwendigen Visiten, Komödie und irgend einer Soirée, wo Du jemand tribulierst, ausfüllen, – und doch wünschte es Dein Herz anders! [17] Es kommt zu noch viel herberen Vorhaltungen: Du liebtest mich nie, Pauline, denn Du lerntest nie an mir ein edles, gutes Herz verehren, ich opferte Dir alles, ich liebte Dich mit Deinen Fehlern unaussprechlich. – Noch neulich entstand in mir der schöne Traum, daß auch Dein Herz sich von der Liebe heiligem Feuer beseelt läutern könnte; Du hast ihn zerstört. – Heftig – ungerecht und hart, voller Sinnesreiz, aber nie liebend bist Du.[18] Es ist schwer zu entscheiden, wieweit derart bitter geäußerte Enttäuschungen auch begründet waren. Offenbar hat Rahel dem Prinzen öfter den Kopf zurechtgesetzt, wenn er sich entmutigt zu ihr als Vertrauter flüchtete: Kaum verließ ich Dich, Pauline, als ich bei der Kleinen (Rahel) erfuhr, wie sehr falsch ich Dich stets beurteilte[19] und er wußte wohl, was er mit den Worten sagte: die Freundschaft der Levi hat einen Charakter, der viel süßer als alles übrige ist ...[20] Es ist auch kein Zweifel, daß diese sinnbetörende Beziehung für Pauline anders aussah als für Louis, denn wohin sollte sie führen und welche Zukunft eröffnete sie? Henriette Fromm war kein ermutigendes Exempel. Louis war sich dessen bewußt, wenn er das Unwahre der ganzen Existenz[21] beim Namen nannte und öfter von dem verworren Verhältnis[22] sprach. Immer wieder wirbt er um Vertrauen und versichert, daß ich bei einer jeglichen meiner Handlungen Dein Wohl – Dein Bestes, nämlich die Begründung eines ewigen, engen, unzertrennlichen Verhältnisses beabsichtige.[23]

Gewiß fand der Adjutant und treue Gefährte des Prinzen, Karl von Nostitz, der als russischer General starb, in seinen Erinnerungen das richtige Wort, wenn er von Pauline sagte: Was ein heißes Blut von ihr erheischte, das gewährte sie freilich nicht immer nach sorgfältiger Wahl, gehörte aber darum nicht minder zu den geistreichsten Erscheinungen der damaligen Welt. Es war in ihr die freieste Ungebundenheit und eine muntere Keckheit gegen Alles, was sie umgab, und was sie gleich unter den drolligsten Beleuchtungen ihres regen Geistes darstellte. Es gehörte die gleiche geistige Ungebundenheit des Prinzen dazu, um sich im Trotz gegen die Welt dem Hange zu dieser Frau ganz hinzugeben. Durch die Sinne einander unterthan, standen sie dem Geiste nach frei einander gegenüber.[24] Das Urteil dieses Zeugen ist umso gewichtiger, als von Pauline kaum schriftliche Äußerungen aus der Zeit ihrer Verstrickung mit Louis erhalten sind. Es war – im Unterschied zur folgenden Generation – eine keineswegs prüde Gesellschaft. Ein wenig von ihrer Temperatur wird fühlbar, wenn Nostitz von den Tagen in Louis Ferdinands Jagdschloß Schricke erzählt. Musik fehlte nie, wenn sie nicht vom Kapellmeister Dussek kam, so kam sie vom Prinzen: *Neben dem Prinzen stand ein Piano. Eine Wendung, und er fiel in die Unterhaltung mit Tonaccorden ein, die dann Dussek mit einem andern Instrument weiter fortführte.*[25] Auf der Tafel standen Getränke und Speisen zu freier Wahl. *Die Frauen auf dem Sopha, in antiker Freiheit gelagert, scherzten, entzückten, rissen hin und verliehen dem Symposion jene Zartheit und Weichheit, die einer Gesellschaft von Männern unter sich durch ihre Härte und Einseitigkeit abgeht.*[26] Wenn man sich der Mode im ersten Jahrzehnt des 19. Jahrhunderts erinnert, so kann man sich das reizvolle Bild ohne Mühe vorstellen.

Zwischen Louis und Pauline ging es weniger dekorativ zu. Der Dreiunddreißigjährige fand sich in einem Zustand fast völliger Abhängigkeit von dieser Frau, über den seine pädagogisch-kritischen Bemerkungen nicht hinwegtäuschen sollten. Der sonst in politischen Entwürfen und in den Briefen an seine Schwester, die Prinzessin Radziwill, so selbstsicher erscheinende Mann vermochte sich dem Zauber gemeinsamer erotischer Erfahrungen nicht zu entziehen. Von ihnen ist in den Briefen unablässig die Rede, freilich nie auf zweideutige, sondern stets auf eindeutige Weise. Auch hier galt Nostitz' den ganzen Louis charakterisierender Satz: *Seine Heldenseele kannte nur offenes Handeln;*[27] seine Liebesbriefe nur offene Worte: *Ich küsse Dich tausendmal in Gedanken, Du weißt, wie ich küssen kann, den ganzen lieben himmlischen Leib bedecke ich mit tausend üppigen brennenden liebevollen zarten Küssen, auch Dein liebes feinfühlendes Herz, Pauline, bald, ach bald – gibst Du sie mir alle zurück.*[28] Noch nach nahezu 200 Jahren könnte die Häufung ähnlicher Zitate dem Leser das unangenehme Gefühl vermitteln, er sei ein Voyeur: so sei darauf verzichtet um des dem gleichen Brief entnommenen, alles zusammenfassenden Gleichnisses willen: *... wie ich Dich liebe – weil ich es muß – weil Du mich an Dich ziehst, wie der Magnet das Eisen – weil Dein ganzes Wesen mich ergriffen, weil es in meinem Herzen ist, und ich nicht sagen könnte, hierin soll Pauline anders sein und ich könnte sie nie mehr noch lieben.*[29]

Theodor Fontane hat in seinem schon anfangs mit der ersten Strophe zitierten Gedicht «Prinz Louis Ferdinand» diesen Magnetismus verewigt; er hat es in die Abteilung «Bilder und Balladen» eingeordnet und damit in einen jeglicher Aktualität entrückten Zusammenhang. Ort und Zeit der Handlung freilich sind historisch: Magdeburg, der Ort der aufgezwungnen Entfernung von Berlin und damit von Pauline, die Zeit der März 1806 – ein halbes Jahr Leben war Louis noch gewährt. Nostitz erinnert sich: *So reiste er auch am liebsten zu Pferde, mit vorgesandtem, bereitstehenden Wechsel. Auf solchen oft unglaublich schnellen Ritten war ich sein beständiger Begleiter.*[30] Diese Erinnerungen hat Fontane gewiß gekannt, jedoch nicht einen Brief an Pauline mit folgender Ankündigung: *Nun höre, Liebe, Göttliche, den 13. (März) um 11 Uhr reite ich von hier weg, habe rasende Menge Relais und bin bei Dir in sieben Stunden oder spätestens acht. Du bist invisible, diesen und den 16ten, wo ich abends bei meiner Schwester soupieren werde – Pauline, liebe, einzige, dann reden wir alles ab ...* Etwas später: *Frühe, sehr frühe gehn wir zu Bette, Pelle, Bedenke, 18 Meilen zu reiten, und rasend pflegen sollst Du mich.*[31]

Hin fliegt er wie die Schwalben,
Fünf Meilen ist Station,
Vom Brauen auf den Falben,
Da ist die Havel schon,
Vom Rappen auf den Schimmel,
Nun faßt die Sehnsucht ihn,
Drei Meilen noch – hilf Himmel,
Prinz Louis in Berlin.

Gegeben und genommen
Wird einer Stunde Glück,
Dann, flugs wie er gekommen
Im Fluge gehts zurück;
Elf Uhr am andern Tage
Hält er am alten Ort,
Und mit dem Glockenschlage
Da steht er zum Rapport.[32]

Diese die Gewalt des Liebesverlangens balladesk vermittelnden Verse hatten freilich in Wirklichkeit noch einen anderen Anlaß als die bloße Sehnsucht. In dem Brief, der den Blitzbesuch ankündigte, standen auch die gewichtigen Worte: *Pauline schwanger – Gott, welch ein Glück – wie unnennbar glücklich – o wie will ich Dich pflegen, lieben – bis zum Augenblick – stets bei Dir sein, und wenn Du mich dann küssen wirst mit nassen Augen, von süßen aber schmerzhaften Tränen gefüllt – Pauline, liebe Pauline.*[33]

Es gibt noch mehr bewegte und hoffnungsvolle Äußerungen des Prinzen über die sich ankündigende Vaterschaft; er hatte den Kalender seiner Freundin aufmerksam abzählend verfolgt in der süßen *Hoffnung, ein Pfand unserer Liebe zu besitzen – o trügst Du es unter Deinem Herzen – gib ihm, diesem Kinde, allen Liebreiz der Mutter, aber das Herz des Vaters.*[34] Das war freilich ein Wunsch, in dessen letzten Worten nochmals ein kritischer Ton mitschwang. Er blieb unerfüllt, denn es kam zu einer Fehlgeburt, wie man mit Grund annehmen darf, zu Paulines Erleichterung. Sie hatte schon einmal Mutterfreuden erfahren, als sie dreiundzwanzigjährig eine Tochter gebar, die ebenfalls Pauline getauft wurde. Der Vater des Kindes war der russische Graf Schuwalow, der ihr die stattliche Rente von 2000 Francs jährlich zusagte, eine Zusage, die lebenslang pünktlich eingehalten wurde, auch nachdem der Graf als Adjutant des Zaren verhältnismäßig früh gestorben war. Es waren dies Tatsachen, die die von Louis Ferdinand immer wieder bekundete Absicht der *Begründung eines ewigen, engen unzertrennlichen Verhältnisses*[35] nicht gerade erleichtern konnten. Wie weit solche gewiß aufrichtigen Erklärungen eines Prinzen des königlichen Hauses auch realistisch waren, mag dahingestellt bleiben. Der Krieg machte sie gegenstandslos im Jahre 1806. Soweit es aber nicht um Liebesdinge ging, war Louis Ferdinand ein durchaus klarer und realistischer Kopf.

Das wird deutlich in den Briefen an eine andere, ihm sehr nahestehende Frau, seine Schwester Prinzessin Louise Radziwill. Es wird nicht minder deutlich in seinen militärischen und politischen Arbeiten.

Ende 1805, das genaue Datum ist nicht faßbar, schrieb der Prinz an Rahel einen Brief, in welchem er ihr für ihre Teilnahme dankte an *der so äußerst peinlichen Lage, in der Sie mich in Berlin gesehen.*[36] Es ging um die Verwicklung von Umständen, in der er *nicht wollen konnte,* deutlicher gesagt um seine Existenz zwischen Pauline und Henriette, *diese beiden Weiber, voller Liebreiz, voller Annehmlichkeiten verschiedener Art,* von denen er sagen zu müssen glaubte, *daß doch beide nicht das wirklich Liebenswerte, auch vielleicht nicht mal das Liebenswürdige, in mir lieben.* Und er zieht daraus eine Folgerung: *Mir ziemt es, mich in das strengere Geschäftsleben zurückzuziehen, und nicht so, wie ich es getan, Zeit und Kraft [mit] den Weibern zu vergeuden, die doch Ernst und kältere Vernunft mehr als Hingebung und stete Liebe beherrschen.*[37] Dieser letzte Satz ist nicht ganz gelungen; gemeint ist: Ernst und Vernunft (Subjekt) beherrschen die Frauen (Objekt) mehr als Liebe und Hingabe. Und so wandte er sich den allgemeinen Verhältnissen und der Politik zu, deren Willfährigkeit gegen Napoleon er aufs höchste mißbilligte. Am 9. Januar 1806 sandte er seiner Schwester einen Brief, dessen sehr langer erster Satz ungekürzt wiedergegeben zu werden verdient: *Wenn Berlin nicht schon seit langer Zeit allen Leuten, die beobachten können und wollen, die widerspruchsvollste Mischung von tausend verschiedenen Dingen darböte, von Militäromanie und von Furcht und Abneigung vor dem Kriege, von Strenge und Zügellosigkeit, rauher Einfachheit und Frivolität, Neigung zu Sparsamkeit und Luxus, wenn der ehrenhafteste und zuverlässigste König, der vielleicht jemals gelebt hat, nicht die treuloseste Politik anzunehmen und zu befolgen geschienen hätte, – wenn alles dieses, meine ich, mir hätte entgehen können, so würde ich mich weniger darüber wundern, daß man so vergnügt dem Verderben entgegeneilt und daß man in Berlin tanzen und Bälle geben kann, während wir vor einem gefährlichen und langwierigen Krieg stehen oder einen Frieden schließen werden, der den Keim zu einem Kriege in sich trägt, welcher mit noch ungünstigeren Aussichten unternommen oder selbst unsere politische Freiheit zerstören wird.*[38] Solche Sätze hatten freilich einen anderen Härtegrad als die Briefe an Pauline, sie sollten sich noch im gleichen Jahr bewahrheiten; überdies enthielten sie Voraussagen, die über Preußen hinausblickten. Von den vielen zu appeasement Geneigten sagt Louis: *Sie sind bereits schuld an dem Untergange Europas.*[39]

In gewisser Weise existierte dieses Europa (noch) in der Sprache, jedenfalls der Hocharistokraten, zu der Schreiber und Adressatin gehörten. Louis' Haß gegen Napoleon wird gegenüber Louise Radziwill in gewandtem, seit Kinderjahren selbstverständlichem Französisch vorgetragen, seine Analyse der preußischen Zustände und die daraus erwachsende Verzweiflung nicht minder: *Unsere ganze Armee, aufgelöst und getrennt ... so sind denn 11 Jahre Hoffnungen, 11 Jahre geheimer und glühender Wünsche vernichtet! – oder doch wieder vertagt. Mein Herz ist voll Kummer und Bitterkeit. Könnte ich nur meine Uniform ablegen und diesen ganzen verwünschten militärischen Prunk.*[40] Aber es ist nicht die fremde Sprache, die seinem Stil ebenso zu Sachlichkeit wie zu bewegtem Ausdruck verhilft, seine deutsche Schreibweise war nicht weniger treffend: Im Jahre 1805 unternahm er eine Reise nach Oberitalien, um das schöne Land als einen möglichen Kriegsschauplatz zu inspizieren. Er legte seine Beobachtungen in einem Briefe dar, dessen Adressat als *Hochwohl-*

geborner Herr, Insonders geschätzter Herr Generalmajor[41] angeredet wird. Die darin enthaltenen militärischen Erwägungen sind nicht Gegenstand unseres Interesses, wohl aber die sorgfältige Beobachtung, die ihnen zugrunde liegt: *Wer Italien nach der Karte beurteilt, glaubt, in weiten Ebenen alles beobachten zu können, und entschiedene Vorteile durch Kavallerie erfolgen zu können, – würde ganz unrecht haben. Alle diese Ebenen sind alle zwanzig Schritt mit Bäumen in den Furchen bepflanzt, die mit Weinranken verbunden sind, die Felder mit zehn Schuhe hohem türkischem Weizen und Hanf oder Weinreben bedeckt, alle Felder mit Gräben umgeben, so daß man weder weit sehen, noch mit Gewißheit weit schießen kann.*[42] Mit den gleichen Augen sah er, als der Feldzug 1806 begonnen hatte, deutsche Landschaften: *Das ganze Gebiet bis zum Werratal ist bergig und waldig, das Erdreich zwischen dem ganzen Teil zwischen der Gera, Schwarza, Ilm und Hasbach ist tonig, und unter dieser Tonlage sind Schieferschichten – woraus folgt, daß Regen die Wege leicht unbenutzbar macht. Mit dem Teil der Berge, die sich nach Eisenach, Schmalkalden und Meiningen zu befinden, verhält es sich anders, die Wege sind dort viel fester, und der Boden weniger geneigt, aufzuweichen.*[43]

Die gleiche Präzision zeichnet einen Brief aus, den Louis im September 1806 an den Oberst von Massenbach schickte, der ihn einst von Hamburg zurückgeholt hatte. Auch hier schreibt er zunächst (heute überraschend) von Europa und dem *Vergessen aller Grundsätze, die bisher das föderative System von Europa erhalten.*[44] Seine Diagnose der preußischen Zustände ist unerbittlich: *Der ganze Staat liegt an einem Übel krank, welches ihm, werde es Krieg oder Frieden, gleich verderblich werden kann. Wir haben keine Regierungsform, kein Gouvernement.*[45] (Der Satz ist unterstrichen). Mit dem Tod Friedrichs des Großen ist dem Staat das Element, *das dem Staat das innere Leben gab,* verloren gegangen, auch die enge Kooperation zwischen dem König und seiner Administration. Jetzt stehe zwischen dem König und den ersten Staatsbeamten ein charakterloses Kabinett, das *ohne Kenntnis der inneren und äußeren Angelegenheiten des Staates ist, dem alle militärischen Ansichten gänzlich fehlen.*[46] Noch unverblümter äußert sich eine Eingabe an den König, die, von dem Historiker Johannes von Müller verfaßt, an erster Stelle die Unterschrift *Louis, Prinz von Preußen, Generalleutnant, in seinem Namen und für seinen Bruder den Prinz August* trug, dazu eine Anzahl weiterer höchst respektabler Namen, wie den Scharnhorsts und des Freiherrn vom Stein. *Unsere Geburt, welche uns die allerhöchsten Pflichten auferlegt, die Grade, zu welchen Hochderoselben Gnade und Vertrauen andere von uns erhoben hat und welche uns zu dem feuervollsten Diensteifer verbinden, haben uns nicht zugelassen zu verschweigen, was ganz Preußen, ganz Deutschland und Europa weiß.*[47] Der ganze Schriftsatz gipfelt in der Feststellung: *Die ganze Armee, das ganze Publikum und auch die bestgesinnten auswärtigen Höfe betrachten mit äußerstem Mißtrauen das Kabinett Eurer Majestät, wie es gegenwärtig organisiert ist. Dies Kabinett ... hat besonders in Staatssachen alles Zutrauen längst eingebüßt. Aller freche Mißbrauch, welchen Bonaparte von der Friedensliebe Eurer Majestät gemacht hat, wird ihnen zugeschrieben.*[48] Die Eingabe, ein kühner Akt, blieb ohne Antwort, die Ereignisse überholten sie, es kam zu dem Kriege, den Louis so sehr herbeigewünscht hatte.

Sein unglücklicher Verlauf ist bekannt. Er endete mit dem Sieg Napoleons und der Besetzung Berlins durch die Franzosen. Louis hatte – im Unterschied zu vielen, welche die Armee des großen Friedrich noch immer für unbesiegbar hielten – eine solche Möglichkeit keineswegs ausgeschlossen. In einem Brief an die Königin, die vom Volk vergötterte Luise, wiederholte er die in einer Denkschrift dargelegte Meinung als die seine; er beschloß sein Schreiben mit den Worten: *Ich werde mein Blut für König und Vaterland vergießen, ohne jedoch einen Augenblick zu hoffen, es zu retten.*[49] Auch dieser Brief blieb ohne Antwort. Es scheint, daß Louis' Zeilen alles andere als großsprecherisch, vielmehr ahnungsvoll gewesen sind. Darauf deuten auch die Berichte, die man von seinen letzten Tagen hat. *Nicht ohne lebhafte Bewegung kann ich an die nahenden Augenblicke und den Kampf denken. Ich würde ihnen ruhiger und heiterer entgegensehen, wenn die, denen die wichtigste Sorge anvertraut ist, mir mehr Vertrauen einflößten.*[50] So steht es in einem Brief an die Schwester vom 27. September 1806 aus Chemnitz. Anfang Oktober befand sich der Prinz mit seinem Stabe in Rudolstadt im Schlosse des Fürsten von Schwarzburg-Rudolstadt; zwar drohte der Krieg die schöne Landschaft in einen Kriegsschauplatz zu verwandeln, aber das hinderte nicht, daß der alte Fürst seinen Gast mit einem festlichen Mahl und einem Ball feierte, von denen Nostitz erzählt. Er scheint sich bei Tisch glänzend mit seiner Dame unterhalten zu haben, sie hieß *Fräulein Wurm, die, liebenswürdig, geistvoll und belesen, sich immer in Gedanken in ein Feldlager versetzte, um in sich eine Jungfrau von Orleans zu beleben. Zu ihrem großen Ver-*

gnügen recitierte ich ihr alle passenden Stellen aus Schillers bekannter Tragödie, und sie wußte dann gehörigen Orts einzufallen.[51] So viel zur Verbreitung deutscher Gegenwartsliteratur in höfischen Kreisen. Nachdem die fürstliche Familie sich in ihre Gemächer zurückgezogen hatte, folgte ihr der Prinz und spielte noch, zum Entzücken und zur Verwunderung der Zuhörer, über eine Stunde im freien Laufe der Gedanken auf dem Piano.[52]

Noch ein Schloß in der reichen Gegend sollte für kurze Zeit zu einem der Schauplätze des letzten Aktes werden, Schauplatz im wörtlichen Sinn: das herzogliche Schloß zu Saalfeld. *Wie eine Karte lag die blutige Szene vor uns,* so schrieb die Herzogin Auguste von Sachsen-Coburg am 10. Oktober in ihr Tagebuch. *Gegen acht Uhr kam Prinz Louis Ferdinand von Rudolstadt und nach ihm reitende Batterien in vollem Trabe, dann zwei sächsische Infanterieregimenter, weither schallte ihre schöne Musik.*[53] Wie im antiken Drama erlebte die Herzogin mit ihren Damen die Schlacht von Saalfeld als eine Teichoskopie: *... und doch verließ niemand das Fenster, wo uns der Schrecken festgebannt hatte ... Ich habe keinen Ausdruck für mein Gefühl, wie die Unsrigen der Übermacht weichen mußten; es war der höchste Jammer.*[54] Wenig später kamen die französischen Husaren, und der Marschall Lannes nahm Wohnung im Schloß. Am übernächsten Tag zog er weiter und während der damit verbundenen Unruhe blickte die Herzogin aus dem Fenster: *ein Detachement Infanterie, mit ihren Adlern und bärtigen Zimmerleuten voraus, marschierten in den Hof; in ihrer Mitte trugen sie etwas auf Stangen. Erst als sie es niederlegten, konnte ich die Leiche des Prinzen Louis Ferdinand erkennen. Nackt, in ein großes Tuch gehüllt, lag der große königliche Mann da, den schönen Kopf entblößt; keine Wunde hatte das prächtige Gesicht entstellt ... in der halbentblößten Brust gähnte die breite Wunde eines Stiches, die sein Leben geendet hat.*[55] Man bahrte ihn in der Schloßkirche auf; am 13. Oktober, so erinnert sich die Hofdame Amalie von Altenhoven, *ging ich ganz heimlich mit zwei Dienern, welche Blumen trugen, in die Schloßkirche und bekränzte das Haupt des schönen Prinzen mit einem Lorbeerkranze. Sein reizender Mund schien zu lächeln; er war durch den Tod nicht entstellt, der Adel seiner Züge war geblieben. Ich schnitt eine Locke seiner Haare ab und legte mein tränenfeuchtes Taschentuch auf seine verwundete Brust.*[56]

Theodor Fontane hat das Gedicht auf Prinz Louis Ferdinand von Preußen mit dem musikalischen Abend im Rudolstädter Schloß enden lassen.

... Und was er spielt ist das
«Zu spät zu Kampf und Beten!
Der Feinde Rosseshuf
Wird über Nacht zertreten,
Was ein Jahrhundert schuf;
Ich seh' es fallen, enden,
Und wie alles zusammenbricht –
Ich kann den Tag nicht wenden,
Aber *leben* will ich nicht!»

Und als das Wort verklungen,
Rollt Donner schon der Schlacht,
Er hat sich aufgeschwungen,
Und sein Herz noch einmal lacht,
Vorauf den andern allen
Er stolz zusammenbrach;
Prinz Louis war gefallen,
Und Preußen fiel – ihm nach.[57]

Man darf wohl annehmen, daß Fontane mit dem *fiel ihm nach* nicht nur den verlorenen Krieg von 1806 meinte, sondern auch den Niedergang alles dessen, *was ein Jahrhundert schuf*, der damals, unerkennbar noch, begonnen hatte. Im September 1806 ist der einzige Brief von Pauline Wiesel geschrieben, der sich erhalten hat. *Der Krieg! – Du Krieger, Du Jäger, Du Musikus. So viel geht mich ab, Louis – und dann erst kömmt die Liebe ... Ach Louis, warum dies ewige Entsagen in diesem Leben, in diesem kurzen Leben, warum bin ich nicht mit Dir!*[58] Sie ist erst 1848 gestorben, zu Saint-Germain-en-Laye als Gemahlin des Barons Jules-Michel Vincent, pensionierten Hauptmanns in der Garde des Königs Karl X. von Frankreich.

Der unliebsame Professor Thieß

Der in Hamburg geborene und aufgewachsene Theologe Johann Otto Thieß (1762–1810), ein ehrgeiziger vielschreibender Mann, beschloß die von ihm angestrebte akademische Laufbahn als a.o. Professor der Philosophie in Kiel, wiewohl nicht freiwillig. Die deutsche Kanzlei zu Kopenhagen hatte das königliche Entlassungs-Dekret im Dezember 1799 der Universität übersandt, nachdem Thieß bereits im Jahr 1795 aus der theologischen in die philosophische Fakultät versetzt worden war. Er erhielt ein Wartegeld von jährlich 300 Talern und die Auflage, sich in seinen Publikationen jeglicher Äußerung über die christliche Religion zu enthalten. Thieß hat dieses Verbot unbeachtet gelassen und neben anderen Schriften im Jahre 1802 eine zweibändige «Geschichte seines Lebens und seiner Schriften aus und mit Aktenstükken» publiziert, die den Untertitel trug «Ein Fragment aus der Sitten- und Gelehrtengeschichte des achtzehnten Jahrhunderts». Diese weitgehend apologetische Autobiographie entläßt ihren Leser keineswegs als Bewunderer ihres noch recht jungen Autors; aber sie gewährt eine Fülle von Einblicken in längst vergangene Wirklichkeiten und nimmt in drei-erlei Hinsicht für ihren Verfasser ein: er ist ein sehr dankbarer Sohn, ein liebevoller Gatte und Vater und ein vorzüglicher Lateiner gewesen.

Fast der ganze erste Teil des Berichts gilt dem Andenken seines Vaters, der ein gesuchter Arzt war und eine ansehnliche, nicht fach-wissenschaftliche Bibliothek besaß. Thieß kann von ihm nicht anders als in bewegter Rede sprechen. *Zwischen 7 und 8 Uhr des Morgens war er schon aus dem Hause; zwischen 1 und 2 war er wieder da und wieder weg. Um 6 Uhr des Abends schlug gemeiniglich seine Erho-lungsstunde. Fast täglich wanderte er durch die ganze Alt- und Neu-stadt, gemeiniglich aus Einem, dem Willernthore, nach dem Ham-burgerberg, auch nach Altona, oft durch zwei, drei Thore an einem Vormittage – bei Regen- und Hagelwetter, in Frost und Schnee – bis an sein 50tes Lebensjahr – ohne Schirm, ohne Oberrok, ohne Hand-schue, und sang – wie ein Franzos.*[1] Auch wie dieser Doktor mit sei-nen Kranken umging, schildert der Sohn: *Gefährliche Kranke ...*

behandelte mein Vater mit einer Sorgfalt, die nie ermüdete, und mit einer Umsicht, die kein Mittel unversucht ließ ... Wohl vernachlässigte er die Weiber mit ihren Vapeurs ... Dem wirklich Kranken, der von seinem Zustand unterrichtet sein wollte, um seine Genesung mitzubewirken, gab er ... die befriedigendste Auskunft ... Mehr als Einem Kranken, der es zu wissen verlangte, hat er Tag und Stunde seines Todes vorhergesagt. Aber diese Ankündigung floß von seinen Lippen, wie eine Botschaft des ewigen Friedens.[2] Wenn es aber mit der Krankheit nichts Ernstes war, so gab er die nötige Auskunft und lenkte dann das Gespräch *nicht etwa auf gleichgültige, sondern auf solche Dinge, von denen er wußte, daß sie diese Hausgesellschaft am mehresten interessirten. Hiezu stopfte er sich eine Pfeife, und wenn dann ein Viertel- oder Halbstündchen verplaudert war: so befand sich der Pazient merklich besser.*[3] Nicht wenig angesehen war er bei seinen Kollegen. «*Komm Er her, Herr Doktor*» sagte wohl ein solcher und reichte ihm zum Consilium die Hand, *Er ist noch ein Mann, mit dem sich ein Mundvoll Latein sprechen läßt.*[4] Er war nämlich nicht nur in der theoretischen Arzneiwissenschaft und in deren Geschichte zuhause, er sprach auch *Lateinisch, wie ein Professor – bald wird man hinzufügen müssen: vor Zeiten.*[5]

Das war ein später Aufschrei des Sohnes, der diese Sprache, die noch Sprache der Gelehrten war, überaus liebte. Der Vater las die lateinischen Klassiker *gemeiniglich in Gesellschaft seines Sohns.*[6] Stellen, die jener im Terenz angestrichen hat, zählt der Filius auf; eine von vielen mag als Zeichen der Gesinnung hier stehen:

> ... adversus nemini.
> Numquam praeponens se aliis. Ita facillime
> Sine invidia invenies laudem, et amicos pares.[7]

> ... keinem zuwider.
> Nie andern sich voranstellen. So wird man gar leicht
> Neidlos Lob ernten, und entsprechende Freunde.

Hätte der Sohn sich diesen Rat zu Herzen genommen, so wäre ihm, wie sich zeigen wird, mancherlei Ärger erspart geblieben.

Das Lateinische hat Otto Thieß zunächst auf dem berühmten Hamburger Gymnasium Johanneum gelernt, das bei ihm keineswegs in günstigem Licht erscheint. Der Achtjährige wurde dem unpäßlichen Herrn Rektor vorgeführt und antwortete auf die Frage, «*kann er schon lateinisch lesen, mein Sohn?*» «*Fix, Herr Rektor ... und die*

Vokabeln, die ich nicht vergessen habe, weiß ich auch noch.»[8] So begann er denn seine Laufbahn nicht in Sexta, sondern in Quinta und hatte sogleich drei Klassen übersprungen. Diese Klasse war, wie die andern, in einem finsteren Gewölbe des alten Johannisklosters gelegen. In einem langen Satz erinnert sich Thieß, *daß einem, wenn man in sie eintrat, eine feuchte Kellerluft entgegenschlug; daß man die, ehemals geweißten, Wände kaum noch vor Rauch und Schmuz erkennen konnte; daß man, neben dem Katheder nichts so deutlich erblikte, als einen großen schwarzen Ofen, der in der Mitte stand; daß man, aus den hohen kleinen Fenstern ... nichts sehen konnte als etwas dikke Luft*[9] – das war allen Klassen gemeinsam. Aber ein besonderes Reglement herrschte in dieser, sozusagen eine Art Klassengesellschaft, die durch Bankreihen geschieden war. Auf den vorderen Bänken saßen die *Stubenkinder*,[10] deren Eltern zusätzlich zum Schulgeld auch noch ein Honorarium für Privatstunden zahlten, die der Klassenlehrer täglich über Sulzers «Vorübungen» gab, ein damals verbreitetes und als fortschrittlich angesehenes Schulbuch. Danach rangierten die *Klassenkinder*,[11] deren Eltern nur das gewöhnliche Schulgeld entrichteten. Sie erfreuten sich keiner zusätzlichen Förderung, konnten aber zuweilen ein Zubrot verdienen, indem sie halfen, ansehnliche Bürger mit Gesang zu Grabe zu geleiten. Und dann gab es noch Hinterbänkler, darunter die uns bereits früher begegneten *asini*, die als Zeichen ihres Ungenügens Eselsohren aufgesetzt bekamen.

Um diese Kinderschar, die – wie man mit Verwunderung sehen wird – in ununterbrochener Bewegung war, hinlänglich zu disziplinieren, hatte die Klassengesellschaft ihre Funktionäre, *Primus* genannt, denen ein *Oberprimus*[12] vorgesetzt war. Sie sorgten für Ordnung und riefen Schüler, die plauderten, nicht ins Buch sahen, mit den Händen spielten, namentlich auf. Es war ein höchst unerfreuliches Angeberwesen, das auch auf das sogenannte *Zertieren*[13] Einfluß nahm, nämlich die vorgeblich auf Leistung und Verhalten gegründete Rang- und Sitzordnung: *Hatte einer ein Buch vergessen; las er falsch in der Bibel; fehlten ihm ein paar Vokabeln; konnte er nicht konstruiren, wie der Präzeptor, so avancierten die folgenden, oft 6, 8, 12 Mann an ihm vorbei.*[14] Die *Klassenkinder* blieben von diesen Exerzitien verschont, sie waren nicht wichtig genug. Man kann sich denken, welche Förderung einem gescheiten Kind in dieser *Schule der Stupidität*[15] zuteil wurde: *ich blieb drei Jahre sizzen, und als ich heraus kam, konnte ich weder dekliniren noch konjugi-*

ren. Fast alle Tage bekam ich meine Prügel, aber ich machte mir nichts daraus.[16] Schließlich griff sein Vater ein, erreichte die Versetzung nach Quarta, wo ein alter Lehrer die Schüler wenigstens am Fortkommen nicht hinderte, ja sogar – bis dato unerhört – lobte. Da schien sich Lust *zur Latinität*[17] einzustellen, auch Griechisch wurde getrieben, eher nach der Devise *«Erst Latein, dann Griechisch».*[18] Katechismus und Bibel waren schon zuvor durch die Art, wie sie traktiert wurden, unleidlich geworden. Mit zwölf Jahren, nicht früher, gab es am Weihnachtsfest den ersten Kirchenbesuch mit der Mutter. *«Jesus war 12 Jahre alt»*, sagte der Vater, *«als er in den Tempel geführt ward, und doch verlor ihn seine Mutter auf der Rückkehr.»*[19] Die «Biblischen Historien» des Johann Hübner mit ihren naiven Merkversen wurden auch in Hamburg durchgenommen, Geschichte und Geographie kamen an die Reihe und ließen den Knaben, *dessen Vaterstadt eine römisch-kaiserliche freie Reichsstadt war,*[20] zum Preußenfeind werden. Der Vater war ein Freund Preußens, *aber,* charakteristisch für ihn, *er gab sich niemals Mühe, mich zur Fahne seines Königs herüber zu ziehen.*[21]

Dem Tertianer Thieß tat sich endlich eine neue Welt auf. Denn sein neuer Präzeptor *war ein geborener Lehrer,*[22] der Lust an der Sache und freien Sinn zu wecken wußte. Er sprach Lateinisch, Hoch- und Plattdeutsch durcheinander. *Auch das Letztere, wie der Ton, in welchem er's sprach, nahm die plattdeutsche Jugend für ihn ein.*[23] Heerwagen hieß der Mann und zitierte den Doktor Luther mit dessen Worten: *... wie eine feine Lust es ist, daß ein Mann gelehrt ist, ob er gleich kein Amt nimmermehr hätte; daß er daheim bei sich selbst allerlei lesen, mit gelehrten Leuten reden und umgehen, in fremde Lande reisen und handeln kann. Denn was solcher Lust ist, bewegt vielleicht wenig Leute.*[24] Und er machte den Schülern noch weiter Lust mit dem Römer Cicero, den sie inzwischen fertig lesen konnten und dessen Dictum, gleichsam aus Gründen der Pietät, lateinisch zitiert werden soll: *Studia adolescentiam alunt, senectutem oblectant, secundas res ornant, adversis perfugium et solacium praebent, delectant domi, non impediunt foris, pernoctant nobiscum, peregrinantur, rusticantur.*[25] Die Liebe zu Cicero ist Thieß lebtags geblieben, wie nicht nur die ciceronianischen Motti vor seinen Kapiteln erweisen, sondern programmatisch das Motto des 8. Kapitels des 2. Bands, ein Wort des Quintilian: *Ille se profecisse sciat, cui Cicero valde placebit.*[26] Die Herkunft des Wortes wird sich bald zeigen.

Wenn aber ein Lehrer so das Herz der Kinder zu erreichen vermag, so wird er den Zwang, Aufgaben zu erledigen, durch die Lust am Lernen und das Interesse an der Sache ersetzen. Diese Lust erwachte mächtig in dem dreizehnjährigen Otto Thieß. Statt zu schwänzen, konnte er den Gang zur Schule kaum erwarten. Aus dem Schlußlicht war ein eifriger Schüler, vielleicht sogar ein Streber geworden, der in seiner Kammer daheim des Morgens sich präparierte und am Abend wiederholte. Die Nebenfächer Geographie und Geschichte wurden dem Sonntag vorbehalten, in der Woche wurden die drei Hauptfächer Latein, Griechisch und Hebräisch betrieben. Der *geliebte Lehrer* hatte einen Garten vor der Stadt, dorthin pilgerte der Schüler und es gab ein Privatissimum über Ciceros Briefstil. Allabendlich fand der Vater als Frucht solcher Bemühung ein lateinisches Briefchen vor, und im Kopf des Knaben begannen die ersten theologischen Probleme zu spuken, sogar der Gedanke an die Universität. Eine heftige Lesewut kam hinzu.

Wahrscheinlich traf der Vater eine kluge Entscheidung, als er seinen für die Sekunda reif gewordenen Sohn für eine Weile aus der Schule nahm, da kein Heerwagen auf dieser Stufe unterrichtete; der alte Trott war zu befürchten. Der Unterricht wurde in einer kleinen Gruppe als Privatunterricht bei einem Magister fortgesetzt, der aus dem in seiner ersten Blüte stehenden Göttingen nach Hamburg gekommen war. Nun wehte freilich ein anderer Wind: Stil- und Redekunst wurden getrieben (damals angesehene Fächer), gelesen wurde das griechische Neue Testament und wie ein Gegengewicht der Ovid; nur mit der Mathematik hatte Thieß Mühe, wie es bei Sprachbegabten zuweilen der Fall ist. Aber der private Zwischenakt brachte Früchte. Der neue Rektor des Johanneum, offenbar unbekannt mit den Zuständen in den Unterklassen seiner Anstalt, prüfte den inzwischen Vierzehnjährigen, der ihm unbefangen versicherte, er lese am allerliebsten den Cicero, und nahm ihn mit jenen Worten des Quintilian (dem Motto des 2. Bandes) in die Prima auf. Zunächst ging es auch da ziemlich ledern zu, mit dem Aufsagen aus Handbüchern, in denen Texte standen wie «... *die Weltweisheit ist eine Wissenschaft der allgemeinen Beschaffenheit der Dinge, die ohne Glauben erkannt werden. Eine Wissenschaft ist* ...» In den meisten Fächern war es ähnlich langweilig, bis ein neuer Konrektor auftrat, der mit seinen Geschichtsvorträgen die unruhigsten Primaner zu fesseln wußte. Seine Lektüre Homers imponierte schon allein durch die erstaunliche Tatsache, daß er das erste Buch der Ilias auswendig wußte. Das griechische Neue Testament wurde kritisch-historisch gelesen, Herders Neuerscheinung gab Kunde von morgenländischer Poesie und vor allem: *Den Horaz explicirten wir nicht mehr als ein Schulbuch, aus dem sich doch wenige Phrasen sammeln ließen, sondern wir lasen ihn als einen Dichter, dessen Vorgänge wir in Ramlers Nachbildungen erkannten.*[27] Bis heute fällt es dem Lateinunterricht nicht leicht – wenn er überhaupt so weit gelangt – den Horaz als sehr großen Dichter zu vermitteln. Nicht nur mit Ramler begegneten die Primaner endlich auch deutscher Gegenwartsliteratur, wenn auch in bemessener Dosis. Dazu gehört die schöne Erinnerung: *In den lateinischen Stilübungen ... wurden wir auf den Genius beider Sprachen geführt.*[28]

Insgesamt verwundert es nicht, daß diese Schulzeit im Rückblick mit schlechten Zensuren bedacht wird. *Von den lebenden Sprachen z.B. ward auch nicht eine in dem Johanneum gelehrt,*[29] und mit Verständnis begegnet der Leser nach zweihundert Jahren der Frage, *warum der Professor der Geschichte auch Professor der griechischen Sprache, der Professor der Moral ein Rechtsgelehrter und der Professor der Physik auch Professor der Dichtkunst, und dabei Doctor Medicinae seyn müsse.*[30]

Daß diese Kritik nicht auf verständlichem Widerwillen, sondern auf durchaus sachlichen Gründen beruht, wird vollends deutlich, wenn man sie von anderen Autoren bekräftigt findet. Offensichtlich waren alle im norddeutschen Schulwesen des 18. Jahrhunderts vielerorts angestrebten Reformen am Johanneum spürbar vorübergegangen. Was J. G. Büsch, der spätere Begründer der Handlungsakademie zu Hamburg aus dem Jahre 1743 zu berichten weiß, klingt nicht anders als bei Thieß. *Lateinische Schriftsteller wurden so gelesen, daß der erste in der Bank eine Periode laut übersetzte. Dann hieß es repete, bis die ganze Bank durchgenommen war.*[31] Auch damals schon wurde es etwas besser in dem vom Rektor selbst erteilten Unterricht: *Alles ging auf kursorische Lektüre hinaus; wer die Perioden des Cicero und Livius ebenso schnell als er sie lateinisch gelesen hatte, deutsch wiedergeben konnte, hatte seinen Beifall ...*[32] und so fort. Der kleine Bursch war ehrgeizig genug, ohne Grammatik und Lehrer Französisch und Englisch zu lernen, *aus geliehenen Autoren, die er mit Hilfe eines Lexikons entzifferte.*[33] Mit 19 Jahren jedoch kam er – genauso wie ein halbes Jahrhundert später Thieß – *auf das akademische Gymnasium, das sich dem Johanneum anschloß und machte hier den zweijährigen Kursus in der Philosophie und den*

*Wissenschaften durch; er hielt diese zwei Jahre für die bestangewen-
deten seines Lebens.*[34] Später sollte Büsch Rektor eben des Gymnasium illustre werden, das als eine Art Vorbereitungsstufe für die Universität dem Johanneum übergeordnet war; er war der Examinator,
der Thieß in diese Bildungsanstalt aufnahm. Es wurden Kollegs
gehalten wie auf der Universität, und es wurde fleißig mitgeschrie-
ben, wozu die jungen Leute sich angehalten sahen. Aber das Urteil,
das Thieß über die halbakademische Einrichtung fällt, fiel nicht
negativer aus, als es deren derzeitiger Rektor über seine eigene Teilnahme zu Papier gebracht hatte. Thieß faßte es so zusammen: *Zwölf
Kollegia, die zum Theil täglich gelesen wurden, waren für einen
Halbstudenten wohl schon um die Hälfte zu viel. Das Schlimmste
war noch, daß sie sämtlich ein halbes Jahr dauerten. Welch ein Gymnasium mag sich der gedacht haben, der zu einem solchen Lekzions-
plan den Zuschnitt gemacht hat!*[35]

Die *Halbstudenten* griffen angesichts derart anspruchsvoller Langeweile zur Selbsthilfe. Nach dem alten Motto, daß drei ein Kollegium ausmachen, verband sich der junge Thieß *zu einer Gesellschaft,
in der bald dieser bald jener von uns den Professor machte.*[36] Wer am
besten Mathematik konnte, trug diese vor; der zweite widmete sich
dem Plautus (offenbar mit verteilten Rollen) und der dritte, Thieß,
trieb *Philosophie und Theologie, enzyklopädisch und historisch.*[37] Es
bleibt dahingestellt, wie weit er seiner anspruchsvollen Traktanden-
liste genügen konnte; sicher ist, daß mit diesen Beschäftigungen eine
Wendung zur damals modernen, zur zeitgenössischen deutschen
Dichtung einherging. Das hatte schon in Prima begonnen, als Thieß
sich vergeblich bemühte, Klopstocks Oden und dem «Messias»
etwas abzugewinnen, damals der erste Stern am literarischen Himmel. Mit lobenswürdiger, gewiß glaubhafter Ehrlichkeit bekennt er,
wie er bei dieser Lektüre immer wieder an seinem eigenen musischen
Sinn verzweifelte. «Siegwart» und «Werther» hingegen leuchteten
ihm ein, es war *die Genieperiode, die damals in Deutschland
anhub.*[38] Es mag auch bemerkenswert sein, daß die Primaner, im Jahr
1778, einen «Julius Caesar» frei nach Shakespeare aufführten; überdies brach, dem Lebens- wie dem Zeitalter entsprechend, unter
ihnen eine wahre poetische Epidemie aus: *Wer nicht Verse machte,
oder doch las, wer nicht die deutschen Romane so gut kannte wie die
lateinischen Klassiker, wer seinen Plautus und Terenz nicht gegen
Shakespeare und Göthe wegwarf, der war nur ein gemeiner Primaner.*[39] Die Verse waren keineswegs Privatsache, denn immer noch

war das zu barocken Zeiten gepflegte Gelegenheitsgedicht im Schwange, so daß die Produktionen der jungen Herren *bei feierlichen Vorfällen, z. B. wenn ein Bürgermeister begraben oder gewählt ward,*[40] der Behörde gedruckt überreicht wurden. Man veranstaltete sogar eine Sammlung dieser Verse, unter dem gestohlenen Haupttitel «Beiträge zur Poesie der Niedersachsen».

Es ist von einem gewissen historisch-soziologischen Interesse, daß Thieß *in der Ordnung, wie sie vormals in Prima saßen,*[41] Mitteilung macht, was aus diesen seinen Mitautoren im Jahre 1801 geworden ist. *Der Herr J. F. Schütze aus Altona, ist Generaladministrator der Zahlenlotterie daselbst, seit 1796; Herr G. A. Kühl* ist leider noch immer *Kandidat des Predigtamts ... H. D. Dalençon, Lehrer der fünften Klasse des Johanneums in Hamburg ... P. G. Mohrmann, lutherischer Prediger bei einer reformierten Gemeinde in Korsika, todt; J. J. M. Valek* brachte es zum *Magister und Rektor in Otterndorf im Lande Hadeln;* bemerkenswert, daß *J. M. G. Stäcker, Pastor emeritus,* die *Kantische Philosophie in Verse gebracht hat;* so geht es fort, wobei *J. H. Woltersdorf in Hamburg* lebt, *blödsinnig;* und *F. J. D. Tanek, streicht in der Welt umher, wenn er nicht schon todt ist.*[42] Um es kurz zu machen: Aus der Prima gingen, Verfasser eingeschlossen, zehn Theologen hervor, sechs Lehrer, ein Verwaltungsbeamter, ein Arzt, ein Bauer, ein Schriftsteller und zwei Berufslose. Vom Gymnasium illustre kamen noch ein *Doktor der Rechte und Ratsmitglied* namens *J. H. Bartels* dazu, sowie der *Garnisonsprediger in Kopenhagen, C. M. Hudtwalker,* dessen Autobiographie Beachtung verdient. Die Schule war also vor allem anderen eine Pflanzschule für das geistliche Amt. Auch Thieß verließ sie, um Theologie in Helmstedt zu studieren. Es ist bedauerlich, daß er die Gründe verschweigt, die ihn zur Wahl dieses althergebrachten Studienorts veranlaßt haben, dem im allgemeinen Bewußtsein längst Göttingen den Rang abgelaufen hatte. Vielleicht galt Göttingen für teurer als Helmstedt. Thieß selbst schreibt später: *Daß wir gerade Helmstädt zu unserer akademischen Laufbahn machten, kam, ich weiß nicht wie? ... hauptsächlich aber durch Zureden des Konrektors, der uns auch eine unterhaltsame Reiseroute und Empfehlungsbriefe mitgab.*[43]

In den letzten Schuljahren hatte Thieß sich zu einem engagierten Adepten der Gottesgelehrsamkeit entwickelt, vorausgesetzt, daß man ihm seinen Bericht in vollem Umfang abnehmen mag – er könnte auch eingefärbt sein vom Rechtfertigungsbedürfnis des entthronten Theologieprofessors. Schon der Sechzehnjährige vertiefte oder verstrickte sich in lateinische und deutsche Dogmatiken, las Rosenmüller über Pastoraltheologie und mit besonderem Eifer Michaelis' «Anmerkungen zum Alten Testament», ein Faktum, das nochmals die Frage aufwirft, warum er sich nicht zu dieser Leuchte der Georgia Augusta aufgemacht hat. Sechzehn Jahre war damals kein anormales Alter für ernsthafte Studieninteressen, überdies kam ein glücklicher Zufall den etwas ungeordneten Bestrebungen zu Hilfe, indem der seriöse Theologe Friedrich Wilhelm Mascho, ein Parteigänger Goezes im sich soeben entwickelnden Fragmenten-streit, nach Hamburg übersiedelte. Der junge Thieß wurde mit ihm bekanntgemacht und konnte *gleich den ersten Abend nicht wieder von ihm weg finden. Aus den Stunden, die ich mir bei ihm ausbat, wurden halbe Tage. Am Sonntag bracht ich oft den ganzen Vormit-tag bei ihm zu, und doch mußt ich nach Tische wiederkommen ... gelernt habe ich von ihm mehr als von irgend einem Professor, das nämlich,* Wie *man Theologie studieren müsse. Auch auf das* Warum, *das mir immer in Gedanken lag, leitete er mich schärfer.*[44] Das war wohl nötig, denn in dem schon erwähnten Freundeszirkel, der zu ergänzen suchte, was das Gymnasium vorenthielt, hatte der Jüngling *manchen dreisten Übergang von der theologischen Dogmatik zur spekulativen Philosophie*[45] gemacht, Leß über praktische Dogmatik und christliche Moral studiert und dessen «Wahrheit der christlichen Religion» gelesen, dazu die Predigten der bekannten Kanzelredner Spalding und Teller, noch vielerlei weitere Theologie kam dazu.

So ausgerüstet trat er in Begleitung anderer Abiturienten die Reise zur Universität an, die gemächlich vor sich ging und eine ganze Woche in Anspruch nahm. In Braunschweig wurde Station gemacht und *zum ersten, und beinah zum letzten Mal in meinem Leben, Mumme*[46] getrunken. Als die werdenden Studiosi Helmstedt erblick-ten, wurden sie schnell einig: *blos durch,*[47] entweder nach Halle oder nach Göttingen. Aber es blieb dennoch bei Helmstedt, und das Interesse wandte sich zunächst der philosophischen Fakultät zu, die eine Reihe von Enttäuschungen bereit hielt.

Die frischgebackenen Burschen trauten sich nicht zu dem berühmten Physiker Beireis, sondern gingen zu Bode, der den Spitz-namen *Professor currens* führte, weil er gern *mit seiner kleinen Handmuffe über den Wall lief*[48] und jeder menschlichen Begegnung auswich. Als sie bei ihm vorsprechen wollten (die Professoren lasen damals häufig in ihrer Wohnung) rief er schon von weitem: *«Ich lese nicht»;* als sie nahe heran waren, rief er wieder: *«Meine Herren ich lese nicht .. ich lese nicht»* und fort war er.[49] An den Professor Häberlin wollten sie sich gar nicht erst wenden, *weil er allgemein Großsultan hieß;* also blieb unter den Philosophen nur der außerordentliche Professor Tharhold übrig, *der mit seinen Zuhörern am liebsten l'hombre spielte.*[50] Solche kläglichen Zustände erneuerten den früher gefaßten Entschluß, sich der Theologie zuzuwenden.

Auch da gab es einige merkwürdige Typen, jedoch insgesamt eine Reihe ernstzunehmender Lehrer. Thieß fand sich angezogen von dem Abt zu Königslutter und ordentlichen Professor der Theologie Carpzow und dessen Schwiegersohn Henke, welcher immer das Gegenteil dessen als Exeget und Dogmatiker vertrat, was der Schwiegervater lehrte. Gerade das mußte ein intelligenter Student interessant finden. Carpzows elegantes Latein traf bei Thieß auf einen empfänglichen Hörer, während Henkes ehrlicher Umgang mit Glaubenszweifeln nicht wenig für ihn einnahm. Ein fleißiger Hörer war der Hamburger Studiosus nicht, aber auch kein gleichgültiger. Immerhin war der Betrieb so, daß er die Neigung hervorrief, eines Tages selbst auf dem Katheder zu stehen. Sie fand sich bestärkt durch die Lektüre eines zu unrecht fast vergessenen Buches, Hippels «Lebensläufe in aufsteigender Linie». Darin stand: *Ein Professor kann, wenn er seine Wissenschaft nicht bis zum Handwerk treibt, und sie zuweilen ein Jahr ruhen läßt, unendlich weit kommen. Diese Wissenschaft ist eine liebe Frau, die man nach einem Jahr Entfernung wieder in die Arme schließt, da ist's als würde man aufs neue kopuliert.*[51] In Zimmermanns bis heute berühmter Schrift «Über die Einsamkeit» fand sich dann gleichsam die Fortsetzung: *Glüklich und ruhmvoll und vor allen Menschen ist das Leben eines Professors, der Niemand beneidet, den die Welt, die Er aufkläret eben so sehr hochschäzt, wenn er auch, außer seinen Lehrjüngern, keinen Menschen sieht ...*[52] Der Lobpreis geht noch weiter und zeigt, wie sehr sich die akademische Welt gewandelt hat.

Man kann das auch an der erstaunlichen Tatsache erkennen, daß der Student bereits zuhause auf der Kanzel gestanden hatte. Das war unter Primanern und Gymnasiasten nicht ungewöhnlich. Thieß hielt seine erste Predigt, als er noch nicht ganz 17 Jahre alt war; der Dorfpfarrer, der ihn nur zögernd zugelassen hatte, wollte ihn sogleich für die Karfreitagspredigt folgenden Jahres engagieren (ein besseres Wort will nicht recht passen). Mit sanfter Bescheidenheit erinnert sich der Autor, daß er schon als Anfänger *von dem, vor mir liegenden, Konzepte durchaus keinen Gebrauch machte, und vor einer* zahlreichen und ausgesuchten Versammlung mit anständiger Freimüthigkeit sprach.[53] Und er versichert, daß seine Vorbereitungszeit still und seine Gebete beim Betreten und Verlassen der Kanzel inbrünstig gewesen seien. *Ich stand da in einer recht frommen Fassung ... Die Bibelsprüche, vornehmlich meines Jesus, erschütterten mich, als ob in jedem der Geist Gottes durch mich redete. Mag man dies jugendliche Schwärmerei nennen, die Erinnerung an sie ist noch süß.*[54] Sie kann aber nicht darüber hinwegtäuschen, daß ihn während des jedenfalls in der Theologie eher sporadisch betriebenen Studiums immer drückendere Glaubenszweifel befielen. Nicht nur die dem Zeitalter eigentümlichen rationalistischen Versuche, die Unsterblichkeit der Seele zu beweisen, auch die Argumentation, die Moses Mendelssohn in seinem «Phädon» vorbrachte, bewirkten ihr Gegenteil – sie vermehrten seine Fragen. Er griff nach einer gleichsam noch druckfrischen Neuerscheinung, Kants «Kritik der reinen Vernunft» (1781), aber scheiterte schon an der Einleitung *dieses dikken Buchs, um sich* mit Luthers Ausspruch *quia non vis intelligi, non debes legi*[55] (weil du es nicht verstehen willst, brauchst du es nicht zu lesen) zu trösten. Aber eine *dunkle Ahnung seines Geistes* ging doch in ihm auf, nämlich der *Gedanke, daß ich die Wahrheit nicht ergründen, sondern nur um ihre Erforschung mich bemühen ... könne,*[56] ein Gedanke der, von Thieß weiter ausgeführt, freilich mehr der Welt Nathans des Weisen als derjenigen des berühmten Königsbergers zu ähneln scheint. Thieß hat Wolfenbüttel im folgenden Jahre besucht und lernte *an dem letzten Nachmittage den Mann persönlich kennen, aus dessen Schriften ich schon damals, zum Theil mir unbewußt, so viel gelernt hatte.*[57] Nach Hamburg zurückgekehrt sollte er ihm nochmals jedenfalls literarisch begegnen, als nämlich Lessings berühmter Widersacher, der Hauptpastor Goeze, wie sich sogleich zeigen wird auch ein Widersacher des Kandidaten Thieß wurde.

Der las zuletzt in Helmstedt vor allem antike Autoren, *o mit welcher Begeisterung.*[58] Man darf annehmen, daß ihre Liste mehr darstellt als gebildetes name-dropping. Es fällt auf, daß er Philosophen vorzog, welche sich gern mit Lebensproblemen befaßten, Cicero und Seneca, Epiktet und Theophrast, weniger Plato, außer der Apologie des Sokrates. Auch Dichter und Redner interessierten ihn, ohne daß Namen genannt würden. Von ihnen fand sich ein Übergang zu *den klassischen Schriftstellern der lebenden Nazionen, vorzüglich unseres deutschen Vaterlands,*[59] aber auch (wenngleich in Übersetzungen) *Shakespeare, Richardson, Fielding, Sterne, Goldsmith, Hume, Gib-*

bon, *wie auch Montagne* [sic]*, Montesquieu, Helvetius, Rousseau
u.a.*[60] will er gelesen haben, neben den übrigen Tätigkeiten ein
gewaltiges Programm, wenn man bedenkt, daß der Aufenthalt in
Helmstedt nur eineinhalb Jahre gedauert hat. Überdies ist zu erfahren, daß er während dieser Zeit nicht nur ein Musterstudent gewesen
ist. Er *geriet in tobende Gesellschaften, in berauschte und berau-
schende Verbindungen.*[61] Eine Karzerstrafe blieb nicht aus, und er
entging wohl nur knapp dem consilium abeundi. Aber der Karzer
hatte sein Gutes – in ihm schrieb er seine Disputation. Als er nach
Hamburg zurückkehrte, konnte er die glänzendsten Zeugnisse vor-
weisen, so gut, daß er, eine überraschende Bescheidenheit, nur eines
davon mitteilt. Es ist, wie üblich, in sehr schönem Latein gehalten
und läßt erkennen, daß ein Professor damals sehr genau wußte,
womit sich sein Student befaßt hat. Die eineinhalb Druckseiten, die
es umfaßt, zu übersetzen, wäre übertrieben und würde den akademischen Tenor nicht hinlänglich wiedergeben. Deshalb sei denen, die
daran ein Vergnügen haben, wenigstens der Anfang mitgeteilt: *Inge-
nii alacritate et sollertia, praeclaro ad magna contendendi nisu, atque
adsiduo bonarum literarum amore, magnopere sese mihi commenda-
vit, quamdiu in haec academia versatus est, nobilissimus iuvenis,
Joannes Otto Thiess, Hamburgensis.*[62] Einen auch im weiteren Text
gleich rühmlichen Abgesang konnte Joannes Otto Thiess, Hamburgensis im Mai 1783 in eben diese Heimatstadt mitnehmen.

Die Rückkehr ins Vaterhaus war herzbewegend: *Um mich her lauter erfreute Gesichter, freundliche Blikke auch von Ferne, und ich der
Gegenstand solcher Freude!*[63] Der Zwanzigjährige trug jetzt *eine
runde Perücke,* und da seine studentischen Kleider noch nicht aufgetragen waren, wurden sie mit schwarzen Knöpfen und Schnüren
einem geistlichen Habit wenigstens angenähert. Er begann, sich auf
das bevorstehende Examen vorzubereiten, entwarf allerlei theologische Schriften, darunter eine «*Über die Magier und ihren Stern*», die
heiligen drei Könige also, und sammelte seine Gedichte, wie sie
damals obligat für jeden gebildeten jungen Mann waren, in einem
Bändchen für seine Freunde. Das hätte er nicht tun sollen, denn als
er bei dem durch Lessing auch heute noch berühmten Senior der
Geistlichkeit, dem Hauptpastor Goeze, einen Antrittsbesuch
machte, kam er schlecht an: die Gedichte seien höchst anstößig und
leichtfertig, mußte er hören. Der kirchlichen Behörde teilte Goeze
mit, daß er den Kandidaten *verdamme,* dessen Gedichte er beifügte.
Besonders unerträglich waren ihm Verse «Zum Lob der Schönen»

sowie ein etwas holpriges Distichon «Christliche Grabschrift auf einen Juden», das so lautete:

Er glaubte hier als Jud, und handelte als Christ;
    Wer weiß, ob er nicht noch ein Christ im Himmel ist.[64]

Die harmlosen, in Lessingschem Geist geschriebenen Verse veranlaßten Goeze zu der Frage an das Ministerium, ob es ... *eine so offenbare und freventliche Verspottung der in der hl. Schrift geoffenbarten göttlichen Heilsordnung gelassen ansehen, und es mit gutem Gewissen geschehen lassen könne, daß einem solchen Verführer – die Thüre zum Predigtamt geöffnet werde?* [65] Das Ministerium überging den Einspruch und nahm den Kandidaten, nach bestandenem, etwas sprunghaftem Examen unter die Zahl der Kandidaten des geistlichen Amtes in aller Form auf. Besagter Prüfling machte dazu als gewesener Kieler Professor die auch heute noch beherzigenswerte Bemerkung ... *auf die Fassung der Kandidaten ward wenig geachtet. Und doch ist es Sache der Humanität, und eben deshalb die erste Sorge eines guten Examinators, diese auf alle Art zu befördern.* [66] Mit anderen Worten: Der Prüfer hat die Pflicht, dem Prüfling zum Besten zu verhelfen, dessen dieser fähig ist. Nach der Prüfung übrigens gab es noch eine Ermahnung, die Kandidaten sollten keine Bier- und erst recht keine übelberüchtigten Häuser oder Schauspiele besuchen und vor allem (schrecklicher Gedanke!) *keine reformirten Leichen zu Grabe tragen.* [67]

Der so Ermahnte wurde nach einem halben Jahr für die Stelle eines Nachmittagspredigers *auf dem Hamburgerberge* gewählt, St. Pauli hieß die Kirche. Thieß nimmt das Stadtquartier gegen den schlechten Ruf in Schutz, der auch damals nicht nur durch Pfeifen und Tanzen am Sonntag entstanden war; *in den Häusern, die sich zur Kirche halten,* werde gebetet und gesungen, ja *es gab Familien, von denen zum wenigsten der Hausvater keine Predigt versäumte, und die viermal im Jahr zum Abendmahl gingen,* das waren die *ächten Lutheraner ... Die ordentlichen Familien der Lutheraner besuchen die Vormittags- als die Hauptpredigt, und schikten Nachmittags ihr Gesinde zur Kirche, das aber häufig einen anderen Weg nahm.* [68] Für einige Jahre bekleidete Thieß das wohldotierte, wenig anspruchsvolle Amt, das mit vielerlei Ärgernis anfing. Es ist heute schwer, jedenfalls für den kirchenhistorischen Laien, die Querelen und Zwistigkeiten zu beurteilen, die dem jungen, erst berufenen, aber noch nicht ordinierten Prediger das Leben sauer machten. Ganz unschuldig war er daran nicht, und bescheiden trat er keineswegs auf, denn er ließ seine Predigten drucken und – einem vorgeblichen oder wirklichen Bedarf folgend – vor der Kirchentüre verkaufen. Das setzte das Reverendissimum Ministerium als die kirchliche Behörde in Bewegung und mit ihr den alten Feind, den Hauptpastor Goeze. In der Nachfolge von dessen hochbedeutendem Kontrahenten Gotthold Ephraim Lessing ist dieser Mann eine Art literargeschichtlicher Buhmann geworden, wohl zu unrecht. Er war ein orthodoxer Eiferer, und das Wort orthodox, das heißt rechtgläubig, hatte zu seiner Zeit ein erhebliches Gewicht. Zweifellos hatte er ein Gespür für die Folgen, welche ein aufgeklärtes Denken für das Gefüge kirchlicher Lehre haben werde, die noch keineswegs gerüstet war, daraus fruchtbare Herausforderungen zu machen. Wenn man die Predigtthemen liest, die Thieß für dringlich hielt, so kann man noch heute verstehen, warum ein Goeze daran Anstoß nehmen mußte: z. B. *der hohe Werth einer unverstellten Freundlichkeit; das Bild einer guten Hausfrau; Wintersünden in großen Städten; die Feinheit im Umgange mit unseren Hausgenossen; die schreklichen Folgen übertriebenen Aufwandes*[69] und so fort. Diese Themen jedenfalls machen deutlich, daß sich Thieß dem Vorwurf ausgesetzt sehen mußte, er *sey kein rechter Buß- und Glaubensprediger, sondern ein bloßer Moralist.*[70] Auch für diesen Vorwurf hatte das Ministerium gute Gründe, das überdies daran Anstoß nahm, daß er den «Kandidaten» in seiner Amtsbezeichnung außer acht ließ.

Um diesen Anstoß aus der Welt zu schaffen, tat der Kandidat Thieß einen geschickten Schachzug: Er bewarb sich in Helmstedt um die Magisterwürde, welche die Fakultät ihm freundwillig (und offenbar durch die Post) zuerkannte. Damit gewann er Titel und akademischen Status. Das änderte nichts am Gezänk mit seiner Behörde, bei dem ihm freilich der Bürgermeister zur Seite stand, welchem die landesherrlichen, in der lutherischen Kirche nicht geringen Kompetenzen zukamen.

Es ist ohne Interesse, den Fortgang der Auseinandersetzungen im Einzelnen zu verfolgen, zumal der Berichterstatter notwendig Zeuge in eigener Sache ist. Aber es fällt doch auf, daß man ihm in einem auf bürgermeisterlichen Wunsch zustandegekommenen kollegial-theologischen Gespräch vorwarf, er *führe wohl «eine Judenpatronage»*[71] im Sinne, weil er die Juden ausdrücklich in ein Neujahrsgebet einbezogen hatte. Der Magister genügte nicht, um die immer noch fehlende Ordination zu ersetzen; auch da sann Thieß auf Abhilfe, von der er im 10. Kapitel des 4. Buches berichtet unter einem bescheiden von Martin Luther genommenen Motto: *Ich bin dazu gerufen und gezwungen, das ich mußte Doktor werden ohne meinen Dank.*[72] Allerdings war Luthers Doktorgrad wohl mühsamer erworben als der Doctor Sanctissimae Theologiae, den die theologische Fakultät der Universität Gießen dem Magister Thieß verlieh. Wie das zuwege gebracht wurde, wird aus dem Bericht des Promovenden keineswegs klar: *... ich suchte sie nicht lange, diese höchste Würde, die man mit einem vollgedrukten Bogen Papier, praestitis praestandis, erhält; die theologische Fakultät in Gießen kam mir auf halbem Wege entgegen.*[73] Sie verlieh ihm die erwünschte Würde, die auch die Lehrbefähigung enthielt, zusammen mit den ihr verbundenen *immunitates, praerogativas, iura et privilegia,* die nach altem Recht im ganzen Römischen Reich Gültigkeit hatten.

Aber der Schuß ging nach hinten los, weil dem Rang keineswegs das Amt auf dem Fuße folgen wollte. Vielmehr war der Doktorhut (damals) viel zu groß für das kleine Amt. Da eine Wahl zum Domprediger bevorstand, bat Thieß um seine Entlassung; die Wahl für diese Stelle aber unterblieb, weil die Beteiligten miteinander über die gehörige Prozedur in Streit gerieten. Der Streit konnte am Ort nicht beigelegt werden ... *so ging der Prozeß nach Wezlar. Da liegt er noch.*[74] So vermerkt im Jahre 1801. Heute liegt er noch immer beim Reichskammergericht, zusammen mit vielen tausend anderen, nachzulesen auch in «Dichtung und Wahrheit».

Angesichts dieser Lage und *bei dem Nebel, der auf der Hamburgschen Domkirche lag*[75], richtete der Doctor der Hl. Theologie nunmehr seinen Blick in steigendem Maße *auf die hohen Schulen Deutschlands, und betrachtete schon fast alles durch ein akademisches Glas.*[76] Er wählte Kiel und bewarb sich in der dafür zuständigen Königlichen Deutschen Kanzlei in Kopenhagen um eine Professur der Theologie, versäumte aber, wie es sich gehört hätte, dortselbst vorzusprechen. Er reiste vielmehr sogleich zu seiner neuen Wirkungsstätte. Natürlich fragte die Regierung erst einmal bei der Universität an, ob der Bewerber willkommen sei, deren theologische und philosophische Dekane ihm jedoch gestatteten, jetzt schon seine Vorlesungen für das nächste Halbjahr anzukündigen. Er tat das in deutscher Sprache, was zu seiner Verwunderung Kieler Brauch war. Um ein Übriges zu tun, predigte er in der Schloßkirche über I. Korinther 8, 1–2, als Grundlage für das Thema «Über die Richtung, die wir unserem Fleiße in Erlernung der Wissenschaften, besonders in

Erforschung der Wahrheit, geben müssen.»⁷⁷ Der Text war gut gewählt und vom Prediger selbst wohl zu beherzigen: *Das Wissen bläset auf, aber die Liebe bessert; so aber sich jemand dünken läßt, er wisse etwas, der weiß noch nichts, wie er wissen soll.* Anfang Oktober 1791 war er nach einem Besuch bei seiner Braut, welche in diesem Werk erst als seine eheliche Frau wirklich auftreten wird, nach Hamburg zurückgekehrt und erhielt den allerdings selbstverständlichen Bescheid aus Kopenhagen, *daß ihm, zur Erreichung seines Zwecks keine Hoffnung gemacht werden könne, er möchte dann geneigt seyn, den dazu führenden Weg einzuschlagen, daß er nemlich einige Zeit, nach den Rechten des Doctorats, zu Kiel als Privatdocent läse und sich dadurch die Adjunctur zu erwerben und so weiter fortzuschreiten suchte.*⁷⁸ Er packte und fuhr nach Kiel.

Der Anfang war alles andere als einfach. Am schwarzen Brett hing sein Lektionszettel, *mit einem vidit et commendat eines ordentlichen Professors versehen.*⁷⁹ Zur ersten öffentlichen Vorlesung erschienen zehn neugierige Studenten, er hielt statt des Kollegs eine lateinische Rede, was offenbar werbewirksam war, wurde um mehr *Privatstunden* gebeten, las also ohne Entgelt, nicht zuletzt anderthalb Jahre lang *über die kritische Philosophie*⁸⁰ in der frühen Stunde von 6–7 Uhr. Mehrmals war, wie er versichert, das Auditorium zu klein. Die Vorlesungen, die er von Michaelis 1791 bis Ostern 1800 gehalten hat, achtzehn an der Zahl, erstreckten sich in nahezu enzyklopädischer Weite: Kirchengeschichte, Bücherkunde mit Ausnahme der Medizin und Jurisprudenz, die Geschichte Jesu, Homiletik, die Genesis, über die Kantische Philosophie, über praktische und populäre Moral, *über die Kirchengeschichte des ersten Jahrhunderts nach einem sorgfältigen Quellenstudium; über die Literaturgeschichte nach eignen Paragraphen*⁸¹ und vieles andere. *Zum Behufe dieser 18 Vorlesungen hab ich 6 größere oder kleinere Lehrbücher geschrieben und drei angefangen für den Druk zu bearbeiten.*⁸² Die Liste seiner Studenten zeigt, daß sie (mit Ausnahme eines Hamburgers) sämtlich aus den deutschsprechenden dänischen Provinzen kamen. Wovon Thieß in diesem Zeitraum seinen Lebensunterhalt bestritt, ist nicht erfindlich. Nach eineinhalb Jahren wurde er endlich zum Adjunkt der theologischen Fakultät ernannt und Untertan des dänischen Königs, da er *auf dortiger Universität bisher Vorlesungen gehalten, nicht ohne Beifall geprediget und einen anständigen Lebenswandel geführet.*⁸³ Ein Gehalt war mit der Ernennung nicht verbunden, so wenig wie mit der außerordentlichen Professur an der philosophischen Fakultät, die ihm zuteil wurde, nachdem die Theologen Anstoß an seinen Meinungen genommen hatten. Alle Eingaben und Vorstellungen schienen vergebens. Es nimmt nicht wunder, daß Thieß unter der Last von Arbeit und Sorge krank wurde.

In dieser Lage brach schwerster Kummer über ihn herein, seine Frau starb den Tod im Kindbett, den damals so viele junge Frauen sterben mußten. Indem er davon erzählt, verändert sich seine sonst so selbstüberzeugte wie apologetische Schreibweise vollständig. Sie wird menschlich in der Sprache der Empfindsamkeit: *... wenn meine Doris näher vor mich hintrat (und sie war immer um mich), mit ihrem klaren, freundlichen Aug, mit ihrer sanften bittenden Mine, mit ihrem hellen, hurtigen Ton! Ein Wort von Ihr ... ein lautes Wort von Ihr, oder eine stumme Umarmung; und weg war jede Sorge und jede Unruh.*[84] Ein Idyll wird entworfen, ähnlich sogar dem, das Claudius mit seiner Rebekka lebte. *An meinem Pulte saß Sie, die liebende Geliebte, und arbeitete, wie ich, oder mit mir. Ich schrieb und sie schwatzte, oder ich diktirte und sie schrieb ... Rührte sie – an einem dritten Orte – denn ich hatte nur Bücher – das Klavier, oder stimmte sie in mein Morgen- oder Abendlied: so berührte sie mit ihrem Ton, mein Innerstes ... Wie gern hätt' ich da vierzig Jahre an Ihrer Seite gelebt, und nur vier wurden uns hier zu Theil und in einer Lage, von der wir mit jedem Jahre, mit jedem Monath hofften, nun werde sie gewiß sich verbessern!*[85] Eine Woche, nachdem sie einer Tochter das Leben geschenkt, war sie tot. Damit waren die Heimsuchungen des mittellosen, von Amts wegen in einen unbezahlten philosophischen Extraordinarius verwandelten Theologen noch nicht beendet. Ein Jahr später kam ein Donnergrollen aus Kopenhagen, an eben dem Tage, an dem er in einer Disputation mit Studenten den Inhalt seiner neuen, schmalen aber anspruchsvollen Publikation kundtun wollte. Sie führte den Titel «Theses theologiae dogmaticae, ad disceptandum propositae» (Thesen dogmatischer Theologie, zur Erörterung vorgelegt), zur Prüfung also der Öffentlichkeit vorgelegt. Auch wenn man ihren sachlichen Inhalt nicht ohne genaue Kenntnis der damaligen Dogmatik zu bewerten vermag, so ist doch ein unabweislicher Stein des Anstoßes bei treuen Protestanten leicht auszumachen: in der ihm eigenen Bescheidenheit hatte Thieß es sich nicht nehmen lassen, einen Bogen zu drucken, *auf welchen gerade 95 Theses gingen*[86] – eben die jedem evangelischen Christen geläufige Zahl von Thesen, die Luther an das Portal der Wittenberger Schloßkirche angeschlagen hatte. Kaum hatte

Thieß das *Disputatorium* über diese Thesen eröffnet, als der Pedell eintrat und ihm amtliche Schreiben überreichte. Das wichtigste war eine förmliche, auf diplomatischem Wege eingegangene Beschwerde des Chursächsischen Ministerium gegen diese *thèses dogmatiques dangereuses*,[87] ein zweites die Anforderung einer Stellungnahme, die gedruckt, wortreich und vergeblich erfolgte. Am 7. Dezember 1799 ordnete ein königliches Dekret die Entlassung des Siebenunddreißigjährigen an, *mit einer Gratifikazion von 300 Reichsthalern, einem jährlichen Wartegelde von 300 Reichsthalern und den Vorrechten und Freiheiten eines Königlichen Professors*.[88] Der weitere Aufenthalt in Kiel oder dessen Umgebung wurde ihm untersagt, insbesondere aber jede mündliche oder publizistische Äußerung über die christliche Religion.

Das war das Ende seiner akademischen Tätigkeit. Es ist gleichgültig, ob Thieß wirklich, wie er erzählt, vor dem Entlassungsdekret den Rückzug von seinem Amt geplant hat. Er wandte sich nach Itzehoe, zu dem ihm befreundeten Erfolgsschriftsteller Johann Gottwerth Müller, Verfasser des langlebigen Romans «Siegfried von Lindenberg», wohnte in Otterndorf und schließlich Bordesholm, wo er nochmals – auch um der Honorare willen – die schon zuvor ungewöhnliche Produktivität seiner Schriftstellerei steigerte. Dort ist er im Jahre 1810 im Alter von 48 Jahren gestorben; man wird wenig Gelehrte finden, die ihn an Fertilität übertreffen.

Am Schluß seiner Autobiographie, deren Publikation er um acht Jahre überlebt hat, findet sich ein Verzeichnis der *Schriften, welche der Verfasser bisher herausgegeben hat*.[89] Ihm ist, wie allen übrigen Kapiteln, wieder ein klassisches Zitat, diesmal des Plinius vorgestellt, das mit den Worten endet *relinquamus aliquid, quo nos vixisse testamur*, eine Hoffnung, die getrogen hat, denn es sind nicht seine bis dato aufgeführten Werke, 102 an der Zahl, die ihm ein gewisses Nachleben gesichert haben, sondern die Auffälligkeit seiner Person. Er muß gegen die Erzeugnisse seines Fleißes selbst mancherlei nachträgliche Bedenken gehabt haben, denn er hat seiner Bibliographie die ungewöhnlichste aller Einteilungen gegeben: Sie ist geordnet nach 1.) *Schriften, welchen der Verfasser izt allen Werth abspricht;* 2.) *Schriften, welche der Verfasser auf ihrem Werth beruhen läßt* (die größte Abteilung); 3.) *Schriften, welchen der Verfasser einigen Werth zugesteht;* schließlich 4.) *Schriften, auf welche der Verfasser wirklichen Werth legt*. Es sind nur acht. Natürlich fehlt in dieser Liste das Buch über «Glük und Unglük», das erst 1808 in Glückstadt erschienen ist. Es enthält auf seinen 172 Seiten 341 Zitate aus lateinischen und griechischen Autoren, die meist die Hälfte einer Seite einnehmen. Auf dem letzten Blatt des 1. Kapitels hat ein Leser des Exemplars der Göttinger Universitätsbibliothek bald nach Erscheinen seine Meinung kundgetan, indem er mit Tinte und in kräftiger Handschrift sein Urteil in die Worte zusammenfaßte: *Der Verfasser ist ein Narr.* Der harte Satz mag dahingestellt bleiben; gewiß ist aber, daß Thieß mit dem Untertitel der «Geschichte seines Lebens und seiner Schriften» nicht geirrt hat; sie gehört wirklich zur Sitten- und Gelehrtengeschichte des zuende gehenden Jahrhunderts.

Ernst Moritz Arndt, ein deutscher Mann

Der dienstentlassene Professor der Theologie Thieß war der Sohn eines Arztes, ein Großstadtkind, geboren im Jahr 1762. Der Professor der neueren Geschichte Ernst Moritz Arndt war der Sohn eines freigelassenen Leibeigenen auf der Insel Rügen; er wurde 1769 geboren und im Jahre 1820 von seinem Amt an der Universität Bonn suspendiert, als der preußische Staat nach der Ermordung Kotzebues die sogenannten Demagogen verfolgte. Beide wußten in der lebendigsten Weise von ihrer (freilich sehr verschiedenen) Kindheit zu erzählen, und beide liebten die plattdeutsche Sprache. Aber damit enden die scheinbaren Gemeinsamkeiten, denn alles, was Arndt auszeichnete, aufrichtige Gradheit bis zum Starrsinn, lebhafte Vaterlandsliebe, die leider auch hassen konnte, Unterordnung in treuen Diensten – all dies fehlte Thieß. Die Verschiedenheit beider wird sinnfällig im Stil ihrer Autobiographien. Wo Thieß apologetisch schreibt, ist Arndt um wahrhaftigen Bericht bemüht, wenn Thieß keinen Gedanken an das Wohl des Gemeinwesens verschwendet, so hat Arndt es unablässig im Sinn, und wenn der hanseatische Bürger antisemitische Neigungen zeigt, so begegnet der einstige Untertan des Königs von Schweden und spätere Preuße dem Volke Gottes mit immerwährendem Respekt. So verschieden konnten auch damals Akademiker sein, die fast derselben Generation angehörten.

Überdies ist das Wort «Akademiker» nicht recht bezeichnend für diesen studierten Mann, Verfasser von politischen und patriotischen Liedern. Seine Teilnahme am Tagesgeschehen war viel zu lebhaft und parteiisch, und das Bewußtsein seiner Herkunft viel zu bestimmend. Es verließ ihn auch nicht, als er in napoleonischer Zeit als vertrauter Mitarbeiter des Freiherrn vom Stein an bedeutenden staatsmännischen Vorgängen teilhatte; dazu war der Wandel der eigenen Lebensverhältnisse und der Wandel der Zeiten insgesamt zu eingreifend. Er hatte immer *eine natürliche Lust an vergangenen Dingen, die nicht bloß für mich vergangen sind. Jene Menschen und Dinge, ja das ganze Leben der Jahre von 1780 und 1790 stehen schon gleich ein paar Jahrhunderten von uns geschieden, so ungeheure Risse haben die letzten fünfzig Jahre durch die Zeit gerissen.*[1] So schrieb der Siebzigjährige im Jahre 1840, und wenn diese Feststellung der Bestätigung bedürfte, so wird sie gegeben durch den Rückblick auf die eigene Jugend. Er mag nicht verhehlen, *daß der Stamm, aus welchem ich entsprossen bin, unter anderm niedrigen Menschengesträuch ganz tief unten an der Erde stand, und daß mein Vater kein besserer Mann war, als der Vater des Horatius Flaccus weiland, nämlich ein Freigelassener.*[2] Er war also gleicher Herkunft wie Johann Heinrich Voß, wenn auch unter günstigeren Voraussetzungen, als sie im Großherzogtum Mecklenburg obwalteten.

Vater Arndt nämlich, Sohn eines Schäfers, war von diesem *fleißig zur Schule gehalten worden,*[3] war ein guter Rechner mit einer feinen Handschrift, so daß sein Herr, *der Graf Malte Putbus ... aus dem vornehmsten und ältesten Rittergeschlecht in der ganzen schwedisch-pommerschen Landschaft*[4] sich des anstelligen jungen Mannes annahm, ihn als Schreiber und Vertrauensmann gebrauchte und so zufrieden war, daß er ihn freiließ und schließlich zum Inspektor seiner Güter machte; dabei lernte er viel und hatte sich, *obgleich nur ein dienerlicher Mann, die Art eines gebildeten und gewandten Mannes zugeeignet.*[5] Die Mutter war kleinbäuerlicher Herkunft, hatte am Unterricht der Kinder eines reichen Pächters teilgenommen und so mit ihren Geschwistern teilgehabt an *mancherlei feinen Talenten,* besonders zu *Saitenspiel, Gesang und Bildnerei.*[6] Sie war von ernstem Charakter, *eine Seele, die auf Schein und Genuß gar keinen Werth legte, auch kein Bedürfnis davon hatte ... Kein Kaffee, kein Wein noch Thee ist fast jemals über ihre Lippen gekommen, Fleisch hat sie wenig berührt, sondern sich von Brod, Butter, Milch und Obst ernährt.*[7]

Diese Frau schenkte vier Buben das Leben, ein Mädchen und noch ein Knabe kamen später dazu. Die erste elterliche Wohnung, daran das Kind Ernst Moritz sich erinnert, war *höchst anmuthig hart an einer Meeresbucht gelegen ... ein neues noch glänzend geschmücktes Haus; ein großer Blumengarten und mehrere Baumgärten; dicht daran eine ganz kleine Halbinsel, die aber bei hoher Sturmfluth oft zu einer Insel ward, mit hohen Birken und Eichen bepflanzt, worauf wir unsere Sommerspiele zu halten pflegten.*[8] Der Vater, inzwischen Pächter geworden, war Jäger, und die Kinder streiften ihm und seinen Hunden gern nach. *Die Natur war, mit Goethe zu reden, gottlob noch nicht reinlich gemacht und ihre ungestörte Wildheit mit Vögeln, Fischen, Wild und Heerden desto lustiger.*[9] In der Nähe gab es keine Schule, wie oft in derart ländlichen Verhältnissen, und so hielten die

Eltern *den Herbst und Winter, wo sie am meisten Muße hatten, ordentlich Schule mit uns.*[10] Der Vater lehrte Schreiben und Rechnen, die Mutter übte das Lesen, das in den ersten Jahren zumeist beschränkt war auf Bibel und Gesangbuch – *desto besser für uns,* sagte Arndt im Alter. *Sie war eine fromme Frau und eine gewaltige Bibelleserin, und ich denke, ich habe die Bibel wohl drei vier Mal mit ihr durchgelesen.*[11] Jeden Samstag mußten die Jungen entweder ein Gesangbuchlied oder das Sonntagsevangelium auswendig lernen. Die heutige Erziehungswissenschaft wird solche Lehrveranstaltungen kopfschüttelnd betrachten, nicht ahnend, welch eine vielfältige Ausrüstung für das Leben von diesen Eltern bereitgestellt wurde. *Es war,* so hält der Autor nicht ohne Bedauern fest, *wenigstens auf der Insel Rügen damals noch die Zeit des ungestörten christlichen Glaubens.*[12] Der Kirchgang wurde niemals ohne Not versäumt, und am Sonntagnachmittag mußten die größeren Kinder noch einmal sich aufmachen, um an der Kathechismusprüfung teilzunehmen. Da glänzte der zehnjährige Moritz und stellte ein paar adlige Fräulein in den Schatten, weil er *beim Aufsagen und Vorlesen große Zuversicht hatte und es da, wie blöd ich auch sonst war, wie aus einer Trompete aus mir herausklang.*[13] Der alte Großknecht, der den Jungen begleitete, konnte sich nicht lassen vor Stolz.

In der Woche gab es Pflichten bei aller Spielfreiheit. Während der Saat- und Erntezeit mußten die Buben *nach unsern kleinen Kräften*[14] mithalten, Moritz als Sauhirt oder Kuhhirt, der Bruder, dem Pferde lieb waren, als *Rossehüter.* Wenn etwas zu bestellen war bei einem Nachbarn, so wurde *das zahme Rößlein gesattelt, der Junge draufgesetzt, und ohne Mantel und Überrock, es mogte Sonnenschein oder Regen oder Schneegestöber seyn, mußte er mit seinem Gewerb fortgaloppiren.*[15] Es wurde auf zierliches Benehmen gesehen, und wenn die Erwachsenen auch freundlich und gutherzig waren, der Abstand wurde gewahrt. Noch befand man sich im drittletzten Jahrzehnt des Jahrhunderts, in dem auch die hintere Provinz vorgeblich französische Lebensart für vornehm hielt, jedenfalls unter den Frauen. Und so erzählt auch Arndt, nicht anders als Schumacher, wie Pastorin und Pächterin nebst *ihren Mamsellen Töchtern* auftraten: *um die Hüften wulstige Poschen geschlagen, das oft falsche dicht eingepuderte Haar zu drei Stockwerken Locken aufgethürmt, die Füße auf hohen Absätzen chinesisch in die engsten Schuhe eingezwängt, wacklicht einhertrippelnd.*[16] Die Männer traten eher als komische Imitationen friderizianischer Helden auf, mächtige Stiefel mit silbernen

Sporen, ein großer dreieckiger Hut auf den bezopften künstlichen Locken, *in den Händen ein langes spanisches Rohr mit vergoldetem Knopf.*[17] Die Jungen wurden den gleichen Martern ausgesetzt, an die sich der spätere Rektor der Domschule zu Schleswig, Schumacher, ebenso ungern erinnert hat wie der Professor Arndt: *Oft bedurfte es einer vollen ausgeschlagenen Stunde, bis der Zopf gesteift und das Toupet und die Locken mit Wachs, Pomade, Nadeln und Puder geglättet aufgethürmt waren ...*[18]

Das Possierlichste aber bei diesen kleinbürgerlichen Visiten war der Gebrauch der hochdeutschen Sprache, die sonst nur auf der Kanzel oder in der Schule, nicht aber im täglichen Leben vorkam. Die Anstrengung, sich ihrer zu bedienen, wurde zumindest nicht lange durchgehalten. Auch die plattdeutsche Konversation fand sich ausgeziert mit französischen Elementen, angefangen mit der Begrüßung «*Wun Schur! Wun Schur!*» bis zum Hauptwort *Flakrun,*[19] mit welchem ein vornehmes Fräulein ihre Wasserflasche (flacon) bezeichnete. Aber neben diesen hilflosen Veranstaltungen gab es eine großzügige, spontane Gastlichkeit, für die Arndt lebtags einen Sinn behielt und die er, wie sich zeigen wird, in seinen schwedischen Jahren fortgesetzt fand. *Man fuhr, wenn der fröhliche gesellschaftliche Trieb aufstieg, unangemeldet zu den Nachbarn oder Freunden; mogte man zu Fünfen oder Funfzehen kommen, man kam willkommen.*[20] Um den Leser an solchen Vergnügungen teilhaben zu lassen, sei zitiert, was aufgetischt wurde. *Umstände wurden nicht viel gemacht, Fische, Gefieder, Geräuchertes und Gesalzenes fehlten fast nirgends; Zucker, Kaffee, Thee waren in dem fast garnicht bezollten Lande sehr wohlfeil; Bier und Branntwein fehlten nimmer, selten auch ein Glas Wein; immer aber war die ungeschminkte Gastlichkeit und Herzligkeit da.*[21] Bei schlechtem Wetter oder schlechten Wegen blieb man über Nacht *in den reichlich gefüllten Federbetten.*[22] Jahre später, im fernen Rußland, sollte Arndt derselben ursprünglichen Gastfreundschaft wieder begegnen.

Die Kinder hatten an allem teil und dazu ihre eigenen Kindervergnügungen, bei denen ging es oft *lustig und wild und knabenlich zu. Hühnernester und Eier in Scheunen und auf Speichern, Vogelnester in Hecken und Wäldern, Igel und Gewürm unter Sträuchern und Blumen suchen, und was anderer Jungenheit und Knabenheit mehr ist, nebst wilden Sprüngen und Spielen – das alles fehlte natürlich nicht.*[23] Aber es fehlte auch nicht der näherrückende Lebensernst, der die Gestalt von Hauslehrern annahm. Hauslehrer, zuweilen studierte

Hungerleider, waren im 18. Jahrhundert keineswegs ungewöhnliche Mitglieder eines reichen oder adligen Haushalts, oft Theologen, die ein Pastorat herbeiwünschten, zuweilen auch arme Teufel, wie der erste, den Vater Arndt engagierte. Er hieß Gottlob Heinrich Müller und hatte schon zehn Jahre Fron in diesem Gewerbe hinter sich, das auch Leute wie Hölderlin und Hegel, später Moritz Arndt selbst ernähren mußte. Aber der Unterschied zu Hölderlin und Hegel war in diesem Falle sehr erheblich, denn Herr Müller hatte wohl ein Gymnasium absolviert, aber nie studiert, war erst ein unfreiwilliger Soldat in Preußen und dann Unteroffizier im schwedischen Heer gewesen und deshalb erschwinglich für einen armen Pächter. Sein Auftritt gibt dem einstigen Schüler Gelegenheit, Erinnerung und charakterisierendes Schreibvermögen zu erproben: *Es war ein kleiner vierschrötiger Mann mit einem runden breiten Kopfe und buschigen weißen Brauen, unter welchen ein paar blitzende blaue Augen hervorfunkelten; trug immerfort Kamaschen, einen dick bepuderten mit zwei großen Locken gezierten Kopf, und führte, wann er spazieren ging, ein langes spanisches Riet in der Hand; seine Bewegungen waren scharf und eckig, wie auf dem Paradeplatz, seine Haltung strack, seine Stimme hell, sein Blick funklig, sein ganzes Wesen Christlichkeit, Redlichkeit und Zorn.*[24] Zwei Jahre lang tat er seinen Dienst und gab weiter, was er in Schreiben, Rechnen, Christentum, sowie ein wenig Geschichte und Erdkunde wußte. Als Ergebnis sah der Autobiograph eigentlich nur, *daß das Sitzfleisch mit einiger Regelmäßigkeit eingeübt ward, und daß er mit seinem ächt sächsischen eifrigen Luthertum und durch Gesang und Katechismus das äußerliche Christentum in uns fester machte.*[25] Daß der Schüler später diesen ersten Lehrer mit dem bei Horaz erscheinenden alten Römer Orbilius vergleichen konnte, welcher ebenfalls *den Korporalstock mit den Fasces ergriffen,*[26] das ist gewiß dem Nachfolger im Amt zu verdanken; der war ein Kandidat der Theologie und blieb drei Jahre.

Er hieß Gottfried Dankwardt und erhielt mehr als ein halbes Jahrhundert später ein gutes Zeugnis von seinem Eleven. Damals war er jung, *ein kleiner, blonder, fröhlicher und beweglicher Mann, in seinem innersten Wesen voll Freundlichkeit und Frömmigkeit.* Er war redlich, gescheit, *ein leidlicher Lateiner, mittelmäßiger Franzos, ein bischen Engländer, Grieche fast garnicht,* aber er war vor allem ein *seinem innersten Wesen nach ein tapferer und begeisterter Kernmensch, in dessen kleinem zarten* Bau *eine mächtige Seele hauste.*[27] Sie zeigte sich viel später, als er dem «Demagogen» Arndt die Treue hielt, aber war schon in der Franzosenzeit kräftig hervorgetreten, indem er, ein junger Pastor, das ihm anvertraute Dorf vor der Einäscherung bewahrte. Von solchen Prüfungen war in dem Dorfe Grabitz, in das die Familie Arndt verzogen – es lag eine Meile vor Stralsund – noch keine Rede. Es galt jetzt, Moritz und seinen Bruder Fritz zu dem zu machen, was er später selbst nach einem schwedischen Ausdruck *Lesekerle* nennen wird, *die da vorhaben Bücherleser oder Studenten zu werden.*[28] Herr Dankwardt suchte Verbindung zu anderen Kandidaten auf benachbarten Gütern; es entstand eine recht ansehnliche *Lesegesellschaft,*[29] von der auch die Zöglinge profitierten, und man staunt, was in dieser entlegenen Landschaft in den achtziger Jahren des zuende gehenden Saeculum gelesen wird: *Schon war man über den Grandison und die Pamela, über Gellerts Schwedische Gräfin und Millers Siegwart zu Werthers Leiden, zu Eschenburgs und Wielands übersetzten Shakespearen fortgeschritten, und Lessing, Klaudius, Bürger, Stollberg, wurden von Alt und Jung mit Jubel begrüßt.*[30] Rückblickend will es Arndt scheinen, als ob die Zeitgenossen seiner Jugend einer Epoche angehörten, die ein lebhaftes literarisch-poetisches Dasein führte, das inzwischen verloren sei. Ein ungewöhnliches Indiz dafür ist die Tatsache, daß die Knaben Arndt einen kleinen Garten anlegten, in viele winzige Untergärtchen geteilt, deren jedes einen in bunten Steinchen ausgelegten Dichternamen trug. Die Namen waren ein wenig konventioneller als die soeben zitierten und hießen *Gellert, Hagedorn, Uz, Lessing, Stollberg, Hölty, Klaudius*[31] – Goethe war noch nicht im Bewußtsein der frisch Gebildeten verankert, aber Claudius ein beliebter Gegenwartsautor. Davon mußte er auch leben.

Als Moritz Arndt das siebzehnte Jahr erreichte, trat eine unvermutete und folgenreiche Veränderung ein, der begabte Jüngling wurde *plötzlich in die gelehrte Schule nach Stralsund verrückt.*[32] Wie das zustande kam, blieb ihm bis ans Lebensende verborgen. Vielleicht war der Magister Stengler, ein Pastor und Freund des Vaters, die treibende Kraft und hat – wie so viele seiner Amtsbrüder im Land – dafür gesorgt, daß eine bedeutende Begabung die ihr angemessene Förderung erfuhr. Eine Anzahl von Gönnern, die unbekannt bleiben wollten, hatten sich zur Bezahlung des Schulgeldes vereinigt, und so findet sich Moritz im Februar 1787 im Gymnasium wieder, nicht viel anders als später der grüne Heinrich im Schweizerland, *in einem grünen Rock von eigengemachtem Zeuge,*[33] die Beine in ländlichen Stiefeln steckend und untergebracht in der Wohnung des Herrn Konrektors: *Man kann denken, mit welcher Gier die zier-lichen Stadtpfauen über die so aufgeputzte Landkrähe herfuhren.*[34] Es wurde eine glückliche und ertragreiche Zeit im Gymnasium, und es ist der Beachtung wert, wie der Professor Arndt die Lehrer des Schülers Arndt charakterisiert: *Der Rektor, Herr Großkurd, früher Direktor des Deutschen Lycei in Stockholm, war die Gewissenhaftig-keit und Ordnung selbst, ein Mann, welcher binden und zusammen-halten konnte.*[35] Das Kollegium war für heutige Begriffe wunderbar jung: *Ruperti, ein Jüngling von vier und zwanzig Jahren, kam eben an ... mit schöner Begeisterung und Liebe für sein Amt begabt,*[36] zu jeder Zeit für gute Schüler zugänglich und stets hilfsbereit. Er war der liebste Lehrer. Der Konrektor Furchau war eben dreißig und Vertreter des Rektors, *ein kleiner runder freundlicher Mann voll Lebendigkeit und Geistigkeit.* Er war *ein tüchtiger Philolog und Literator ... ein Mann von Geschmack, würziger Laune und fein-stem Bienenwitz, der anmuthigste und heiterste Gesellschafter und von einem glänzenden Vortrage, durch den Tacitus, Sophokles und Homer deutschen Klang und Sprache bekamen.*[37] Moritz Arndt wohnte in seinem Hause und hatte die Stube gegenüber der ansehn-lichen Bibliothek des Hausherrn; sie stand ihm immer offen, und was immer er brauchte durfte er hin- und herschleppen. Alle diese Pädagogen waren aus der Schule des großen Göttinger Altphilologen Heyne hervorgegangen, der man gern, wiewohl zu Unrecht, die rechte grammatische Strenge absprach. Wenn es zutrifft, daß dieser Meister sich wirklich, wie Arndt sagt, einen *Dichterphilologen*[38] genannt haben sollte, so ist mit solcher Wendung immerhin bezeichnet, was seine Schüler selbst zu so wirksamen Lehrern gemacht hat; heute am Ende des 20. Jahrhunderts blickt man mit Neid auf das, was eine gelehrte Schule des 18. Jahrhunderts ihren Schülern mitzugeben vermochte. *Stralsund ist eine große Stadt,*[39] so beschrieb sie Arndt, indem er an ihre Geschichte erinnerte. Im Jahre 1784 hatte sie 12 000 Einwohner, von denen viele einem alleinstehen-den ärmlichen Gymnasiasten mit einem Freitisch weiterhalfen. Arndt hatte geradezu eine Auswahl und konnte mittags und abends umsonst essen: *die Gastlichkeit, die Gütigkeit der Freunde war über-dies nach Landesart unermeßlich.*[40] Außerdem, so befand er, könne es als eine *schönweibrige Stadt* gelten.[41]

Nach allem, was er bis dato erzählt hat, sollte man meinen, daß der Schüler Arndt auch das zweite Jahr in Prima mit Gewinn absol-vieren werde, um dann wie seine Kameraden, die zum Teil schon nach dem ersten Jahr die Anstalt verließen, zur Universität zu gehen. Da geschah es im Herbst 1789, nachdem er gute Prüfungen abgelegt und an Einladungen und fetten Abschiedsschmäusen ohne Zahl zu Ehren der Abreisenden teilgenommen, daß es ihn überkam und er mit 10 oder 12 Talern in der Tasche, in seinen besten Kleidern und mit einem Bündel unter dem Arm zum Tore hinauszog. Er schrieb seinem Vater *einen so pathetischen Brief, als wenn ich auf das Nordkap oder die Magellanstraße zu steuern wollte.*[42] Darin stand vermutlich nichts von den offenbar spätpubertären Wirrnissen, die ihn befallen hatten und von denen nicht mehr gesagt wird als: *ich betete und rang keusch und unschuldig zu bleiben,*[43] eine Bitte, die er mit trotziger Abhärtung und Seebädern bis in den November hinein unterstützte. Er wanderte, ohne ein Ziel zu haben, nach Greifswald zu, übernachtete im Stroh, *mein erstes Nachtlager, das ich unter wildfremden Menschen hielt.*[44] Am dritten Tage seiner Wanderung glaubte er sich weit genug von zuhause, um eine Arbeit *als Schreiber oder Rechnungsführer*[45] zu suchen. Nach allerlei vergeblichen Anfragen bei Gutsverwaltungen sprach er bei einem alten Hauptmann vor, der offenbar Erfahrung mit jungen Leuten hatte. Er bot ihm Speis und Trank *und ein nettes Schlafzimmerchen an*[46] und überdies eine Stelle, falls sein Vater einwillige. Telephonieren war noch nicht erfunden, so wurde geschrieben und nach fünf Tagen kam der Bruder Karl in Begleitung des Onkels Moritz Schumacher, mit einem klugen Brief des Vaters, der dem entlaufenen Sohn alle Freiheit in der Berufswahl versprach. Auch dürfe er seine Studien, wenn die Schule ihm widerstrebe, zuhause fortsetzen. Der Konrektor unterstützte den Plan, die Schule schickte Bücher, der Jüngling blieb daheim und siehe, er studierte fleißig, nicht ohne die seit geraumer Zeit aus einem sonderbaren athletischen Ehrgeiz begonnenen körperlichen und Abhärtungsübungen fortzusetzen.

Damit war deutlich eine Lebensphase zuende gegangen, der wir viel Raum gewährt haben, weil ihre Bedingungen längst geschwunden sind, oder um es mit Arndts Worten zu sagen: *aus Lust an vergangenen Dingen.*[47] Es kommt freilich noch ein weiterer Grund dazu, die Frage nämlich, warum ein junger Mann, dem so freundliche Voraussetzungen zuteil geworden waren, im Fortgang seines Lebens zum Stammvater so problematischer Ideologien wurde. Auf der Universität Greifswald, die er nach einundhalb Jahren bezog, um Theologie zu studieren (von einer Berufung dazu ist im bisherigen Lebensbericht nicht viel zu bemerken), war nichts, was ihn hätte aufwühlen können, und auch die eineinhalb Jahre in Jena (1793–1794), zu dieser Zeit durchaus ein Brennpunkt neuer Gedanken, lassen ihn so ungerührt, daß sich im Lebensbericht der Satz findet: *So kurz zeichne ich meine Studentenjahre, weil sich dort für meine Entwicke-lung scheinbar nichts Merkwürdiges begeben hat.*[48] Die Fermente, die seine politischen Gedanken zur Gärung brachten, gewann er aus der Lektüre und aus der Beobachtung der zeitgenössischen Gescheh-nisse. 1794 war das Jahr, in dem die französische Revolution (Arndt bevorzugt den «deutschen» Ausdruck französische Umwälzung) auf ihren schrecklichsten Gipfel gelangte. Im gleichen Jahr machte Arndt allerlei Fußreisen. *Ein- und Ausflüge durch das liebe Vaterland,*[49] (die Chronologie wird in seinem Bericht keineswegs deutlich), kehrte dann wieder zwei Jahre zum geduldigen Vater zurück, um sich achtundzwanzigjährig nochmals, immer noch von ihm unter-stützt, in die weitere Welt zu begeben. So *bin ich denn anderthalb Jahre in mancherlei Abentheuern, die nicht hieher gehören, zu Fuß, zu Wagen, zu Schiff herumgepilgert vom Frühlinge 1798 bis in den Herbst 1799.*[50] Er hat in Wien gelebt, Ungarn betrachtet, Italien wegen der Feldzüge Bonapartes wieder verlassen und den ganzen Sommer in Paris verbracht: *Ohne bestimmte Richtung und Ziel, ohne Vorbereitungen und Vorarbeiten für die Straßen, die ich durch-laufen wollte, bin ich fast zu leicht durch die Welt geschlendert.*[51] Es war eine lange Zeit, diese Wanderjahre, über deren eigentlichen Ver-lauf und Gehalt der sonst so mitteilsame Autor sich ausschweigt. Was er vor allem mit nach Hause brachte, war Haß.

Ehe aber dieser traurige Gewinn näherer Betrachtung unterzogen wird, ist von der bürgerlichen Wendung im äußeren Leben Arndts zu berichten. Er erzählt sie auf einer knappen Seite. Die Frage war, was er, wieder in der Heimat, denn in derselben tun sollte. Die Frage wurde *durch die Liebe entschieden.*[52] Sie zog ihn zur Heimatuniver-sität Greifswald – man erinnert sich, Pommern war schwedisch – von der er ungescheut zu sagen weiß, daß sie nicht nur ein Sprung-brett für viele schwedische Professoren, sondern auch *eine Versor-gungsanstalt für die Söhne und Töchter der Professoren und mancher angesehenen Familien der Stadt*[53] war. Und dann folgt die ernüch-ternde Beschreibung auch seines akademischen Werdegangs: *Ich hei-rathete die natürliche Tochter des Professors der Naturgeschichte, Dr. Quistorp, Charlotte Marie, und ward Privatdocent.*[54] Bis zum Jahr 1805 stieg er zum außerordentlichen Professor mit 500 Talern Gehalt auf, nicht ohne den Einfluß der Familie. Schon im Sommer 1801 starb seine Frau, wie so viele junge Frauen jener Zeit, im Kindbett. Wie das den zweiunddreißigjährigen Vater traf, verschweigt er. Aber was diese Jahre ihm an immer festeren Überzeugungen brachten, macht er sehr deutlich. Die eine war *Schwedenliebe und Schwedenverehrung*,[55] ein angesichts der biographischen und politischen Verhältnisse verständlicher und respektabler Zug. Die andere, die man kaum mehr Überzeugung nennen kann, und für die auch das Wort Ideologie zu neutral ist, war sein Haß gegen die Franzosen.

Er entwickelt ihn in einem Abschnitt, dem die gesperrt hervorgehobene Frage *Und die Franzosen und ich?*[56] vorangestellt ist. Zutreffender wohl stünde hier die Formulierung «Und ich und die Franzosen?» Denn das Verhältnis dieses deutschen Mannes zum Nachbarvolk ist an Subjektivität nicht zu überbieten.

Kein vernünftiger Mensch wird dem jungen Professor Arndt verdenken, daß er ein Feind Napoleons war oder – wie man heute sagen würde – ein Gegner des französischen Imperialismus. Aber das war's nicht, er war prädisponiert. Auf die Frage *Und die Franzosen und ich?* folgt alsogleich die Feststellung: *Auch da war mein politischer Glaube wohl in erster Jugend entstanden*[57] und zwar durch Lektüre. An erster Stelle stehen Werke, wie die des spätbarocken Historikers Pufendorff, *welche den dreißigjährigen Krieg und die herrschsüchtigen Hinterlisten und mordbrennerischen Thaten Ludwigs des Vierzehnten beschrieben haben. Dies hatte mir Abneigung, ja oft Abscheu gegen das ganze mitspielende Volk eingeflößt.*[58] Dazu kam, daß er *endlich das Volk selbst gesehen, und sein Liebenswürdiges und Leichtes wie sein Trügerisches und Lügenhaftes war mir kein Geheimniß geblieben.*[59] Auf der Rückwanderung von Paris war er in der Nähe von Frankfurt in Gefechte geraten und hätte sich *gefreut,* wenn *die Franzosen um Frankfurts Mauern in Einer Nacht alle als Leichen gelegen hätten.*[60] Als dann der Friede von Luneville kam (1801), wurde aus der tiefen Abneigung ein tiefer, haßerfüllter Zorn ob der *schimpflichen Verhandlungen und Vermäkelungen, worin Talleyrand und Maret des Vaterlandes Loos und Loose ausschnitten und ausfeilschten.*[61] Es war dies der gleiche Friedensschluß, der Friedrich Hölderlin zu dem großen hymnischen Entwurf der «Friedensfeier» begeisterte:

> Versöhnender, der du nimmergeglaubt
> Nun da bist, Freundesgestalt mir
> Annimmst, Unsterblicher, aber wohl

Erkenn ich das Hohe,
Und fast wie ein Blinder muß ich
Dich, Himmlischer, fragen, wozu du mir,
Woher du seiest, seliger Friede!

Moritz Arndt mußte nicht fragen, und erst recht nicht, nachdem in den Jahren 1805/06 der Untergang des Römischen Reiches, den Luneville eingeläutet hatte, endgültig besiegelt worden war. *Jetzt war das Letzte geschehen, alles einzelne Deutsche, das Kleinste wie das Größte, das Ruhmvollste wie das Dunkelste, lag nun in Einem gemeinsamen Jammer über und unter einander hingeworfen, und der übermüthige wälsche Hahn krähte sein Victoria! über den Trümmern der geschändeten Herrlichkeit.*[62] Natürlich hatte Hölderlin die politischen Konsequenzen jener Friedensschlüsse nicht gewürdigt, was ihn umtrieb, war die Frage, was denn Friede sei, dieser höchste Zustand: *Das Eine weiß ich, Sterbliches bist du nichts.* Was Arndt umtrieb, war die viel alltäglichere Frage, wer denn schuld sei an diesem deutschen Unglück: *Es war nicht allein Napoleon, nicht der listige, geschlossene, höhnische, in dem Lande wo Honig Gift ist, geborne Korse ..., den ich zornig haßte, den ich am meisten haßte – sie waren es, die Franzosen, die Trügerischen, Übermüthigen, Habsüchtigen, die hinterlistigen und treulosen Reichsfeinde seit Jahrhunderten – sie haßte ich im ganzen Zorn, mein Vaterland erkannte und liebte ich nun im ganzen Zorn und in ganzer Liebe.*[63] Es wäre ein Leichtes, noch weiter die ungezählten Stellen zu zitieren, in denen der Haß gegen die Franzosen weniger begründet als begangen wird. Wobei denn darauf hinzuweisen ist, daß der Name «Franzosen», der im vorigen Zitat gebraucht wird, zumeist ersetzt wird durch das verächtliche Wort «die Welschen», so als ob die Bezeichnung, die dem auf der Landkarte verzeichneten Staat zugehört, zu sachlich und damit für die Argumentation hinderlich wäre – wenn man denn diese Denkungsweise Argumentation nennen will. Sie verdient Beachtung, weil sie unüberhörbar macht, daß die Perversionen eines deutschen Nationalgefühls viel früher beginnen, als man gemeinhin wahrhaben will. Allein die Niederlage Preußens und Österreichs, die Demütigungen des Jahres 1806 bewirkten in Arndt eine leidenschaftliche Identifikation mit der deutschen Sache: *Als Deutschland durch seine Zwietracht nichts mehr war, umfaßte mein Herz seine Einheit und Einigkeit.*[64] Sicher konnte er sich, der sich auch publizistisch in solchem Sinne geäußert hatte («Germanien und

Europa» hieß ein früher Titel 1802) unter der Besatzungsmacht nicht mehr fühlen. *Ich hatte nicht Lust, mich allenfalls einfangen und wie einen tollen Hund von den Wälschen todtschießen zu lassen.*[65] Also setzte er sich ab in das gelobte und erprobte Schweden, bis auch dort ihm der Boden zu heiß wurde, nachdem Napoleons Marschall Bernadotte zum Kronprinz des nordischen Landes avanciert war. Er beschaffte sich Pässe, streute aus, daß er nach England strebe und fuhr zu Schiff nach Pommern, unter dem immer noch überaus deutschen Decknamen eines *Sprachmeisters Allmann.*[66] Bei sich führte er – es ist alles schon dagewesen – Hamsterware, *einen gewaltigen großen Korb recht erbaulichen Inhalts ... mit edlen Weinen, Chokolade, Thee, Wurst, Käse u.s.w. u.s.w.*[67] Es ging zum Vaterhaus, aber der Vater war gestorben, er sah seinen kleinen Sohn wieder, besuchte vermummt seinen Bruder und entschloß sich schließlich, *im dichten Menschengewühl*[68] Berlins unterzutauchen. Es ist im Abstand von bald zwei Jahrhunderten schwer zu beurteilen, ob all diese Vorsichtsmaßnahmen wirklich notwendig waren; aber wahrscheinlich war das unter den Umständen des Jahres 1809 auch nicht mit Sicherheit zu entscheiden.

Jedenfalls hielt er sich in der Hauptstadt des gedemütigten Preußen bei dem bedeutenden Buchhändler Reimer versteckt, erlebte die Rückkehr des von Jubelnden und Weinenden begrüßten Königspaares aus Ostpreußen und vermehrt damit die zahlreiche Schar der Zeugen, die die Königin Luise nicht vergessen können: *Der schönen Königin, die sich dem begrüßenden Volke im Fenster zeigte, sah man an den rothgeweinten Augen den tiefen Gram in der Wonne an.*[69] Aber auch Berlin hielt ihn nicht lange – die Unglücksjahre sahen ihn als unsteten Reisenden, der 1810 in seine wieder schwedisch gewordene Heimat zurückkehrt, sie 1811 wieder verläßt – *Wer konnte sich hier nur für ein paar Jahre irgend etwas Sicheres und Bleibendes einbilden?*[70] Er trifft Kollegen und Verwandtschaft, die von den *sogenannten liberalen Ideen der Franzosen befangen waren,*[71] und er erbaut sich mit der größeren Zahl der Gesinnungsgenossen an den Siegen des Duke of Wellington. Aber er strebte, die Franzosen meidend, in noch weitere Ferne, in das Land, das neben der britischen Insel das einzige war, das Bonaparte noch widerstand: er wollte auf Schleichwegen nach Rußland, wo sich mancherlei preußische Opposition zu sammeln begann. Die erste Station war das von Franzosen freie Breslau, das voll war von preußischen Offizieren, welche den Abschied erbeten und erhalten hatten, weil sie an dem erzwungenen

Bündnis ihres Königs mit Napoleon nicht teilhaben wollten. Arndt fand dort den alten General Blücher vor, *der auch bei fröhlichen Gelagen etwas vom Feldmarschall hatte.*[72] Scharnhorst war da: *Schlichteste Wahrheit in Einfalt, gradeste Kühnheit in besonner Klarheit das war Scharnhorst.*[73] Die schöne schlesische Landschaft wurde durchstreift, um in deren Badeorten *zusammengedrängte Freunde aus Berlin wiederzufinden und mit ihnen auf die großen Hoffnungen des Tages anzuklingen.*[74]

Aber Breslau war nur ein Zwischenhalt. Auch den französischen Kaiser drängte es nach Rußland, am Krieg war nicht mehr zu zweifeln, und ehe seine Heere alle Wege dorthin versperren konnten, machte sich Arndt nach Prag auf, wo ihn durch Bekannte eine Botschaft erreichte. Der Freiherr vom Stein, inzwischen preußischer Staatsminister und bereits in Petersburg, ließ ihn wissen, daß er ihn bei sich zu haben wünsche. Eine Reisegelegenheit fand sich in Gestalt eines etwas windigen Wiener Kaufmanns, der während der Reise wenig gesprächig den größten Teil verschlief, *und so konnte ich das herrliche Land Böhmen, das reiche Mähren und das schöne Gallizien unter den Karpathen desto heiterer und ungestörter genießen.*[75] Die verschiedenen Stationen dürfen wir hier übergehen. Russisches Gebiet erreichte man bei *der Judenstadt Brody.*[76] Man soll sich durch diese Formulierung nicht zu vorschnellen Urteilen verleiten lassen. So wenig Arndt den *Schmutz und Jammer*[77] auf der Reiseroute verschweigen mochte, eine seiner Franzosenfeindschaft entsprechende Aversion gegen die in diesen Gegenden noch zahlreiche Judenschaft findet man nicht. Bis zur Grenze hatte er sich als Bedienter seines Kaufmanns ausgegeben; dann kleidete er sich seinem bürgerlichen Stand gemäß, holte die guten Pässe hervor, und reiste von nun an als ein Herr, aufmerksam das fruchtbare Land und seine Leute betrachtend. In Schitomir, von ihm *Zitomir* buchstabiert, *aß man in einem Judengasthause Mittag.*[78] Als vor der Türe Gewimmel und Musik hörbar wurden und man ans Fenster eilte, erblickten die Reisenden *eine prächtige Judenhochzeit oder vielmehr den Reigen einer Judenhochzeit.*[79] Das Erlebnis lohnt ein längeres Zitat: *Um den Marktplatz ... tanzten einige hundert Juden, Alt und Jung, Männer und Frauen, Jünglinge und Jungfrauen immer ringsum, d. h. den weitesten Ring der Häuser haltend, ihren Reigen, Geigen und Dudelsäcke voran und Tosen und Geklingel hintennach. Es war wirklich eine allerliebste wilde Naturjagd ... Alles blitzte im prächtigsten Schmuck, und wahrlich, an Perlen, Gold und Silber fehlte es um*

Köpfe und Hälse nicht, auch nicht an anmuthigen Gestalten.[80] An dies denkwürdige Schauspiel knüpft Arndt die Beobachtung, *daß es in Polen an Männern und Frauen viel edlere Judenbildungen giebt als in Deutschland, auch etwas viel Gemesseneres und Ruhigeres an Sitten und Art.*[81] Er führt es zurück auf die Tatsache, daß im Unterschied zu Deutschland die östlichen Juden häufig zusammen wohnen, nicht so verstreut, *und auch daher, daß viele von ihnen die stilleren und frommeren Arbeiten des Feldes und der Viehzucht treiben.* Und er knüpft die biblische Feststellung daran: *Wahrlich die Hebräer haben schöne Weiber.*[82] Über die jüdischen Fuhrleute und Viehhändler weiß er zu melden: *Ihre Treue und Zuverlässigkeit bei diesen Geschäften ist allgemein berühmt.*[83]

Nicht minder bemerkenswert ist Arndts Urteil über die Russen, auch sie ein Volk, dessen Bild bei den Deutschen durch die Geschichte unseres Jahrhunderts verdorben worden ist. Nachträglich kann man Arndts rückblickendes Wort über sie als seherisch verstehen: *Sie haben ein großes schweres Schicksal zu erfüllen gehabt, und haben es tüchtig bestanden.*[84] Als er in Petersburg eingetroffen und als Helfer des Freiherrn vom Stein in aller Form angestellt war (Gehalt wurde gezahlt und die Reisekosten erstattet), lernte er einen alten Admiral kennen, dem folgende Charakteristik zuteil wird: *Dies war ein Original von einem Mann, ein ächter Russe, denke ich, von allerbestem Schlage. Er trug den Grundtypus seines Volks, Ernstigkeit, Gespaßigkeit und eine unbeschreibliche Gewandtheit und Lustigkeit beide in seinem Glieder- und Gebärden-Spiel.*[85] Dieser Herr war natürlich ein Mann von Adel und Angehöriger der regierenden Schicht, die folgendermaßen gezeichnet wird: *Und unter den Russen höheren Ranges welche großartigen einzelne Köpfe ... Man erstaunt und erschrickt vor dieser sichern Gewalt, welche ich nicht Hoheit nennen darf ... aber Entschlossenheit und Bestimmtheit, ja Unabhängigkeit.*[86] Es kann nicht bezweifelt werden, daß Arndt mit einer beträchtlichen, im Grunde journalistischen Gabe der Beobachtung ausgestattet war, die ihn ermutigte, eine Art Nationalcharakter zu entwerfen, so fragwürdig ein solches Unterfangen auch erscheinen mag: *Dies ist ein wunderbares Volk. Man irrt nicht, wenn man sagt, in den Zügen und in dem ganzen Ausdruck ihres Wesens ist Asia und Europa beisammen ... Das Leichte und Lustige des slavischen Stammes im Allgemeinen, doch viel mehr bewußtes und spielendes Talent als bei den Polen, viel mehr Ausdruck schalkischen Verstandes und trotzigen Willens bei aller Biegsamkeit und Beweglichkeit der*

Glieder und Gebärden. Und wann es Ernst gilt, welch ein Ausdruck von Trotz und Hartnäckigkeit, welch eine Geduld und Arbeit, eine Ausdauer, die nach Asien hinzudeuten scheint! Dabei eben so viel tiefer religiöser Sinn, als auch der bei den Nachbarn auf der Oberfläche zu liegen scheint.[87] So fand Arndt das Vorgefühl bestätigt, das ihn überkam, als er den Paß für Rußland erhielt: *Dort war doch noch Europa.*[88]

Dort war auch der Freiherr vom Stein und damit Deutschland. Dieser rheinische Edelmann, vom Zaren geduldet, hatte visionäre Vorstellungen von einem vereinigten Reich und wußte einflußreiche Russen für die Sache zu gewinnen, der er sich verschrieben. *Sein Muth, seine Kühnheit, noch mehr sein Witz und seine Liebenswürdigkeit drangen allenthalben durch und ein, und leuchteten und zündeten wie Blitzstrahl, wo irgend noch etwas zu zünden war. Die sittliche Schönheit und Klarheit seines Wesens, durch und durch mit Muth durchgossen, und die Freundlichkeit und Liebenswürdigkeit ... machte ihn bald zu einem mächtigen Mann in der petersburger Gesellschaft,*[89] die, so darf erinnert werden, sich sowohl im Französischen wie im Deutschen vortrefflich auszudrücken wußte. Um Stein gab es eine große Zahl deutscher Emigranten, *meistens Preußen, treue tapfere Männer,*[90] Offiziere, die darauf brannten, die Waffen gegen Napoleon zu gebrauchen, und deren Mut wuchs, nachdem der Brand von Moskau als ein Flammenzeichen die große Wendung anzuzeigen schien. *Sie lagen hier bei den Fremden wahrlich nicht auf Rosen: denn groß ist das Leid des Ehrenmanns, der als Flüchtling zu den Fremden kommt.*[91] Ihre Geduld wurde vielfach geprüft, *doch Gott hat ihnen verliehen, im Jahre 1813 ihre Schwerdter für's Vaterland mit wälschem Bluthe zu röthen.*[92] Es scheint zweifelhaft, ob Gott solche Leihgaben zu verteilen übernimmt, aber Arndt war anderer Meinung. Für ihn stand Gott im Dienst der Deutschen, soweit sie nicht dem Rheinbund angehörten. Beim Tode des russischen Feldmarschalls Kutusow läßt Arndt seine Freunde ausrufen: *der alte deutsche Gott lebt noch!,*[93] ein Ausruf, der durch Sperrdruck hervorgehoben wird; und auch er selber läßt sich nicht nehmen aufzuseufzen mit den Worten: *hier ist der Finger Gottes.*[94] Der Marschall war ein vorsichtiger Mann gewesen, Blutvergießen scheuend: Tolstoi in «Krieg und Frieden» entwirft sein Bildnis mit dem größten Respekt, wie denn überhaupt dieses gewaltige Epos die Perspektiven zurechtrückt, in denen der befangene Zeitzeuge Arndt sie sehen will. Sein Maßstab ist der absolut verstandene Wert «deutsch».

Wenn er die am Zarenhofe weilende Herzogin von Württemberg rühmen will, so sagt er, sie sei *eine herrliche Frau ... und von hohem deutschen Gemüth. Sie war eine begeisterte volle Steinin und Deutschin ... Diese edle Fürstin versammelte bei sich was nur irgend noch deutsche Liebe und Hoffnung hatte.*[95] Als er noch in Greifswald studierte, da hatte er *mit der anderen Jugend studentisch und deutsch gejubelt.*[96] Als das Volk das Königspaar bei der Rückkehr nach Berlin begrüßte, war *Jedes Herz, in welchem noch ein deutsches Fünkchen athmete ... jetzt ein allgemeines deutsches Herz geworden.*[97] Noch war dieser Hypostase des Begriffs «deutsch» eine gewisse Unschuld eigen; sie sollte im Verlauf des Jahrhunderts verloren gehen, aber schon bei Arndt zeichnet sich ab, daß diesem Worte eine Art Heiligsprechung bevorstehe. *O mit welchen Gefühlen, mit welchen Gefühlen von Wonne und Weh ... bin ich in Strasburg auf dem hohen Münster gestanden, und habe im Osten den Schwarzwald, im Süden den Jura, im Westen den Vogesus vor mir sich bläuen sehen! Eine herrliche Stadt, und die Menschen darin wie deutsch noch! wie leicht erkenntlich die ächte schlichte deutsche Art von der mehr verzierten und beweglichen wälschen! und welche schönen kräftigen Baurengeschlechter in diesem herrlichen Rheinthal ...*[98]

Man sollte angesichts von so viel Welschenhaß und Patriotismus vermuten, daß Arndt das Kriegsgeschehen, das zum Sieg über Napoleon führte, verherrlichen werde. Aber er begegnet der Wirklichkeit des Krieges mit aller Abscheu eines christlichen Gewissens. Auf dem Rückweg von Rußland nach Ostpreußen geriet er in der Gegend von Wilna in verheertes Gebiet: *Viele zerrissene, zerschlagene, abgedeckte Häuser ohne Menschen und Thiere, nicht einmal eine Katze miaute darin ... Was sahen wir? O könnte ein stolzer Eroberer weinen, wie er die Mütter von Hunderttausenden weinen macht! ... An den Straßen lagen die Leichen wie anderes Aas unbedeckt und unbegraben, kein menschliches Auge hatte ihre letzte Noth beweint ... Als ich dem Stadtthore näher kam begegneten mir funfzig sechzig Schlitten, alle voll Leichen ... sie wurden gefahren, wie man dürres Tannholz fährt und waren vom Frost erstarrt und dürr wie Tannholz ...*[99] Dem Leser seien weitere Greuel erspart, Arndt schildert sie ausführlich, sei es in der Stadt Wilna, sei es auf dem Wege nach Grodno, sämtlich sichtbar viele Wochen nach der Einnahme durch die Russen. Auch Preußen – man vergißt leicht, daß dies der eigentliche Name der ostpreußischen Landschaft war – hatte schon zuvor erheblich gelitten, als die französischen Heere es nach Osten marschierend durchquerten: *Man hatte das Land durch die schrecklich-sten Durchzüge und Einquartierungen der Heerhaufen ... ausge-sogen und ausgeplündert. Und nun wie vergaß dieses in tausend Wunden zerhauene und verblutete Preußen in der Lust der Abschüt-telung und Befreiung alle seine Narben, ja seine noch offenen Wun-den und schaarte und rüstete sich zur Bewaffnung seiner Jugend und zum Vordermarsch der Deutschen für die Freiheit!*[100]

Gewiß war die Erhebung Preußens gegen Napoleon eine wirkli-che Volkserhebung, nicht nur ein nachträglich gestifteter nationaler Mythos. *Das war eine Begeisterung in den Städten und auf dem Lande, auf den Straßen und in den Feldern, auf den Kathedern und Kanzeln und in den Schulen! In kälterer, ärmerer Zeit lächelt man, wenn man zurückdenkt; aber es war alles bitterster heiligster Ernst, was den Leuten jetzt ein kindliches ja kindisches ... poetisches Spiel dünken würde.*[101] Der Zeitgenosse, wenn er denn Preuße oder Russe war, erlebte es als *leuchtende Tage.*[102] Arndt versäumt nicht, derer zu gedenken, die diese Tage ermöglicht hatten. Dabei kommt ihm zwei-erlei zugute: einmal, daß er vielen die Zeitläufte bestimmenden Män-nern selbst begegnet ist; zum andern, daß er schon früh die ihm eigene Gabe der Beobachtung in charakteristische Beschreibung zu verwandeln wußte. Man denke an die lebhaften Gestalten seines Jugendlebens, die Lehrer und Nachbarn oder Bruder Fritz: *... ein ganz anderer Kerl, mit einem hellen Kopf und einem königlichen Gedächtniß, und noch wohl mit mehr bildnerischem als poetischem Talent. Er redete und deklamirte wie ein König, konnte aller Men-schen und Thiere, aller Alter und Geschlechter Töne, Stimmen und Gebärden nachmachen, zeichnete vortrefflich, und hatte jenen stillen und leisen Witz, der von sich nichts weiß und nie sich selbst belächelt.*[103] Fritz Arndt ist nie in die Kreise gelangt, in denen sein Bruder sich bewegen wird. Er *studierte die Rechte, ward Sachwalt, nahm zu früh ein Weib und mußte in dem gewöhnlichen Lebenskar-ren eingespannt im Schweiße seines Angesichts ziehen.*[104] Die gleiche knappe Kunst der Charakteristik gebraucht Moritz Arndt, wenn er sich der Gestalten erinnert, die ihm auf der großen Bühne der napo-leonischen Zeit begegnet sind.

Es sind die Männer, welche die Wiederherstellung Preußens be-wirkt haben; sie konnten nicht ahnen, daß der stolze Name im näch-sten Jahrhundert von der Karte Europas verschwinden werde, und nicht ohne eigenes Zutun. Da war der Haudegen und bedeutende Truppenführer Blücher, der mit Wellington den militärischen Sieg errang: *Trotz seines Alters trug er eine herrliche Gestalt, groß und schnell, mit schönsten rundesten Gliedern vom Kopf bis zum Fuß, seine Arme, Beine und Schenkel noch fast wie eines Jünglings scharf und fest gezeichnet. Am meisten erstaunte sein Gesicht. Es hatte zwei verschiedene Welten, die selbst bei Scherz und Spaß, welchen er sich ganz frisch und soldatisch mit jedem ergab, ihre Farben nicht wechselten: auf Stirn, Nase und in den Augen konnten Götter wohnen; um Kinn und Mund trieben die gewöhnlichen Sterblichen ihr Wesen ...*[105] Die Begegnung fällt in die Breslauer Zeit, in der Arndt auch Scharnhorst begegnet war, dem Bauernsohn aus dem Hannoverschen, der zum Reformator der Armee wurde. *Er hatte sich aus niederm Stand emporgerungen und von unten auf viel gehorchen, auch der Noth gehorchen lernen müssen.*[106] Bescheidenheit und Zurückhaltung gehörten zu seinem Wesen. *Auch seine Rede war diesem gemäß: langsam und fast lautlos schritt sie einher, sprach aber in langsam dehnenden Ton kühnste Gedanken oft mit sprichwörtlicher Kürze aus ... Er ist ein Vir innocens im Sinn der großen Alten gewesen: er ist arm gestorben.*[107]

Zwei andere Größen jener Tage werden von Arndt auf eine überraschende Weise verglichen, überraschend jedenfalls für den Nachlebenden, der ihrem Porträt in alten Darstellungen begegnet ist. Es sind dies der Freiherr vom Stein und der Philosoph Fichte, dessen «Reden an die Deutsche Nation» im Jahre 1807 eben deren Bewußtsein als Nation lebendig zu machen suchten. Als Arndt im Jahre 1809 der Person des Freiherrn zum ersten Male gegenübersaß, war er, wie er erzählt, von einer Art déja vu gequält, *als hätte ich schon irgendwo ihres Gleichen oder ihres Ähnlichen gesehen.* Erst nach einigen Stunden kam die Erleuchtung mit dem Namen Fichtes: *dieselbe Gestalt ungefähr, kurz, gedrungen, breit; dieselbe Stirn, nur noch breiter und zurückgebogen; dieselben kleinen, scharfen funkelnden Augen; fast dieselbe nur noch mächtigere Nase; die Worte derb, klar, fest, mit kurzer Geschwindigkeit gleich Pfeilen vom Bogen grade in's Ziel schlagend.*[108] Fichte hat den endgültigen Sturz Napoleons nicht mehr erlebt, er starb 1814.

Es mag sich lohnen, noch einige Porträts von Zeitgenossen zu betrachten, die Arndt entwirft. Unter ihnen fällt dasjenige der Frau von Staël auf, das dem Leser schon in dem Bild begegnet ist, welches Henriette Herz überliefert hat. Bei Arndt erscheint die Freundin A. W. Schlegels nicht weniger eindrucksvoll: er hat sie in Petersburg getroffen. *Was soll ich von der großen oft beschriebenen und viel gepriesenen Frau sagen? Er fand sie nicht fraulich-schön – Aber welch ein Kopf thronte auf diesem Leibe! Stirn, Auge, Nase herrlich und vom Licht und Glanz des Genius funkelnd, Mund und Kinn weniger schön. Bei so vielem Witz und Geist, als aus ihren Augen blitzte und von ihren Lippen sprudelte, ein bezaubernder Ausdruck von Verstand und Güte.*[109] Neben dieser großen Dame saß damals der Freiherr vom Stein – *Es war eine Lust ... wie die beiden lebendigsten Menschen, wenn sie auf einem Sofa zusammengepaart saßen, sich miteinander karambolirten.*[110] Auch die vielbeschriene Frau von Krüdener gehörte zu den Zierden der Petersburger Gesellschaft, *eine Dame aus der großen Welt,* einst eine berühmte Schönheit, später fromm geworden, aber *immer noch mit großen Resten von Schönheit und dem zauberhaften Schimmer einer sehnsuchtsvollen Magdalenenbüßerin übergossen.*[111] Arndt hat sie später im Badischen wiedergetroffen, *unter Anderen viel in Gesellschaft des lieben frommen Greises Jung-Stilling, mit dessen kindlicher Einfalt sie herrlich zu spielen verstand. Sie hatte die ganze Unruhe und geschäftige Zudringlichkeit einer Dame aus der hohen Welt, die doch noch nicht zur Ruhe gekommen ist, und das eine Aug immer noch für die Lust des irdischen Lebens offen zu haben scheint, während das andere nach dem Frieden der überirdischen Welt schmachtet.*[112]

Man könnte einen noch ausgedehnteren Gang durch die Galerie von Zeitgenossen unternehmen, als bislang geschehen; allein, was hier gezeigt werden soll, ist nicht die allgemeine Geschichte einer vergangenen Zeit, die dem Historiker überlassen bleibt. Uns geht es vielmehr um Einblicke, womöglich belebte, in vergangene Alltäglichkeiten, wie sie zum Beispiel Arndts Jugend darbot. Deshalb wenden wir uns drei Gestalten zu, einer traurigen, einer menschlich berührenden, die Arndt mit liebevoller Genauigkeit schildert, und schließlich Arndts Vorgesetztem und Idol, dem Freiherrn vom Stein. Die traurige Gestalt ist der Herr von Kotzebue, ein erfolgreicher Bühnenautor von reaktionärem Zuschnitt; er ist nicht durch seine Schauspiele, sondern durch seinen folgenreichen Tod und dessen Nachwirkungen in Erinnerung geblieben. Ein Student namens Sand hatte ihn im März 1819 aus Protest gegen seine Publizistik ermordet und damit die staatlichen Mächte aufgeschreckt, die unter Metternichs Führung und durch die Karlsbader Beschlüsse nicht nur gegen die studentische Bewegung, sondern gegen liberale und «demokratische» Gesinnung insgesamt tätig wurden. Arndt sollte das nachhaltig spüren und in dieselbe Art zu reden ausbrechen, die er gegen die

Franzosen pflegte, auch weil Kotzebues *trauriges Ende vielleicht auf mein Schicksal mit Einfluß gehabt hat.*[113] Er hatte ihn in Königsberg kennengelernt. *Er machte, wie man ihn sah, einen sehr gemeinen Eindruck – sein großes Talent in allen Ehren – eine der widerlichsten Erscheinungen, die mir in meinem Leben vorgekommen sind … Er trat auf mit der Haltung eines Altflickers und mit einer unverschämten Offenheit, die nichts von der Offenheit der Natur hatte, ja nicht einmal von jener, welche schlaue und gewandte Weltleute gewinnen; und in seinen freundlichen Augen war zugleich etwas schleichend Laurendes und unverschämt Faunisches.* Vor dem Treffen hatte Arndt ihn sich ganz anders gedacht, wie es einem geht mit Menschen, die man nur aus Berichten kennt, *wenigstens als einen fein geschliffenen, etwas höfischen und höfelnden Mann, zumal da er so lange in dem zierlichen und adlichen Lievland gelebt hatte.*[114] Die Verfolgung der sogenannten Demagogen kostete Arndt seinen Lehrstuhl in Bonn, trotz oder wegen aller vaterländischen Gesinnung. Es fehlt nicht viel, so hätte er dieses Faktum dem ermordeten journalistischen Kollegen in die Schuhe geschoben, der *tageblätterte wie ich und andere.*[115]

Ganz anders der Graf Gessler, den er in Dresden traf, ein Jugendfreund Steins und ein Mann, an dem Arndt, sich erinnernd, seine Kunst der Menschenschilderung entfaltet; sie wird nur Personen zuteil, denen er geneigt ist: *dieser edle Mann hatte über ein sehr stürmisches Herz und einen kränklichen Leib … eine großartige Herrschaft gewonnen. Er verstand die schwerste aller Künste, nach außen heiter zu spielen, wenn auch in ihm Gewitterwolken spielten … Ein kleiner Mann mit der lebhaftesten Bewegung, mit einem breiten, von Blatternarben zerrissenen Gesicht und feuerblitzenden Augen … Schalkheit und Witz funkelten aus ihm, obgleich er bei'm ersten Anblick mehr den Eindruck eines häßlichen Mannes machte … Im Gespräch schoß er Pfeil auf Pfeil ab, und wenn er je einmal hart getroffen hatte, machte seine große Gutmüthigkeit es bald wieder gut.*[116] Die beiden Männer hatten sich viel zu sagen und lasen miteinander Griechisch. *Dieser feine und helle Mann hatte eine eigenthümliche, fast hamannische Ader und streute in der Rede und in Briefen nach allen Seiten hin Blitzfunken aus, die nicht immer die Wolken zeigten, woraus sie hervorgeschossen, dunkle oft wunderbar gestaltete oder verhüllte Bilder und Gleichnisse.*[117] Er scheint ein Exemplar der zu Anfang des Jahrhunderts in Preußen keineswegs seltenen Gattung gewesen zu sein, in der aristokratische Lebensart und bürgerliche Bildung ein schönes Bündnis eingegangen waren. Als Arndt in die Demagogenverfolgung einbezogen wurde, ist er ihm treu geblieben.

Über allen aber stand ihm der Freiherr vom Stein, so als ob das ganze Buch auf ihn hinzielte; er hat ihm im Jahre 1831 einen langen Nachruf gewidmet: *als Mensch, Mitbürger, Staatsmann, war er Förderer, Retter, Helfer, Ermunterer und Warner bis an's Ende.*[118] *… Gott hatte ein feuriges, gewaltiges, muthiges Herz in seine Brust gelegt, ihn mit einer raschen, blitzschnellen Auffassung, einem kühnen geschwinden Verstande gerüstet: Geschwindigkeit, Kühnheit, Heftigkeit – das war er selbst. Er mußte fortstoßen, was ihm im Wege stand, niederreißen, was ihn in seinem Laufe aufhalten wollte – sehr schlimm, wenn diese großen aber auch gefährlichen Anlagen durch keine Anerkennung von Maaß, Zucht und Ordnung geregelt gewesen wären …*[119] Gegen Schluß seines Nekrologs aber finden sich die Worte, daß *der Feurige und Starke doch auch ein sehr Milder und Weicher war, daß er, wie unten ein Mann des Muthes, so oben ein Mann des Glaubens war, daß in allem Irdischen und Menschlichen ihm tragisch immer die Endlichkeit und Vergänglichkeit vorschwebte.*[120] Diese Worte bilden einen würdigen Abschluß für Ernst Moritz Arndts «Erinnerungen aus dem äußeren Leben». Sie bezeugen den gläubigen und treuen Arndt und haben nichts von dem haßerfüllten Ideologen. Er ist ein sehr deutscher Mann gewesen, weil beides sein eigen war.

Fontanes Swinemünde (1827)

Der Sommer des Jahres 1892 war ein elender Sommer für Theodor Fontane. Er hatte sich, überaus erholungsbedürftig, in die schlesischen Berge zurückgezogen und erwog ernsthaft, Berlin ganz zu verlassen, um sich *nach Schmiedeberg für den Rest unserer Tage zurückzuziehn.* Dieser Klagebrief war am 15. Juni geschrieben und begründet die Absicht mit den Worten: *... die Verhältnisse ließen mir keine Wahl. Seit meiner letzten Krankheit bin ich eine ganz gebrochene Kraft, zurzeit kaum fähig, ein paar Briefzeilen zu schreiben.*[1] Fast zwei Monate später, am 8. August, hatte sich nichts gebessert: *Was mich angeht, so geht es mir recht schlecht, rapide schlechter ... Der Zustand ist elend und die Kraft von Frau und Tochter hin, auch ihre Geduld.*[2] Drei Tage danach heißt es gegenüber dem Sohn lapidar: *Die Decadence ist da*[3] und noch nach vierzehn Tagen: *Ich bin ganz herunter, weil ich Nächte lang keinen Schlaf habe.*[4] Nach einem weiteren Erholungsmonat, am 25. September und wieder in Berlin, ist zwar der Schlaf besser geworden, *aber die Gesammtstimmung ist freudlos, man ist eben das gelbe Blatt am Baum, um die Zeit, wo der Spätherbst einsetzt ...*[5] Und wenn sich auch in der Folge die Verdüsterung ein wenig zu lichten schien, so steht am 1. Oktober immer noch zu lesen: *Mein Leben ist sehr qualvoll.*[6]

Es war Fontanes verständiger Arzt Dr. Delhaes, der nicht mit Medikamenten und dem damals modischen Elektrisieren die handfeste Depression vertrieb, sondern mit einer Arbeitstherapie. Das Manuskript der «Effi Briest» war seit geraumer Zeit beiseitegelegt, und der Arzt war offenbar so klug, nicht die Aufnahme einer festgefahrenen Arbeit, sondern ein ganz neues, beinahe analytisches Thema nahezulegen, das Thema «Meine Kinderjahre». Ihm mochte schon deutlich gewesen sein, was sein Patient dann am Ende dieser zwischen Anfang November und Weihnachten in einem Zuge niedergeschriebenen Erinnerungen so ausdrücken sollte: *Es war ... eine glückliche Zeit gewesen; später – den Spätabend meines Lebens ausgenommen – hatt ich immer nur vereinzelte glückliche Stunden.*[7] Jetzt kam das Wort «glücklich» nochmals zu Ehren: Schon am 1. November hatte er gegenüber seinem schlesischen Gast- und Brieffreund

Friedländer das Ausbleiben der Antwort auf zwei Briefe mit den Worten entschuldigt: *Es liegt daran, daß ich seit 8 oder 10 Tagen ins Schreiben gekommen bin, etwas das ich von mir total gebrochenen Mann nicht mehr erwartet hätte. Und zwar habe ich schon 4 Kapitel meiner* Biographie *(Abschnitt: Kinderjahre) geschrieben. Da mich dies Unterfangen sehr glücklich macht, so ist alle Correspondenz ins Stocken gerathen.*[8] Friedländer, Amtsrichter in Schmiedeberg, hatte mit Verständnis hingenommen, daß Fontane während der schlesischen Reise sich sogar ihm in Verdüsterung entzogen hatte. Seiner Teilnahme an der glücklichen Wendung konnte Fontane sicher sein.

Sicher war er aber nicht, *ob das Publikum Lust hat, meinen Standpunkt gelten zu lassen. Denn ich weiche ganz von dem Ueblichen ab und erzähle nur Kleinkram.*[9] Zwar gab er dem Ganzen den *Nebentitel eines «autobiographischen* Romanes», aber mit der erklärten *Hoffnung, in diesen meinen Aufzeichnungen etwas* Zeitbildliches *gegeben zu haben: das Bild einer kleinen Ostseestadt aus dem ersten Drittel des Jahrhunderts.*[10] Sollten die noch lebenden Zeugen dessen, was er *nach dem Leben gezeichnet,* an der Wahrheit seiner Erzählung oder der Gerechtigkeit seines Urteils über längst dahingegangene Zeitgenossen zweifeln, so konnte er auf den Satz verweisen: *Für etwaige Zweifler also sei es ein Roman!*[11] Das war freilich keine sehr schlagkräftige Auskunft, denn selbst dem anderthalb Jahrhunderte nach den geschilderten Verhältnissen lebenden Leser wird nach wenigen Seiten klar, daß alles so und nicht anders gewesen sein muß und dies nicht zuletzt darum, weil der Autor, indem er erzählt, unausgesetzt seine Eigenschaft als Zeuge zu Bewußtsein bringt, ganz anders, als er es in seinen großen Romanen je getan hat. Auch da ist er anwesend, aber in höchst diskreter Weise, so etwa, wenn in «Vor dem Sturm» ein Gottesdienst in der Hohen-Vietzer Dorfkirche und aus diesem Anlaß auch deren Bauweise geschildert wird. Da schleicht sich denn auch ein Satz ein wie: *Ein gleiches, was hier eingeschaltet werden mag, gilt von der Mehrzahl aller alten märkischen Dorfkirchen* – es spricht der Verfasser der «Wanderungen» mit Autorität, um sogleich zurückzutreten.[12] Oder ganz gegen Ende dieses immer noch verkannten großen Romans aus napoleonischer Zeit, wo ein Tagebuch den Schlußakkord anklingen läßt: *Es sind Blätter von Renates Hand, und aus ihnen ist es, daß ich das Folgende entnehme.*[13] Der Erzähler scheint nun Dokumentarisches beizubringen.

Ganz anders in «Meine Kinderjahre». Da läßt der alte Mann, der von seiner ersten Jugend berichtet, kaum eine Gelegenheit aus, sich an sein Publikum zu wenden. Ein Beispiel (für zahlreiche weitere) kann man gegen Schluß des 10. Kapitels finden: *Woher das so kam, davon erzähl ich an andrer Stelle ... Vorläufig aber, nach diesem Exkurse, zurück zu ... Von einem dieser Abende, der mir noch besonders lebhaft im Gedächtnis ist ... will ich hier erzählen.*[14] Diese Sätze stehen nacheinander auf dem engen Raum von zehn Zeilen, ganz gegen die im deutschen Aufsatz erlernten Regeln. Sie bewirken durch ihre ständige Wiederkehr bei vielen Gelegenheiten, daß sich der Leser angesprochen fühlt, daran erinnert, daß ihm Persönliches anvertraut wird, und daß damit die Anstrengung dessen verbunden ist, der seinem alten Gedächtnis abfordert, längst Entschwundenes aufs neue zu finden. Zuweilen scheint er schreibend eine Frage aus dem Zuhörerkreise aufzunehmen: *Wie wir in unserem Hause lebten? Im ganzen genommen gut ...*[15]; zuweilen kommt eine Wiederholung vor: *wie schon erzählt*[16]; zuweilen wiederholt er sich bewußt und verspricht, es nicht wieder zu tun: *Ich muß dabei noch einmal, aber nun auch wirklich zum letzten Male, seiner ausgesprochenen Vorliebe ... Erwähnung tun.*[17]

Mit anderen Worten: Es ist eine sehr vertrauliche Redeweise, wie sie sich im Gespräch entwickelt, und sie bringt nicht nur *Zeitbildliches* zur Sprache, sondern auch Privates, ja sogar Intimes, wenn man das Porträt der elterlichen Ehe an den Regeln mißt, die bürgerlicher Takt für geboten hielt. Vor allem aber gelingt ihm das Bildnis der kleinen Ostseestadt Swinemünde, mit ihren Bewohnern aller Schichten, Konsul, Arzt, Lotsenkommandeur, Kochfrau und Dienstboten, mit Damenkränzchen und Spieltisch der Herren, eine ganze Welt, die schon dahingegangen war, als Fontane ihr im letzten Jahrzehnt seines Jahrhunderts dies Denkmal setzte. Noch vergangener ist sie heute, im letzten Jahrzehnt des 20. Jahrhunderts, da nicht einmal ihr Name geblieben ist; der Platz heißt Swinoujscie.

Ehe wir aber aufgreifen, was der alte Fontane von dem mit Kinderaugen gesehenen Ort zu berichten weiß, seien einige Daten vorgebracht, die ein überaus zuständiger Zeuge und prominenter Bürger der kleinen Ostseestadt ein Jahr nach der Ankunft der Familie überliefert hat. Der Dr. Richard Kind, Königlicher Kreis-Physikus und Bade-Arzt, ließ 1828 in Stettin eine Schrift über das Seebad zu Swinemünde erscheinen, der er eine Anleitung, die Insel Rügen zu bereisen, zufügte. Im 6. Kapitel der «Kinderjahre» hat er ein Denkmal erhalten, das auch auf eben jene Schrift verweist. Das damals erst aufblühende Seebad verdankte dem Eifer Kinds viel. *Er war unser*

Aus: Richard Kind, Das Seebad zu Swinemünde, 1818. Siehe auch Anmerkung 19.

Hausarzt und meine Mutter hielt große Stücke auf ihn. «Die andern» sagte sie «sind Witzbolde, Dr. Kind ist aber ein feiner Mann und wenn ich da wählen soll, wird mir die Wahl nicht schwer.»[18]

Aus seiner Feder also erfahren wir mehr als nur den in unserem Zusammenhang auch bedeutsamen Satz: *Die Stadt hat eine gute Apotheke und ärztliche Hülfe findet Jeder, der ihrer bedarf.*[19] Man zählte gegen 4000 Einwohner, von denen Fontane rückblickend meinte, daß *kaum der zehnte Teil städtisch-bürgerlich und ein noch viel viel kleinerer Bruchteil gesellschaftlich in Betracht kam.*[20] Swinemünde lebte von seinem Hafen, dessen jüngst für 1 300 000 Reichsthaler errichteten Molen von Dr. Kind mit Stolz als großartiger, *an Römerwerke erinnernder Bau*[21] hervorgehoben werden. Freilich war die Schiffahrt durch Napoleons Kontinentalsperre sehr zurückgegangen, so daß man sich fragen mag, ob *der Gasthof der Frau Wittwe Olthoff, der Kronprinz, das Deutsche Haus, die Königin von Preußen, der Goldene Hirsch u.s.w.*[22] stets auf ihre Kosten kamen. Außer diesen Etablissements gab es ein *Gesellschaftshaus*, in dem während der Saison *oft mehr als hundert Gedecke* serviert *wurden; für 30 Tage zahlte der Gast 10 Reichstaler im voraus. Dafür hat man eine gute Suppe, ein Voressen, Mittelessen und Braten, Sonntags außerdem noch ein Gericht und Dessert aus Kuchen und Confituren bestehend ... Die Fremden finden im Gesellschaftshause alle gangbaren Sorten französischer, deutscher und spanischer Weine von vorzüglicher Güte und zu billigen Preisen. Wer seinen Wein mitbringt, zahlt 5 Silbergroschen Korkengeld für die Flasche. Warmes und kaltes Frühstück, Obst, Kuchen und Confituren, des Nachmittags Kaffee, Thee und Erfrischungen aller Art sind zu bestimmten billigen Preisen vorräthig; Abends wird nach der Charte gespeiset, und immer eine große Auswahl warmer und kalter Speisen fertig gehalten.*[23]

Es wäre reizvoll, noch mehr aus der Werbeschrift – denn das ist sie auch – des Dr. Kind zu zitieren, der nicht nur Landschaft und Ausflugsorte, sondern auch manche örtliche Einzelheit beschreibt, die in den Kinderjahren oder – nur wenig verstellt – im Kessin der «Effi Briest» wieder auferstehen. Denn die *Pudaglasche Oberförsterei* der «Kinderjahre» wandelt sich im Roman zur *Oberförsterei Uragla*, das *Bollwerk* und die *Plantage* bleiben erhalten und das sagenhafte *Vineta* auch, von dem Kind berichtet.[24] Es ist Crampas, der Effi davon erzählt: *da muß es liegen, das sind die Turmspitzen*[25] sagt er, durch die Plantage reitend. Dabei erinnert er an Heines Gedicht «Seegespenst», das Effi natürlich nicht kennt, ein mögliches Zitat freilich vermeidend, etwa *Du Immergeliebte, Du Längstverlorene, Du Endlichgefundene …*[26]

So gegenwärtig ist der Kindheitsort Swinemünde nicht nur in den «Kinderjahren». Als die Familie Fontane 1827 die beschwerliche Reise dorthin unternahm, ohne die Mutter, die vorerst in Berlin zurückblieb, einer *Nervenkur*[27] wegen, brauchte sie drei volle Tage; das Eintreffen setzte das Großstadtkind in Verwunderung: *Ein Tor war nicht da, Pflaster auch nicht, Menschen auch nicht. Der Abstand zwischen den Häuserreihen links und rechts war unendlich breit und jedes Haus klein und häßlich, viele noch mit Strohdach.*[28] Das vom Vater bei vorangegangener Inspektion erworbene Haus *ließ, wie äußerlich, so auch in seinem Innern viel zu wünschen übrig.*[29] Es lag geduckt unter einem riesigen Dach, das fünf Böden übereinander barg, wie sich zeigen sollte ein ideales Kinderspielgehäuse mit vielen Verstecken. Das Laboratorium der Apotheke (wie der Vater wurde später auch der Sohn Apotheker) und die Küche waren Prachträume, damals schon museal, die Kinderstube vernachlässigt und alles gestrichen in den abscheulichsten Farben. Die Wohnräume wurden verwandelt, nicht zuletzt durch die mitgebrachten, vom Großvater ererbten Möbel und erlangten die Eigenschaft, die der Enkel *bis diesen Tag am höchsten* schätzte: *das Anheimelnde und Gemütliche.*[30]

Der Leser dieses Kapitels könnte sich verwundern, warum es so vieles wiederholt, was bei Fontane unvergleichlich schöner und ausführlicher beschrieben wird und von jedermann gelesen werden könnte. Die Begründung ist einfach: Wir nutzen diesen Text nicht als kunstreiches Lebenszeugnis des größten deutschen Erzählers, sondern als Dokument bürgerlicher Verhältnisse im dritten Jahrzehnt seines Jahrhunderts. Denn die Einrichtung, die er beschreibt, hat sich in vielfacher Variation in guten Häusern gefunden, wobei das Fontanesche noch ziemlich bescheiden gewesen sein mag. Da war der *Salon* der Mutter: Durch *Messingblechgriffe zurückgeschlagene Gardinen*[31] an den Fenstern, ein Lesestuhl mit Fußbänkchen und freundlicher Aussicht, Lieblingsplatz der Mutter. Gegenüber an der Wand ein großes Sofa, mit *quittgelbem* Überzug, von vielen hundert Silbernägeln gehalten. Die Möbel aus Mahagoni, *sogenannte «Schinkelsche» Möbel*, wie sie eine biedermeierliche Tischlerfirma nach den Entwürfen von Preußens großem Baumeister anfertigte. Als Kind hat Fontane sie bewundert, und man kann gewiß sein, daß sie heutzutage wieder bewundert würden; als alter Mann fand er, es sei an die *Herstellung dieser Dinge* nicht *viel Arbeit und Phantasie*[32] gesetzt worden – er hatte das Ambiente der letzten Jahrzehnte vor Augen, das demjenigen seiner Jugend gänzlich widersprach. Gefallen fand in seiner Erinnerung der Wandschmuck, viele Bilder mit Engelsköpfen, *oder auch junge Mädchen mit Tauben und Kaninchen.* Am meisten aber gefielen ihm, vielleicht im Rückblick auf seine englischen Jahre, *englische Stiche: die Quelle der Egeria, die Kaskaden von Tivoli und ähnliches, Buntdrucke, die, meinem Gefühle nach, dem meisten, was jetzt auf diesem Gebiete geleistet wird, erheblich überlegen waren. Zum mindesten wirkten sie vornehmer.*[33] (Da hatte der alte Herr mit Gewißheit recht.) Nicht minder anheimelnd war das Zimmer des Vaters mit seinem *aus Birkenmaser gefertigten Schreibsekretär,*[34] dessen Klappe beim Herablassen quietschte und innen mit grünem Fries überzogen war. *Er saß gern an diesem seinem Sekretär* und hatte *ein besonders intimes Verhältnis ... zu einem ... Geheimfach, drin er, wenn ihm die Verhältnisse dies gerade gestatteten, sein Geld aufbewahrte.*[35] Leider waren die Verhältnisse keineswegs immer so, und er mochte sich dann doppelt gern auf das *mit buntem Wollstoff überzogene Sopha* zurückziehen, auf dem er ausgedehnte Mittagsruhe zu halten pflegte. Über dem *Sopha* hing ein berühmter, großer Kupferstich: *Frédéric le Grand retournant à Sanssouci après les manoeuvres de Potsdam, accompagné de ses généraux.*[36] Oft stand der Sohn vor diesem Bild, und es mag sein, daß davon die erste Neigung ausgegangen ist zur Geschichte Preußens, deren vorzüglichster und nicht kritikloser Chronist er werden sollte. Dann war da noch eine alte *Gehäuse-Wanduhr ... Diese Wanduhr ist jetzt in meinem Besitz. Mein Großvater und mein Vater sind bei ihrem Schlage gestorben und ich will dasselbe tun.*[37] So schrieb der Dreiundsiebzigjährige in das Manuskript, das ihm zur Genesung diente.

Soweit ein Blick auf den Stil des Hauses. Es beherbergte Vater, Mutter, vier Kinder, Hausmädchen und vor allem eine *Oberförster-Schwester*[38] (etwas sehr zu Empfehlendes), die als Wirtschafterin wirkende Frau Schröder. Vater Fontane hatte sie – während die Mutter noch in Berlin war – angestellt, eine Handlung, welche die so seltene uneingeschränkte Zustimmung seiner Frau fand. Denn: *Die Schröder war ein Schatz,*[39] über deren vortreffliche Eigenschaften die schlimme Entstellung ihres Gesichtes durch die Blattern (das gab es noch) schnell vergessen war. Sie war treu, zuverlässig, gerecht, ein Segen für die Kinder. *So lange wir in Swinemünde blieben, so lange blieb auch die Schröder in unserem Hause, von alt und jung geliebt und verehrt, nicht zum wenigsten von meinem Vater.*[40]

Das Elternhaus war ein lebensvolles Haus, mit vielerlei Geselligkeit und mit Hausgästen, von denen sogleich die Rede sein wird. Zuvor sind aber noch Hof und Garten in Betracht zu nehmen, der eine mit allerlei landwirtschaftlichen Räumen und Geräten sowie einer Remise, in deren Keller die Apotheke ihre Fruchtsäfte ungesichert vor dem Zugriff der Kinder bewahrte. Der Garten war wirklich so, wie man ihn sich denken möchte, teils *mit Reseda und Rittersporbeeten, mit Rabatten und Rondeelen und nicht zum letzten mit allerhand am Spalier gezogenen Obstarten besetzt,*[41] und teils eine Wildnis, in der Himbeer- und Johannisbeersträucher wucherten und eine baufällige Schaukel nicht fehlte. Beim Schaukeln drohte alles zusammenzubrechen – *Aber das gerade war die Lust, denn es erfüllte mich mit dem wonnigen und allein das Leben bedeutenden Gefühle: Dich trägt dein Glück.*[42]

Die Schröder führte das Regiment in Keller und Küche. Häufig gab es Hausgäste, noch häufiger Abendessen mit vielen Gästen, zu deren angemessener Verpflegung eine im ganzen Ort beliebte Kochfrau erschien, die ihre Tätigkeit stets mit der Herstellung eines Baumkuchens begann. Der Knabe Theodor hat diesen keineswegs einfachen, langwierigen Vorgang mit so viel Aufmerksamkeit verfolgt, daß der alte Autor ihn noch aufs Ausführlichste beschreiben konnte, so genau, daß die dafür angewendete Druckseite nahezu als Backanweisung dienen könnte, wenn nicht das Rezept für den Teig fehlte. *Es gibt auch heute noch Baumkuchen, gewiß; aber die jetzigen sind Entartungen, schwächliche, schwammartige Bleichenwangs, während die damaligen eine glückliche Festigkeit hatten, die sich, an den gelungensten Exemplaren, bis zur Knusprigkeit steigerte.*[43] Es ist dies eine vergleichsweise kindliche laudatio temporis acti, die an kindliche Genüsse anknüpft. Weiter greift schon die Erinnerung an die nachmittägliche Stunde, für die Mutter *die schönste Zeit des Tages, die Zeit, wo Besuch kam und die Vorbereitungen zum Kaffee getroffen wurden. Es war das damals alles viel hübscher und malerischer als jetzt.*[44] Auf einen Klingelzug brachte das Mädchen einen Messingkasten, der einen mit glühenden Kohlen gefüllten Eisenkasten verbarg. Darauf *stand ein beinah kugelrunder Wasserkessel, aus dessen Tülle der Dampf kräuselnd aufstieg.*[45] So wurde der Kaffee bereitet und in zierlichen Rokokotassen gereicht. Der Filius durfte den Kuchen präsentieren. Anwesend waren die gleichen Hausfrauen, die der Kochfrau und Kuchenarchitektin ein Fest gaben, als diese (sie führte darüber Buch) den tausendsten Baumkuchen hergestellt hatte.

Eine solche Einzelheit deutet auf den Charakter, den Geselligkeit in diesem noch gänzlich medienfreien Zeitalter hatte. Das Essen war einfach: *Einfach sage ich und dabei stabil. Keiner wollte zurückbleiben, aber auch nicht über den andern hinausgehen.*[46] Was man damals einfach nannte, bestand in Fisch nach der Suppe, *dann (feststehend) Teltower Rübchen und Spickgans, dann ein ungeheurer Braten und zum Schluß eine süße Speise, samt Früchten, Pfefferkuchen und Königsberger Marzipan.*[47] Nach der Suppe wurde Sherry gereicht, dann gab es einen eher schlichten Rotwein. Es waren immer Herrendiners von 12 oder 14 Personen, *gelegentlich erschien auch wohl meine Mutter mit bei Tisch.*[48] Am liebsten würde man Fontanes Schilderung abschreiben, so vergangen ist die Gestimmtheit dieser kleinstädtischen Gesellschaft, welche sich nicht zuletzt in den ausgebrachten Toasten ausdrückte: *Humor, Witz, Wortspiele fehlten nie.*[49] Auch Gewagtes war zugelassen, so wenn man die Frage aufwarf, ob der Hausherr als Verehrer Napoleons diesem auch, wie es einst der General Bertrand getan, seine Frau überlassen hätte (das freilich war der Hausfrau zuviel, sie überließ die Honoratioren Swinemündes sich selbst). Denn um diese handelte es sich zumeist bei den abendlichen Gesellschaften, und wenn Fontane ihre Porträts zu entwerfen hatte, so war er stets auf der Höhe seiner Kunst. Man fühlt sich versucht, eine knappe Anthologie der von ihm entworfenen Bildnisse einzuflechten.

Die Herrschenden in der Stadt waren die Krauses heißt es, und das Haupt der Familie war *der Geheime Kommerzienrat Krause, meistens der «alte Geheimrat» oder auch nur kurzweg der «alte Krause» genannt ... Er war, trotz seiner beinah 70, noch in glänzender Verfassung, so daß ich sagen darf, auf meinem Lebenswege niemandem begegnet zu sein, der mir die dominierenden Gestalten des vorigen Jahrhunderts so veranschaulicht hätte, wie er.*[50] Des vorigen, also des 18. Jahrhunderts. Der alte Krause war ein sehr reicher und sehr kraftvoller Mann, besaß ein großes und schönes Schiff, das nach seinem Geburtstag den Namen «der neunte März» trug und verdankte seinen Reichtum nicht allein seiner Geschicklichkeit, sondern auch der Kontinentalsperre. Viele Jahre nach den geschilderten Zeitläuften, im Sommer 1837, wollte Fontane dem geschäftlich in Berlin anwesenden Herrn eine Aufwartung machen. Er stieg die Treppe hinauf, um zu dessen Suite zu gelangen, als er *eine hohe, von einer Gasflamme hell beleuchtete Gestalt* sah, die ihren Stock auf den Boden stoßend *mit Donnerstimme* den Namen *«Louis»* rief. Das war der Diener, ein Nichtsnutz. Der Besucher kehrte um, als der Ruf aufs neue erschallte, die Gelegenheit schien nicht dienlich und der alte Krause *nicht daran gewöhnt, auf Kellner oder Portier, oder wohl gar auf einen seine Nachmittagsruhe haltenden Weinreisenden irgend welche Rücksicht zu nehmen.*[51]

So wird eine Swinemünder Hauptfigur mit Fontanes bevorzugtem Charakterisierungsmittel, der Anekdote, der Nachwelt überliefert. Nicht weniger wirksam ist allerdings die scheinbar einfache Beschreibung, wie sie z. B. dem «alten Schöneberg» zuteil wird. Ladenbesitzer, aber kein kleiner, vielmehr so assortiert, daß auch die Bedürfnisse der auf weite Reisen gehenden Handelsschiffe befriedigt werden konnten: *Wenn ein Schiffskapitän hier eintrat, so fand er hier alles, was er brauchte.* Vater und Sohn bedienten. *Der Vater, noch ein schöner Mann, exzellierte gleichmäßig in Umgangsformen und weißester Wäsche, während sein Sohn, auf den sich, von der Mutter her, eine das Kränkliche streifende Zartheit vererbt hatte, diese Zartheit durch etwas sehr Bestimmtes in seinem Wesen wieder wett zu machen wußte.*[52] Sieht man genauer hin, so zeigt sich, daß fünf Zeilen genügt haben, um drei Personen vorzustellen. Das geschieht immer so, daß sie nicht «vorgeführt», sondern in ihrem sozialen Umfeld begriffen werden. Das vorzüglichste Beispiel wird von einem ganzen, wenn man so will programmatischen Kapitel gegeben: *Sechstes Kapitel. Die Stadt; ihre Bewohner und ihre Honoratioren.*[53] Aber selbst das genügte Fontane nicht; er wird auch in *den zwei folgenden Kapiteln eine bestimmte Zahl von Personen dem Leser vorstellen.*[54]

Er tut das, gut preußisch, nach der Anciennität. *Da war zunächst der alte Landrat von Flemming, … nach Geburt und Stellung der erste Mann der Stadt und vielleicht auch der beste. Guter alter Adelstypus.*[55] In dieser Wendung klingt ein wenig von der Enttäuschung an, die Fontane im Alter von den preußischen Junkern erfuhr, denen er so zugewandt gewesen und deren Art und Stand vor allem durch seine Feder auf die Nachwelt gekommen sind. *Guter alter Adelstypus* – das impliziert, daß ein weniger guter, ein neuer zu beobachten ist, nicht von der Art der Herren von Vitzewitz und von Stechlin, und eben nicht wie der Herr von Flemming: *er war vollkommen anspruchslos, eine tief bescheidene Natur, die die sogenannten Gaben nicht mißachtete, aber auch nicht überschätzte und das Gewicht auf die Gesinnung legte.*[56] Am Ort war auch der *Steuerrat Koenigk, ein Herr von sehr feinen Sitten, ernst und liebenswürdig zugleich, dabei voll Geistesgegenwart.*[57] Sie äußerten sich, als er sich aufgefordert fand, an einem Spiel teilzunehmen, das mit offensichtlich unversteuerten Karten gespielt wurde; er ging ins Nebenzimmer zu den Damen. *Ein anderer aus der Honoratiorenschaft war Hofrat Dr. Kind, der Arzt, auf den Fontanes Mutter so große Stücke hielt. In seiner Erscheinung war er klein und fein, typischer Sachse, was sonderbarerweise die Spottlust der sonst so humoristisch-derb zugeschnittenen Swinemünder nicht herausforderte.*[58] Während langer Jahre war der Pastor Kastner Seelsorger in Swinemünde gewesen. Er starb bald nach der Ankunft der Fontanes und wäre dem Sohn gewiß entgangen, wenn eine dankbare Gemeinde der Kirche nicht sein *lebensgroßes Bild*,[59] mit lutherschem Doppelkinn, gestiftet hätte. Der junge Theodor schlich sich gern hinein, nur um es zu betrachten, weil ihm das Porträt *als der Inbegriff des Ehrwürdigen erschien.*[60] Vom bald verstorbenen *Burgemeister Beda* war ihm keine Erinnerung geblieben, umso lebhafter und eindrucksvoller diejenige seiner zweiten Frau. *Diese war, bei Hinscheiden ihres Gatten, noch eine Schönheit ersten Ranges und stammte wahrscheinlich aus dem Süden … von imposanter Erscheinung …, groß, ernst, hoheitlich … Ihre älteste Tochter … war in ihrer Jugend von gleicher Schönheit wie die Mutter, aber nicht von derselben Dauerbarkeit.*[61]

Die Schönheit dieser beiden Damen gibt den Anlaß, *über die Swinemünder Frauenwelt überhaupt zu sprechen. Der kleine Ort war wie eine lebendige Galerie of beauties und gab so recht den Beweis für die Überlegenheit der Meeresanwohner in allem was Erscheinung angeht … In den guten Familien war eigentlich alles hübsch, aber fast noch hübscher war die dienende Klasse,*[62] voran die Tochter des Totengräbers. Der Sinn für Frauenschönheit ist dem Dichter lebenslang geblieben und hat ihn in seinen späten Werken zwar keine *Galerie of beauties,* wohl aber eine Reihe von Frauen erfinden lassen, die dem Leser als schön in Erinnerung bleiben, aus dem Adel wie aus dem Volke. Aber das scheint nicht so bemerkenswert wie die Tatsache, daß all diese Swinemünder Gestalten der Feder eines Autors verdankt werden, der den Ort seiner Erinnerung mit acht Jahren kennengelernt hatte und mit dreizehn wieder verließ. Seine dichterische Erfindungskraft wurde offenbar bewegt durch ein außerordentliches Gedächtnis, wie es sich auch in seinen übrigen autobiographischen und geschichtlich-kulturgeschichtlichen Werken bezeugt. An der Gabe solchen Gedächtnisses zu zweifeln wäre ebenso abwegig wie an der Subtilität eines frühreifen, hochsensiblen Wahrnehmungsvermögens. Bei der Arbeit an den «Kinderjahren» hatte er sich auch an den Enkel des bereits erwähnten Kaufmanns Schöneberg gewandt und allerlei Auskünfte über die Familie erbeten; nachdem sie ihm zuteil geworden waren, bedankte er sich am 24. November 1892 mit den Worten: ... *alles, was Sie über die Stellung des Großvaters in der an Schwindel und Bummel so überreich gesegneten (übrigens dadurch nur um so interessanteren) Stadt sagen, stimmt genau mit den Eindrücken, die ich als kaum Zwölfjähriger empfangen habe. Das instinktive Ahnen war dem Erkennen weit voraus.*[63]

Man kann dafür eine Reihe von Beispielen als Zeugen aufbieten, wobei die schlichtesten die verläßlichsten sein mögen, die Realitäten nämlich der Kinderwelt, die Fontanes Vorliebe für die *Kleinmalerei* aufbewahrt hat. Sie reichen durchaus vor Swinemünde zurück, wie die Erinnerung an das Berliner Mietshaus, das ein *Schlächterhaus* war mit einem dunklen Hof, darin *zog sich eine Rinne, drin immer Blut stand*;[64] minder erschreckend, wiewohl auch ein wenig blutig war die Erinnerung an die langen blonden (eigenen) Kinderlocken, welche die wie stets energische Mutter nach ihrer Devise *«Nur nicht weichlich»* ... schmerzlichsten Kämmprozeduren unterwarf – *Eh nicht Blut kam, eh war die Sache nicht vorbei.*[65] Viel erfreulicher, wiewohl auch tief eingeprägt ins Gedächtnis war die Nachtfahrt des vielleicht Sechsjährigen ins Märkische, nach Cremmen zum Großvater. In den väterlichen Fußsack gesteckt erlebte er den Aufgang der Sterne. *Entzückt sah ich in die Pracht und kein Schlaf kam in meine Augen. Ich bin nie wieder so gefahren; mir war als reisten wir in den Himmel.*[66]

Von gleicher Eindringlichkeit war ein Bild, das sich auf der Umzugsreise kurz vor Swinemünde dem Kind bot. Der Wagen fuhr über *eine mitten im Walde gelegene Bohlenbrücke, zu deren beiden Seiten sich eine dunkelschwarze Wasserfläche mit weißen Nymphäen* (Wasserrosen) *ausbreitete; die niedergehende Sonne stand schon hinter den Tannen und ein roter Schimmer, der zwischen den Wipfeln glühte, spiegelte sich unten in dem schönen und zugleich etwas unheimlichen Teich. Es steht vor mir, als hätt' ich es gestern gesehen.*[67] Auch der fast Halbwüchsige war empfänglich für solche Stimmungen; wenn er am elterlichen, zum Zweck des Kegelspiels unternommenen Ausflug teilnahm, so geschah es, daß er gelangweilt sich in einem unter der Kegelbahn gelegenen *Stück Gartenland* wiederfand. *Es war ein richtiger Bauerngarten, Balsaminen und Reseda blühten drin und an einer Stelle standen die Malven so hoch, daß sie eine*

Gasse bildeten. Sank dann die Sonne drüben am Walde, so schwamm der nach Westen liegende Golm in einem roten Licht und die metallne Kugel auf seiner hohen Säule sah, als wäre sie golden, auf das Dorf und den Kegelgarten hernieder. Myriaden von Mücken standen in der Luft und die Hummeln flogen zwischen den Buchsbaumbeeten hin und her.[68] Poetisch wie diese Reminiszenzen auch sein mögen, bürgen sie doch für die Haltbarkeit kindlicher Eindrücke und bestätigen, was das Vorwort in Anspruch nahm, daß in der Kindheitsgeschichte *der ganze Mensch* stecke.

Erst recht steckt der ganze Mensch in dem, was er von Vater und Mutter behalten hat. Man spürt bei der Schilderung der Kinderjahre die Bemühung, der *noch ganz konventionellen Natur*[69] der Mutter Gerechtigkeit widerfahren zu lassen; das Bildnis des Vaters hingegen wird zu einem Denkmal, das die Liebe setzte. Es sucht in der deutschen Literatur seinesgleichen. *Erst in meinen alten Tagen,* so schreibt Fontane von seiner Mutter sprechend, *ist mir der Sinn für ihre Superiorität aufgegangen. Als ich selber noch jung war, erschien mir vieles in ihrer Haltung, besonders meinem Vater gegenüber, zu hart und zu herbe, später indes habe ich einsehen gelernt, wie richtig alles war, was sie tat …* Er faßte diese Richtigkeit zusammen in dem Satz: *Sie war dem ganzen Rest der Familie … weit überlegen, nicht an sogenannten Gaben, aber an Charakter.*[70] Dieses Wort begriff alles ein, was sie an Eigenschaften besaß, Gerechtigkeit, Pflichtgefühl und einen Realitätssinn, der das Gegengewicht zu dem liebenswürdig leichten Wesen ihres Mannes zu halten suchte. Wissen und gar Gelehrsamkeit waren ihr nicht wichtig, *gutes Aussehen und gute Manieren*[71] hingegen sehr. Vor Reichtum hatte sie Respekt, *während ihr Gerichtspräsidenten und Konsistorialräte nur wenig imponierten,* sie mußten von der Achtung zehren, die sie dem preußischen Staat entgegenbrachte; *die* nicht *praktischen Gebiete kamen für sie gar nicht in Betracht.*[72] Alle diese Eigenschaften hatten ihre vorzüglichen Seiten, und der zum alten Mann gewordene Fontane gestand, er müßte *es als ein großes Unglück ansehen, daß diese mir jetzt klar zu Tage liegenden Vorzüge von uns allen zwar immer gewürdigt, aber in ihrem vollen Wert und Recht nie ganz erkannt wurden.*[73] Kein Zweifel ist, Emilie Fontane geb. Labry hatte einen erheblichen Anteil daran, daß ihrer Familie wirkliche Schiffbrüche erspart blieben. Die großen Eheszenen hatten Ursachen, die beim Vater zu suchen waren; sie entstanden *immer in Folge von phantastischen Rechnereien und geschäftlichen Unglaublichkeiten, um derentwillen man ihm doch nie böse sein konnte.* Damit wenden wir uns der Person des Vaters zu, der *bis zu seiner letzten Lebensstunde verharrte ... in Liebe und Verehrung zu der Frau, die unglücklich zu machen sein Schicksal war.*[74]

Es gehört zu den lebhaft empfundenen Mißlichkeiten des Sprechens über wirklich schöne Literatur, daß sie am allerbesten für sich selbst spricht. Im Hinblick auf Louis Henri Fontane bedarf der Satz noch einer Variation: am deutlichsten wird dieser liebenswürdige Mann, dem man *nie böse sein konnte* in seinen Reden. Sie nehmen viel Raum ein in diesem schmalen Buch. Der Sohn gibt sie wörtlich, wobei hier wohl eine natürliche Grenze verbalen Erinnerungsvermögens anzunehmen ist, aber gewiß keine Grenze glaubhafter Phantasie, die im Roman vergangene Wirklichkeit und verklungenen Tonfall reproduziert. Wie der Mensch redet, so ist er auch, und wie der Vater war, das wußte dieser Sohn am besten. *Mein Papa war eigentlich ein Glückskind,* aber zugleich ein Charakter, *der immer mehr ausgab, als er einnahm;*[75] das galt wohl nicht nur für Geldsachen, mit denen er lebtags nicht recht zu Rande kam. Aber hinter dem scheinbaren Leichtsinn, hinter der Verehrung für Napoleon und dessen Leben, hinter dem *unverfälschten Colonistenstolz*[76] der in Preußen aufgenommenen Hugenotten, hinter dem Hang zu leben und leben zu lassen war noch ein anderer verborgen, so sehr, daß Fontane die chronologische Folge seiner Erzählung durchbrach, um vor die beiden letzten Kapitel eines zu setzen, dem er die Überschrift *Vierzig Jahre später (Ein Intermezzo)* gab. Aber dieses «Intermezzo» war weniger ein Zwischenspiel als der Einsatz zum Schlußakkord und entsprach dem Wunsch, *das Charakterbild meines Vaters nach Möglichkeit zu vervollständigen, will sagen nach oben (oben* ist unterstrichen*) hin abzurunden.* Dem folgt der ebenfalls hervorgehobene Satz: *Denn wie er ganz zuletzt war, so war er eigentlich.*[77]

Im Sommer 1867 war Louis Henri Fontane einundsiebzig Jahre alt, der Sohn, der sich aufmachte, den von seiner siebzigjährigen Frau getrennt lebenden Vater zu besuchen, war ein Endvierziger, aus England zurückgekehrt und in der Redaktion der konservativen Kreuzzeitung tätig. Das kleine Dorf, in dem Fontane senior sich vor Jahren ein ebenfalls kleines Häuschen gekauft hatte, war in Odernähe gelegen. Man fuhr von Berlin bis Eberswalde mit der Eisenbahn, von dort weiter mit dem Pferdewagen, dann war noch eine gute halbe Stunde zu Fuß zu gehen, *Rapsfelder links und rechts, einzelne mit Storchnestern besetzte Gehöfte weit über die Niederung hin verstreut,*[78] in der Ferne jenseits des Flusses Sandberge. Von der Giebelkammer hatte der Vater nach dem Sohn ausgeschaut, man begrüßte sich mit wechselweisem Wangenkuß, der Frage nach Frau und Enkeln (vom Alten nur gestellt, weil solche Frage zur Begrüßung gehörte), und dann beginnt das Gespräch, das schönste vielleicht, das der im Dialog nie wieder übertroffene Erzähler je geschrieben hat. Der Vater eröffnet es mit dem Satz: *Es ist das Leben eines Einsiedlers, das ich führe, ja, man könnte schon von Anachoreten sprechen, die ich mir, übrigens vielleicht mit Unrecht, als gesteigerte Einsiedler denke. Fremdwörter haben fast immer was Gesteigertes.*[79]

In diesen ersten Sätzen ist der ganze Mann bereits enthalten: eine milde Selbstbezogenheit, ein nicht ganz einzulösender Bildungsanspruch (*Anachoret*), eine gescheite Bemerkung über Fremdwörter, die er doch immer gerne gebrauchte, und dann, ausgelöst durch die Wendung *Hohenzollernwetter* für den strahlenden Tag, das alte Lieblingsthema: *Ich*, für *meine Person, halte an Napoleon fest,*[80] mit allerlei napoleonischen Reminiszenzen. Dabei fällt das Wort Tod – *Aber lassen wir den Tod. Tod ist ein schlechtes Wort.*[81] Als die dümmliche Haushälterin *geschmorte Kalbsbrust* aufträgt, wird die verwandte Denkungs- (und Rede-) weise der beiden aufs deutlichste hörbar:

VATER: *Ißt du so was?*
SOHN: *Gewiß eß ich so was. Kalbsbrust ist ja das allerfeinste...*
VATER: *Ganz mein Fall ... Kalbsbrust ist doch am Ende was Kleines.*
SOHN: *Ja und nein.*[82]

An dieser Antwort erkennt der Vater den Sohn, die beiden stoßen an mit Rotwein, der noch aus Stettin stammt und demnach ein auch für einen guten Bordeaux ehrwürdiges Alter hat; der alte Flemming in Swinemünde *nannt' ihn immer bloß Medoc,*[83] damit ist den Erinnerungen Tür und Tor geöffnet, sie alle kommen noch einmal vor, Mama und die Schröder, die beiden Katzen *Peter und Petrine ... weißt du noch?*[84] Nach des Vaters Programm werden Hof und Umgebung in Augenschein genommen, und als man in ein Fichtenwäldchen eintritt, sagt der Sohn pflichtschuldig: *Und in Poseidons Fichtenhain Tritt er mit frommem Schauder ein.*[85] Es war eine Lieblingsstelle, die Schülerzeiten am Grauen Kloster heraufruft, ein besseres Thema als das Geld, das leider auch zur Sprache kommt:

VATER: *Geld ist doch was, ist eine Macht. Und ihr habt nun alle nichts.*

SOHN: *Ach, Papa, rede doch nicht davon. Du weißt ja, es ist uns ganz egal.*

VATER: *Dir vielleicht, aber nicht deiner Mama.*

SOHN: *Sie hat sich auch darin gefunden.*

VATER: *Darin gefunden! Sieh, mein Junge, da liegt die Anklage und die alte Frau hat auch ganz Recht. Das sag ich mir jetzt alle Tage ...* [86]

In seiner weichen Stimmung blickt Louis Henri Fontane zurück und empfindet das Bedürfnis, über diese Dinge noch ein Wort zu sagen. Mit dreiundzwanzig, an seinem Geburtstag, habe er geheiratet, mit vierundzwanzig war Theodor da, zu tun hatte er nichts, da war der Spieltisch am Abend eine Abwechslung, *und dabei bin ich mein Geld los geworden und sitze nun hier einsam und deine Mutter erschrickt vor dem Gedanken, ich könnte mich wieder bei ihr einfinden.* [87] Dann fällt der entscheidende Satz, vom Vater gesprochen, aber zugleich nach dem Herzen des Sohnes: *Zuneigung allein ist nicht genug zum Heiraten; heiraten ist eine Sache für vernünftige Menschen. Ich hatte noch nicht die Jahre, vernünftig zu sein.* [88] Die Frage des Sohns, ob er dies der Mama wiedererzählen dürfe, wird vom Alten bejaht: *Sie hat Recht gehabt in allem, in ihren Worten und in ihrem Tun.* [89] Das waren die beinahe letzten Worte bei diesem Besuch, der auch der letzte sein sollte ... *wie er zuletzt war, so war er eigentlich.*

Die späten Einsichten werfen ein milderndes Licht auf die trüben Seiten der Swinemünder Zeit. Es ist merkwürdig, daß Fontane dem schönen Abschied noch zwei Kapitel folgen läßt, die keineswegs mild temperiert sind, eines, das dem eben Gesagten zum Trotz die Mutter nochmals in aller herben Strenge während Swinemünder Weihnachtstage schildert, überschrieben mit *Allerlei Gewölk,* [90] verdüstert durch pubertäre Streitigkeiten und die erste Erfahrung von Niederlagen, ein ganzes Jahr, *mit wenigen Ausnahmetagen, immer nur Fatalitäten, Kränkungen und Niederlagen.* [91] Ein grotesker Ton kommt zuallerletzt hinein, wenn der Vater auf der Mutter Bitte, in seiner Bonhommie dazu gänzlich ungeeignet, dem Sohn einen Tag vor dem Abgang ins Gymnasium noch eine Standrede hält, ihn zur Sittlichkeit zu ermahnen – eine damals häufige Pflicht bürgerlicher Väter, deren Söhne das behütende Elternhaus verließen. Es ist ein großer Auftritt; aber weil bei allem Ernst in seinem Gesicht ein humoristischer Zug erhalten blieb, so daß er *gerade dann, wenn er am ernsthaftesten sein wollte, sich über diesen Ernst zu mokieren schien,*[92] brach der Sohn (gewiß auch aus Verlegenheit) in ein kurzes, krampfhaftes Lachen aus.

VATER: *Junge, ich will doch nicht glauben, du lachst ...*
SOHN: *Nein, gewiß nicht, lieber Papa ...*
VATER: *Nun, darum möcht ich doch auch gebeten haben.*[93]

Der Sohn hat die Stunde nicht vergessen. Aber nur das Peinliche der Stunde ist ihm geblieben, nicht ihr Inhalt.

Am nächsten Tage traten Mutter und Sohn die dreitägige Reise an, die ihn nach Ruppin ins Gymnasium führen sollte. Frau Emilie Fontane war *ganz gegen ihre Gewohnheit, ungemein weich und nachsichtig*[94] und begleitete den zaghaften Bewerber zum Direktor, *ein mindestens 6 Fuß hoher alter Herr ... gedunsen und rot bis in die Stirn hinauf.*[95] Der Gewaltige gab Theodor ein schmuddliges Bändchen lateinischer Texte zum Übersetzen – es ging fließend. Mit den Worten *Sehr brav ... er ist reif für die Quarta*[96] war ein neuer Lebensabschnitt eingeläutet. Der Dank für dieses «Sehr brav» gebührte vor allem dem Hauslehrer im Hause des Kommerzienrats Krause zu Swinemünde, kein schöner, aber ein vorzüglicher Mann, der von sich sagen konnte: *ich bin ein Schüler von Schleiermacher und besitze nicht nur den west-östlichen Divan, sondern kann ihn sogar auswendig.*[97] An dessen Unterricht hatte Theodor teilgenommen, und seine Schüler *liebten ihn außerordentlich und sahen in ihm etwas in jeder Hinsicht Ausgezeichnetes.*[98] Als er nach einiger Zeit die Stadt verließ, folgte ihm ein Predigtamtskandidat nach, Sohn des Lotsenkommandeurs, dessen einziges Verdienst in der Nötigung seiner Eleven bestand, Schillers Balladen in aller Länge auswendig zu lernen. Damit erlangten sie *die Totalkenntnis der Schillerschen Balladen*[99] und er selbst erhebliche Ruhepausen; ihm folgte ein arroganter Hamburger nach, Dr. Lau blieb unerreicht. Aber aus dem Elternhause hatte Fontane bereits eine Ausrüstung erhalten, die vor allem dem so naiv-kuriosen wie lebendigen Bildungstrieb seines Vaters zu danken war. Es lohnt sich, deren Gegenstände wörtlich aufzuführen: *Lesen, Schreiben, Rechnen; biblische Geschichte, römische und deutsche Kaiser; Entdeckung von Amerika, Cortez, Pizarro; Napoleon und seine Marschälle; die Schlacht bei Navarino, Bombardement von Algier, Grochow und Ostrolenka; Pfeffels Tabakspfeife, «Nachts um die zwölfte Stunde», Holteis Mantellied und beinah sämtliche Schillersche Balladen. Das war, einschließlich einiger lateinischer Brocken, so ziemlich alles und im Grunde bin ich nicht recht darüber hinaus gekommen ... und das berühmte Wort vom «Stück-werk», traf, auf Lebenszeit, buchstäblich und in besonderer Hoch-gradigkeit bei mir zu.*[100] Die Nachfahren aber verdanken diesem Fundus nicht nur die «Kinderjahre» und mit ihnen den Einblick in eine längst vergangene bürgerlich-kleinstädtische Kultur, sondern eine Anzahl von Romanen, mit denen die deutsche in den ersten Rang der erzählenden Weltliteratur eingetreten ist.

Bürgerbriefe

Briefe waren einstmals das unmittelbarste Medium der Mitteilung zwischen Menschen, nimmt man das schnell verwehende Gespräch aus und das manchmal mitteilsame Schweigen. Heute, so scheint es, ist der Brief aus der Mode gekommen. Der Verliebte umwirbt nicht mehr schreibend die Erwählte, der Sohn berichtet den Eltern nicht von seinem Fleiß in der Universität, der junge Herr auf Kavaliersreise vermeldet nicht mehr, unvollständig, die Erlebnisse in Paris, so wenig wie der Handwerksgeselle fremde Meister, Herbergen und Länder in Briefen denen zu Hause nach seinem Vermögen beschreibt. Es mag dahingestellt bleiben, ob solcher Schwund brieflichen Mitteilens auf einem Wandel der Beziehungen beruht, die man etwas verlegen als «zwischenmenschliche» zu bezeichnen pflegt; oder ob das anonyme Bombardement mit Worten, dem wir ausgesetzt sind von früh bis spät durch Morgenzeitung und Nachrichten, durch Plakatwände und Werbemittel, dem Betroffenen die Sprache verschlägt, weil er sich keinem Lebendigen gegenübersieht.

Das war nicht immer so, schon gar nicht in den Zeiten, in denen der Griff zum Telephon, diesem Briefmörder ersten Ranges, auch für eine kühne Phantasie noch undenkbar war. Vordem mußte die glückliche Geburt des ersten Kindes den bangend wartenden Großeltern umständlich und brieflich kundgetan werden; heute ruft der neue Vater an und setzt, ein Übriges tuend, eine Anzeige in die Lokalzeitung, die neben dem Namen des Ankömmlings auch dessen Länge in Zentimetern und das Gewicht in Gramm mitteilt. Als aber im Jahre 1781 der Dichter Matthias Claudius Vater wurde, zum sechsten Male wohlgemerkt, so meldete er es seinem Freunde Herder nach Bückeburg folgendermaßen:

Wandsbeck, den 16. Mai 1781. Lieber Herder, Gott zum Gruß! Diesen Morgen um 4 Uhr ging Frau Rebecca an ihre Arbeit und um 5 Uhr war alles vorbei und wir hatten Gott sei Dank! wieder ein großes dickes Mädchen. Das sind derer nun 5 und nach den Anzeigen der Kunst und dem Winken ab ilice wird das nächste wohl wieder ein Mädchen, das wären derer denn 6. Nun Gott sei gelobet! Mir ists recht leicht nun. Die arme Frau Rebecca hat die letzten Wochen viel gelitten, das Kind konnte keinen Platz mehr in ihrem Leibe finden und bewegte sich so gewaltsam. Itzo liegt sie im Bette wie eine Braut und grüßt Euch freundlich und wünscht Euch auch Erlösung ... Lebt wohl und Gott sei mit Euch.[1]

Auch ein andermal hatte der gleiche Claudius von Wochenbetten zu melden. An Ernestine Voß, Frau des guten Freundes Johann Heinrich (sie war in Wandsbeck wohlbewandert) schrieb er: *Sie fehlen uns hier an allen Ecken, liebe Voß... Harmsen seine Frau ist im Wochenbett gestorben, sie hat erschrecklich viel bei der Entbindung ausgehalten und den Tag darauf ist sie gestorben ... Das Kind ist auch tot zur Welt gekommen, bei alledem soll sie außerordentlich geduldig gewesen sein. Meine Nachbarin Abrahams ist auch von einem Sohn entbunden, der aber die Beschneidung auch nicht erlebt hat.*[2] Das war damals ganz gewöhnlich.

Briefe also enthielten das ganze Menschenleben, Mitmenschen mitgeteilt. Und da wir mit dem ersten Beispiel, wiewohl nicht ungefährdet, in dieses Leben eingetreten sind, so wollen wir dem Lebenslaufe weiter brieflich folgen. Bettina von Arnim schreibt ihrem Mann im September 1820: *Du denkst Dir meine Lage nicht. Jakob Böhm sagt: eine Frau die schwanger ist, trägt in der ersten Hälfte den Tod in ihrem Herzen, und alles was sie ansieht, erregt ihr Ekel und Ermüdung, und was sie anrührt, das durchschaudert ihre Nerven und ihr Gebein mit Todesschaudern, und was sie hört, das macht ihr Betäubungen im Kopf und beklemmt ihr Herz, und dieser Zustand dauert, bis das Kind Leben hat, stärker oder schwächer bei jeder Frau, und die Frau ist sehr gut und gebildet, die den Mann nicht hasset, der sie in diesen Zustand versetzt hat; siehst Du, lieber Alter, ich bin fern davon, Dich zu hassen, weil ich in diesem Zustand bin, aber eine gütige Nachsicht verdien ich doch von Dir ...*[3]

Das sind andere, ehelichere Töne als die aus den Zeiten der Liebeswerbung, welche allem Kinderkriegen vorausgegangen sein muß. Da griffen sie alle voll in die Saiten der Briefesharfe, auch der Konsistorialrat Herder in Bückeburg, wenn er 1772 an seine Braut Caroline Flachsland schrieb. Aber ehe er zu Wort kommt, sei gesagt, warum in diesem Kapitel zumeist Zeugnisse berühmter Autoren erscheinen. Das hat einen zwiefachen Grund. Der eine: nie wieder sind die Deutschen so mitteilungsfreudig gewesen wie in dem Zeitraum, da die deutschen Staaten politisch außer Preußen eher unbedeutend waren; aber im wechselseitigen Austausch von Nachrichten und Gedanken waren ihre Einwohner so reich und so ungehemmt wie zuvor nicht und nie mehr danach. Der andere: die Briefe, die von damals auf uns gekommen sind, haben mehr als zwei Jahrhunderte überdauert nicht nur, weil Schreiber und Empfänger Leute waren, deren Andenken etwas gilt; vielmehr auch, weil in ihnen vergangene Wirklichkeit zugänglich wird, zugänglicher als irgendwo sonst. *Deshalb sind Briefe so viel wert*, sagt Goethe in «Dichtung und Wahrheit», *weil sie das Unmittelbare des Daseins aufbewahren.*[4] Briefe, sogar die bösen, sind überaus menschlich.

Und so sehen wir, um zu ihm zurückzukehren, den Konsistorialrat Herder sechsundzwanzigjährig auf Freiersfüßen: *Bückeburg, 11. Juli 1772. Welch reiche große Ernte an Briefen kommt mir heut, süßes Mädchen, auf meine so lange, lange Theurung: und von welchem Inhalt! Wo soll ich anfangen, wo soll ich endigen, über alle Ihre Liebe, Unschuld, Zutrauen und Zärtlichkeit des Herzens! O Gott, wie ists, wenn die Unschuld spricht! und wie hab ich je, wie kann ich je ein solch Herz verdienen.*

Wiße also, mein liebstes Mädchen, mein Stillschweigen ist nie Entfernung oder Zweifel oder Kälte des Herzens gewesen. Sondern (ich schreibe aus der Tiefe meines Herzens) hat nie anders als von Armuth, Ehrlichkeit, Mißtrauen auf sich selbst und wahrer Hochachtung für Sie hergerühret.

Zuerst muß ich sagen, wars Betäubung …

Endlich und vorzüglich und Einzig. Wenn ich nichts in der Welt besitze, so ist mir die Ehrlichkeit Alles, ein Weib, die ich schätze, und liebe, nicht unglücklich zu machen. Erste Unehrlichkeit also ist, sie in ein Bette einzuführen, das noch nicht gebettet, das von allen Seiten noch dürres Stroh ist.

Liebste Freundin, die Eile mit der ich schreiben muß (es ist Sonnabend spät!) und die Fülle des Herzens, aus der ich schreibe machen meinen Brief so rüde und uneingefaßt; aber meine Flachsland, wenigstens ist der glatte Kieselstein, den ich Dir so uneingefaßt gebe, ein Stein treuer Hand … Du, mein liebstes Weib, oder ich ewig Allein! Da stehen Sie also! Hier ich! nur oben ist der, der Ja spreche.[5]

Im Falle Herders hat der da Oben sein Ja gesprochen, es war eine glückliche und lange Ehe; noch zwei Jahrzehnte später, von einer Reise, schließt Herder einen Brief an die Frau mit den Worten: *Hübsche fromme Weiber gibts hier. Gestern sah ich eine, die den Augenblick eine Madonna sein könnte. Gute Nacht, liebes Weib, Du meine einzige wahre Mutter Gottes auf Erden. Lebe wohl mit Denen und meinen Lieben und sei mir hold und gewogen. Denke an mich, wie ich an Dich denke ... Es schlägt 11 Uhr und ich will morgen früh reisen.*[6] Freilich gingen nicht alle Liebenden zu jener Zeit miteinander in so hohem Ton um, und nicht alle Liebesbriefe waren nahezu unerotisch.

In Weimar schrieb Clemens Brentano seiner Freundin Sophie Mereau, der Frau seines Professors, im Juli 1803: *Soll ich Dich heute sehen, ach ich möchte Dich immer sehen, wie Du mir gestern den Schlüssel herabwarfst, das ist nun das zweitemal, daß Du mir etwas vom Fenster herabwirfst, weißt Du – in Jena das Schnupftuch – ich war schon auf dem Wege nach Jena zu gehen, und dort zu schlafen, denn in der ganzen Stadt war alles zu Bette, nur die Liebe meine Liebe, Deine Liebe, die liebste Liebe wachte noch, kennst Du mich noch Sophie, nach solcher Vertraulichkeit, wenn Du wüßtest, wie schön, wie allmächtig schwach Du bist, in meinem Armen so ergeben, so gebend, Du könntest noch besser verstehen, wie ich so kühn bin, Alles zu durchbrechen, ach es ist mir dann, als hätte ich die Welt in Flammen gesteckt, und Du allein seist unzerstörbar und ich müßte mich flüchten in Dich, um Dir Deinen Geliebten zu erretten, und wenn alles ausgeglüht sei, so lägen wir wie geschmolzen in eins ... Wenn es Dir möglich ist Geliebte, so sage mir, ob ich heute abend zu Dir kommen soll, um mit Dir spazieren zu gehen...*[7]

Für eine kurze Zeit ist Sophie Mereau, nachdem sie von ihrem Mann geschieden war, Brentanos Frau geworden, ehe sie 1806 im Kindbett starb. So hat sie, vielleicht, noch einen Zipfel von dem Glück erfaßt, das der Karoline von Günderode (beide Frauen schrieben Gedichte) versagt blieb, die sich im selben Jahre 1806 umbrachte, weil ihr Geliebter, ein Heidelberger Professor, sich aus seiner Ehe nicht lösen wollte. Zuvor hatte sie sich hilfesuchend an einen gemeinsamen Freund gewandt, der sie zurückwies. Noch gab sie nicht auf: *Ihr Brief, lieber Daub, hat mir mehrere Stunden des peinlichsten Kampfes bereitet, aber verzeihen Sie mir, aus diesem ist die der Ihrigen entgegengesetzte Ansicht wieder neu und kräftig hervorgegangen. Ist das eine rechte Ehe, wenn zwei Wesen sich gänzlich verstehen und lieben, sich besitzen und besessen werden, wenn das innerste heiligste Leben des Einen sich* nur *von dem Andern entzündet und nährt? und wenn das eine rechte Ehe ist, so ist die* eine Sünde *an der Natur, die zwei Gemüther, die sich einander nicht genügen, nicht verstehen und lieben, in eine peinigende Fessel schlägt, in welcher das Herz des Einen sich in unbefriedigter Sehnsucht qualvoll verzehrt; und warum, weil es sich einmal irrte, mag es verschmach-*

ten, wer fragt nach dem heimlichen Ächzen des gemißhandelten Herzens, wenn nur der Mensch nicht gleich darüber stirbt, so beruhigen sich alle, meinend, es werde sich schon geben; aber es giebt sich nicht, und viel schlimmer ist es, so leben als zu sterben. Können Sie glauben, die Frau würde nun glücklich sein wenn ich entsagt hätte? wahrlich es kann ihr nicht wohl sein im Bewußtsein, daß sie einen Mann zwinge, bei ihr zu bleiben, dessen ganzes Wesen sich weg sehnt von ihr, und selbst dann, wenn sie ihn so behaupten wollte, besäße sie ihn nicht, denn man besitzt nur, von dem man geliebt wird, oder sie besäße ihn wie der Kerker den Gefangenen ... Daß wir uns lieben mußten, wie wir uns kennen lernten, das war nothwendig, ich mache mir keinen Vorwurf darüber; ich habe gefehlt, als ich ihm das erste Mal erlaubte zu hoffen; nun aber, da ich ihn und mich mit dieser Hoffnung so vertraut gemacht habe, nun Entsagen wäre keine gute That, wenn ich denn auch sündige, so will ich wenigstens gegen ihn rein bleiben, ihm leben oder sterben, ich lasse mir selbst keine andere Wahl mehr.[8]

Sie hat ihr Wort wahrgemacht. Vier Jahre zuvor war eine andere Frau gestorben, nach ärztlichem Zeugnis an den Röteln, die sie bei der Pflege ihrer kranken Kinder sich zugezogen hatte, aber im Gedenken der Nachwelt nicht minder an ihrer Ehe und der Liebe zu einem anderen, der nicht ihr Mann, sondern dessen Angestellter und Erzieher ihrer Kinder war. Als der Bankier Gontard in Frankfurt den Hofmeister Hölderlin aus dem Hause verwiesen hatte, begann der heimliche Briefwechsel zwischen Susette Gontard und Friedrich Hölderlin.

Freytag Morgend 1/2 10 Uhr
Seit ich Dich gestern sah ist nichts als der Wunsch in mir lebendig Dich zu sprechen, willst Du es wagen, bindet Dich kein Versprechen, so komm heute Nachmittag ein viertel nach 3 Uhr, gehe unverstohlen der hinteren Tühre welche immer offen ist herein lauffe leicht und schnell die Treppe herauf wie sonst, die Tühre zu meinem Zimmer an der Treppe wird Dir schon geöffnet seyn, die Kinder lernen zu der Zeit im hintern blauen Zimmer und können Dich nicht sehen wenn Du an der Mauer her gehest, Willhelmine bleibt bey der M im Wohnzimmer, und wir können hoffen uns eine Stunde ruhig zu sprechen, findest Du es aber unbesonnen oder hast sonst Gründe verspreche ich sie zu ehren, und mich gewiß in nichts zu ändern, es bleibt dann bey der Alten Einrichtung Du kannst es immer noch so machen, mich wirst Du immer finden.

sollte Dich sonst auch jemand sehen tuht das gar nichts, Es kann nicht auffallend seyn wenn Persohnen welche 3 Jahre unter einem Dache lebten 1 halbe Stunde zusammen zubringen, das Gegentheil viel mehr.[9]

All diese Listen (und es wurden noch manche erdacht) haben den Beiden, wie man weiß, nicht viel geholfen. Wenig Zeit später schrieb Susette: *Ich suchte mit allen Kräften Dein verlöschendes in mir gewordenes Traumbild, mit lebendigen Farben wieder in meine Einbildung zu rufen, ach! es war mir versagt ich fühlte, den Wunsch und die Ohnmöglichkeit zugleich, ich dachte wohl an Deine Briefe Deine Bücher, Deine Haare, aber ich wollte keine Hülfe, wollte ganz aus mir selbst Dich in mir erneuen, doch mein töricht Herz mußte bald vor der Vernunft erröthen, und Entschuldigung finden, einige Tage nachher kramte ich mir, Deine lieben Sachen, und Briefe, von ältern Zeiten aus, die mir damals als ich Dich noch hatte wenig waren, und wovon nichts mehr in meinem Gedächtniß war, welch einen Schatz von lieben Worten, welch ein Trost, welch ein lieblich Bild von Dir fand ich darinn, wie lockten sie liebliche Trähnen der Zärtlichkeit mir in's Auge, wie stärkten sie mein Herz, wie halte ich mich jetzt darann in jeder bangen Stunde. Aber Ach! daß ist* Vergangenheit! – *Was ist* Gegenwart? – *Was Zukunft?*[10]

Es sind diese zuletzt gewählten Zeugnisse lauter Zeugnisse des Entbehrens, und manchmal will es scheinen, daß die Liebe in der Entfernung, in der räumlichen wie in der von Gesellschaft und Sitte errichteten, am beredtesten wird. Von einer dienstlichen Reise schreibt der Minister Goethe am 28. Juni 1784 aus Eisenach an Frau von Stein: *Nun wird es balde Zeit liebe Lotte daß ich wieder in deine Nähe komme denn mein Wesen hält nicht mehr zusammen, ich fühle recht deutlich daß ich nicht ohne dich bestehen kann. Des Ausschußtags Abschied ist signirt nun kann es nicht lange mehr währen ich rechne noch eine Woche, dann werde ich loskommen können. Das Wetter ist höchst elend man kann nicht vor's Thor, und was innerhalb der Mauern von Schönheiten und Artigkeiten lebt, hat allenfalls nur einen augenblicklichen Reitz für mich und kann kaum das Regenwetter balanciren geschweige einen so wesentlichen Mangel als der ist den ich von Morgen bis zu Abend empfinde.*

Ja liebe Lotte ietzt wird es mir erst deutlich wie Du meine eigne Hälfte bist und bleibst. Ich bin kein einzelnes kein selbständiges Wesen. Alle meine Schwächen habe ich an Dich angelehnt, meine weichen Seiten durch dich beschützt, meine Lücken durch Dich aus-

*gefüllt. Wenn ich nun entfernt von dir bin so wird mein Zustand
höchst seltsam. Auf einer Seite bin ich gewaffnet und gestählt, auf der
andern wie ein rohes Ey, weil ich da versäumt habe mich zu Harni-
schen wo du mir Schild und Schirm bist. Wie freue ich mich dir ganz
anzugehören. Und dich nächstens wiederzusehen.*[11]

Genug der Liebesbriefe; es ist merkwürdig mit ihnen: Sie suchen
das Fehlen der Nähe, den Schmerz der Entbehrung und den Drang
der Neigung in Worte zu fassen – selbst bei den Schreibern, in deren
Blätter wir als Nachkömmlinge indiskret geblickt haben, entgehen
sie nicht der Wiederholung; man kann auch sagen, ihnen ist eine gewisse Allgemeinheit eigen, weil die Fülle des Gefühls die Bestimmtheit der Äußerung auflöst. Das gilt nicht in den (nicht zahlreich
überlieferten) Äußerungen, in denen das Erotische ausdrücklich
wird, ein Ausdruck, vor dem das 18. Jahrhundert sich weit weniger
scheute als spätere Zeiten. Ziemlich sanft und empfindsam äußert
sich noch Klopstock, der im hohen Ton den «Messias» gedichtet
hatte. An seine liebe Meta Moller schreibt er unter dem 11. Januar
1752: *Ich weis nicht, wo ich mit dem allen hinsoll, was ich Ihnen alles
zu sagen habe. Sie sind – – – und was denn nun? Ein kleines, aller-
liebstes, süßes süßes Mädchen. Wenn ich bey Ihnen wäre, rathen Sie
einmal, was ich thäte? Sie müssen mir izt gleich, geschwinde, ehe Sie
weiter lesen, ein klein bischen davon errathen, denn sonst dürfte ichs
nicht thun. Ich nähme Sie in meine Arme, ja das thäte ich! Und ließe
Sie nicht eher los als bis ich wohl müßte, bis ich für Freuden gestorben wäre. Und was thäten Sie dann, sie kleines Mädchen?*[12] Darüber
ließ Meta gegenüber einer Freundin, nachdem sie geheiratet, keinen
Zweifel: *Wissen Sie, wie wirs machen wollen? Klopstock hat es sich
schon ausgebeten (oder wenn Sie etwa glauben daß der Ausdruck sich
für einen Ehmann besser schickt, schon befohlen) daß in jedem Zimmer ein Canapee sein sollte. (Nicht der Pracht, sondern der Ehelichkeit wegen.) Auf dem Canapee sitzend also werden wir essen, auf
dem Canapee werden wir Thee trinken, und auf dem Canapee alles
thun. Z.E. ich an der einen Seite mein Kind einwickeln und Klopstock
an der andern an einem kleinen Tische schreiben … Wie süß wird es
sich so sitzen lassen, Hannchen! Da kann man sich recht an seinem
Mann schmiegen. (Oder in unserer Sprache hinanhümmen).
Geschwind kann man auf seinen Schooß hüpeln (alles nach unserer
Sprache, wovon ich Ihnen bald ein Lexicon schicken werde, um meinen Brief zu verstehn).*[13]

Aber auch der heutige Leser versteht solchen Brief ohne Lexikon und weiß wohl, was mit *Ehelichkeit* gemeint sei. Dazu bedarf es auch nicht der deutlichen Worte, mit denen Wolfgang Amadeus Mozart, fünfundzwanzigjährig, seinem irritierten Vater klarzumachen sucht, warum er sich zu verehelichen gedenke: *liebster vatter! sie fordern von mir die erklärung der Worte die ich zu Ende meines lezten briefes hingeschrieben habe! – O wie gerne hätte ich ihnen nicht längst mein Herz eröfnet; aber der vorwurf welchen sie mir hätten machen können, auf so was zur unzeit zu denken, hielte mich davon ab – obwohlen denken niemalen zur unzeit seyn kann. – Mein Bestreben ist unterdessen etwas wenig gewisses hier zu haben – dann lässt sich mit der hülfe des unsichern ganz gut hier leben; – und dann – zu heyrathen! – sie erschröcken vor diesen gedanken? – ich bitte sie aber, liebster, bester vatter, hören sie mich an! – ich habe ihnen mein anliegen entdecken müssen, nun erlauben sie auch daß ich ihnen meine ursachen und zwar sehr gegründete ursachen entdecke. die Natur spricht in mir so laut, wie in Jedem andern, und vielleicht läuter als in Manchem grossen starken limmel. Ich kann ohnmöglich so leben wie die Meisten dermaligen Jungen leute. – Erstens habe ich zuviel Religion, zweytens zu viel liebe des Nächsten und zu Ehrliche gesinnungen als daß ich ein unschuldiges Mädchen anführen könnte, und drittens zu viel Grauen und Echel, scheu und forcht vor die Krankheiten, und zu viel liebe zu meiner gesundheit als daß ich mich mit hurren herum balgen könnte; dahero kann ich ihnen auch schwören daß ich noch mit keiner frauens-Person auf diese art etwas zu thun gehabt habe. – Mein Temperament aber, welches mehr zum ruhigen häuslichen leben als zum lärmen geneigt ist – ich der von Jugend auf niemalen gewohnt war auf meine sachen, was Wäsche, kleidung und etc: anbelangt, acht zu haben – kann mir nichts nöthigers denken als eine frau ... ich muß doch immer so denken.*[14]

Nun besteht diese eheliche Wirklichkeit, wie man weiß, keineswegs aus einer Verewigung des Flitterwochenglückes, wie es Meta Klopstock beschrieben hat, und auch die Hoffnungen, die Mozart auf die Ehelichkeit setzte, blieben oft genug unerfüllt. Der Alltag fordert sein Recht, die Wiederkehr des Gleichen ermüdet, und auch in einer so guten Ehe, wie es die der Bettina mit Achim von Arnim war, gab es Entmutigung und das Gefühl des Ungenügens, das sie im September 1820 in Worte faßte: *Nun hast Du lauter widerwärtige Geschäfte, hast vor einem halben Jahr die Kinderkrankheiten mit ertragen helfen, hast allen Verdruß des Hausstandes geteilt, hast eine kränkliche Frau vor Dir, der's alle Augenblicke grün und gelb vor*

Augen wird, und die den ganzen Tag schlafen und kein lautes Wort hören möchte; bald kommt wieder das Wochenbett, wer weiß mit wieviel unangenehmen Vorfällen verknüpft, und das sind die zufälligen Schicksale, in denen ein Dichter gedeihen soll. Nur den Verdruß mache mir nicht, daß ich mir am Ende meines Lebens sagen muß, daß das deinige genußlos geworden, von dem Augenblick, wo Du mich Teilhaber desselben gemacht.[15]

Aber es gibt noch andere, schwerer zu bestehende eheliche Bewährungsproben als die, von denen Bettina schrieb. Wenn einer der beiden Eheleute einen Dritten liebt – es muß nicht gleich zu dem kommen, was mit dem harten Wort Ehebruch bezeichnet wird –, wenn also einer sich einem Dritten zuwendet, so ist ungewiß, welche Folgen eintreten: Eifersucht, Trennung, Zorn, Feindschaft – oder erneute Zuwendung und verzeihendes Verständnis: viele Möglichkeiten, die Mischung vieler Möglichkeiten birgt die Brust der Verletzten. Im Jahre 1813, als die Welt erregt war vom Fortgang der Befreiungskriege, schrieb der Theologe Friedrich Schleiermacher an seine so schöne wie kluge junge Frau in der Frühe des 15. Juni: *Als Du das Ja aussprachst in der Laube, und als Du es wiederholtest vor dem Altar, da lag freilich darin, daß Du keine Leidenschaft in Dir wolltest aufkommen lassen und hegen für einen Andern. Du Arme! daß Du jenseits dieses Versprechens hast hinüber reisen müssen, um Dir das höchste Glück Deines Lebens zu pflücken. Frei kann ich Dich nicht sprechen, aber innig bedauern mit der tiefsten Wehmuth, daß gerade Dich Dein Geschick so vor dem Höchsten auf Erden vorbeigeführt hat. Ich kann Dein liebes Haupt an mein Herz drücken und Deine Stirne küssen und mich Dir ganz aufs Neue geloben, Dich durch das mangelhafte Leben mit aller Kraft meiner Liebe und meines ganzen Wesens zu geleiten, alles Gute über Dich auszuströmen, was in mir quillt und was ich um mich her erreichen kann. Du Liebe, die ich so gerne in stolzer Freude wandeln sehe, daß Du Dich demüthigen mußt unter diese Wege Gottes. Ja, mein Herz, es ist ein Schmerz in unser Leben gelegt, der nie ganz zu verwinden ist. Laß' ihn uns heilig halten, Gott hat ihn hineingelegt, und laß uns Ihm zu Ehren soviel Freude drum herum säen und pflegen, daß sich das Leben doch zu einem anmuthigen und fruchtbaren Garten Gottes gestalte; nur in dem innersten Heiligthum, wenigen sichtbar, schwer zu finden mögen die Cypressen stehn.*[16]

Nicht der ganze Brief Schleiermachers ist in dieser bewegten Sprache abgefaßt, die manchen heute zu gefühlvoll anmuten mag. Das ist sie nicht, sie ist nur geleitet von der Absicht, die Bewegung des Gemüts und die Bewahrung der Sitte in rückhaltlose Worte zu fassen, eine Fähigkeit, die damals vielen Schreibern gegeben war und die im Laufe des vergangenen Jahrhunderts immer mehr verkümmerte. Sie ist bei diesem Autor, einem der größten Briefschreiber deutscher Sprache, auch durchaus nicht vorherrschend, die schlichte Mitteilung überwiegt, und vor den zitierten aufgewühlten Zeilen stehen ganz beruhigte: *Ich habe einen herrlichen Gang im Garten gemacht, schon um Dreiviertel auf fünf war ich unten ... Mit den Acazien ist es vorbei, die Rosen und die Nachtigall warten wohl noch acht Tage auf Dich, aber schwerlich länger.*[17] Es war ein biedermeierlicher Garten im Zentrum der großen Stadt Berlin. Im *innersten Heiligtum* dieser Ehe freilich standen von nun an, *wenigen sichtbar, schwer zu finden ... die Cypressen.* Die Zypresse war der Todesbaum, und Schleiermachers Frau hat das verstanden.

Auf Verstehen gründet sich, auf Verstehen zielt der ganze ungewöhnliche Brief und ist damit charakteristisch, wenngleich auf überaus hohem Niveau, für die mitteilungsfreudige Epoche, in der er geschrieben wurde. Er war unvermittelte Anrede und vertrauliche Eröffnung gegenüber einer ganz nahen und geliebten Empfängerin. Man hat zu Anfang des vergangenen Jahrhunderts viel darüber nachgedacht, wie denn ein rechter Brief beschaffen sei. Wie wichtig man die Frage nahm, ist an der Tatsache erkennbar, daß der Brockhaus von 1827 für das Stichwort *Brief* fünfeinhalb eng bedruckte Seiten braucht. Damals war der lexikalische Stil noch nicht zum komprimierten Telegrammstil heutiger Nachschlagewerke geschrumpft, und so lesen wir darin Sätze wie die folgenden: *Wir verlangen daher von dem musterhaften Briefe, daß er, aus der Eigenthümlichkeit des Schreibenden hervorgegangen, dieselbe auch bezeichne; aber wir fordern damit auch, daß der Brief, um auf den Empfänger die gewünschte Wirkung hervorzubringen, die Eigenthümlichkeit desselben gleichfalls beachte und sich derselben anschließe.*[18] Und zwei Seiten weiter unten heißt es dann: *Unter dem vertraulichen Briefe im weiteren Sinne kann man denjenigen verstehen, in welchem man sich vertraulich ausspricht ... Hier sind es die Verhältnisse der Verwandtschaft, der Liebe, Freundschaft, Dankbarkeit, des wohlwollenden Umgangs, auf welche sich die vertrauliche Mittheilung gründet; – und so umfassend der Kreis der Gefühle und Gegenstände ist, welche ein Herz dem andern mittheilen kann, so umfassend ist auch der Inhalt des vertraulichen Briefs; so verschieden die Individualität und Lage*

*des Schreibenden, so verschieden auch der Ton und die Form, welche
der vertrauliche Brief annehmen kann. Darum läßt sich diese Art des
Briefstyls in keine Theorie fassen ... die Formen, deren er sich bedient,
müssen aus dem vertraulichen Verhältnisse, in dem wir andern schreiben, gleichsam von selbst hervorgehen.* Dem folgt die schöne und sehr
bezeichnende Wendung, man könne den *vertraulichen Brief* auch den
Empfindungsbrief nennen.[19]

Wenn irgendwo, so kamen die Empfindungen des «Empfindungs-
briefes» am rückhaltlosesten, rückhaltloser noch als im Liebesbrief,
in den Schreiben zum Ausdruck, die vom Tod handeln mußten.
Aber bevor davon die Rede ist, wenden wir uns nochmals dem
Leben zu in Briefen, die nicht so mit Gefühlen befrachtet sind wie
notwendig diejenigen, die von Geburt, Liebe und Sterben berichten.
Es sind solche, die vom täglichen Ergehen handeln, von Kindern,
Wanderungen und Reisen, freilich auch von politischen Verhältnissen, von Alltagssorgen und von Not, Tagesthemen gleichsam, mit
denen man auch den fernen Empfänger zum Teilhaber am Leben des
Schreibenden werden läßt. Dazu kommen die intellektuellen Korre-
spondenzen zwischen Köpfen, die einander etwas zu sagen haben
und den Brief als Instrument des Austauschs, der Verständigung und
problematischen Erwägung nutzen. Ein in jedem Sinn klassisches,
aber dennoch wenig gelesenes Beispiel ist der Briefwechsel zwischen
Goethe und Schiller. Er ist zugleich ein Beispiel für die Wahrheit der
Bemerkung Walter Benjamins, der die Herausgabe von Briefen eines
einzelnen Autors, ohne die Gegenbriefe seines Korrespondenten, für
ungenügend hielt. *Für die Nachkommenden* (so sagte er in einem
ebenfalls vereinzelten Brief) *verdichtet sich der Briefwechsel eigen-
tümlich,* wobei er das Wort Wechsel unterstrich und fortfuhr, daß
der *einzelne Brief mit Beziehung auf seinen Urheber an Leben ein-
büßen kann: die Briefe, wie man sie hintereinander in den kürzesten
Abständen* (also ohne die zugehörigen Gegenbriefe und Erwiderun-
gen) *liest, verändern sich objektiv, aus ihrem eigenen Leben.*[20]

Das ist wohl wahr, und nicht nur die Briefwechsel zwischen
Goethe und Schiller, zwischen Klopstock und Meta, zwischen
Arnim und Bettina, zwischen Brentano und Sophie Mereau mögen
zum Zeugen dienen. Allein, nur in der Minderzahl ist die Überlieferung so vollständig wie in diesen Fällen, in denen überdies die Part-
ner einander ebenbürtig waren. So müssen wir zumeist verzichten
auf Anlaß oder Antwort eines uns wichtigen Briefes und sind angewiesen auf unser Vermögen, aus den vorliegenden vereinzelten

Schreiben Anlaß oder Antwort zu erschließen. Nicht so im Briefwechsel zwischen Schiller und Goethe, der elf Jahre umspannt; als er im April 1805 durch Schillers Tod beendet wurde, waren zwischen Weimar und Jena mehr als tausend Briefe hin- und hergegangen, in denen die Geistigkeit einer ganzen großen Epoche enthalten ist, und mehr. Denn man kann darin Zeuge werden eines bedeutenden Vorgangs; zwar fehlte es den beiden Männern nicht an gegenseitiger Hochachtung, aber auch nicht (jedenfalls bei Schiller) an Vorbehalten, welche mit vorschreitender Regelmäßigkeit der Kommunikation sich in das spürbarste Zutrauen verwandeln. Der Briefwechsel begann trotz räumlicher Nähe spät mit der Bitte Schillers, Goethe möge seine neubegründete Zeitschrift mit Beiträgen unterstützen; eine günstige Antwort und erste tätige Mitwirkung veranlaßte Schiller zu dem berühmten, kühnen Brief vom 21. August 1794, in dem er Goethe dessen eigenes Bildnis entgegenhielt: *Lange schon habe ich, obgleich aus ziemlicher Ferne, dem Gang Ihres Geistes zugesehen und den Weg, den Sie sich vorgezeichnet haben, mit immer erneuter Bewunderung bemerkt. Sie suchen das Notwendige der Natur, aber Sie suchen es auf dem schweresten Wege, vor welchem jede schwächere Kraft sich wohl hüten wird. Sie nehmen die ganze Natur zusammen, um über das Einzelne Licht zu bekommen; in der Allheit ihrer Erscheinungsarten suchen Sie den Erklärungsgrund für das Individuum auf. Von der einfachen Organisation steigen Sie, Schritt vor Schritt, zu den mehr verwickelten hinauf, um endlich die verwickeltste von allen, den Menschen, genetisch aus den Materialien des ganzen Naturgebäudes zu erbauen. Dadurch, daß Sie ihn der Natur gleichsam nacherschaffen, suchen Sie in seine verborgene Technik einzudringen. Eine große und wahrhaft heldenmäßige Idee, die zur Genüge zeigt, wie sehr Ihr Geist das reiche Ganze Ihrer Vorstellungen in einer schönen Einheit zusammenhält.*[21]

Es sind dies nur wenige Sätze aus dem durchdringenden Brief des fünfunddreißigjährigen Jenaer Professors an den zehn Jahre älteren Geheimen Rat. Das Schreiben traf kurz vor Goethes Geburtstag ein, und Goethes Erwiderung, die zugleich auf die erste persönliche Begegnung Bezug nimmt, nahm ihn als Geburtstagsgeschenk: *Zu meinem Geburtstage, der mir diese Woche erscheint, hätte mir kein angenehmer Geschenk werden können als Ihr Brief, in welchem Sie, mit freundschaftlicher Hand, die Summe meiner Existenz ziehen und mich, durch Ihre Teilnahme, zu einem emsigern und lebhafteren Gebrauch meiner Kräfte aufmuntern. Reiner Genuß und wahrer*

Nutzen kann nur wechselseitig sein, und ich freue mich, Ihnen gele-
gentlich zu entwickeln: was mir Ihre Unterhaltung gewährt hat, wie
ich von jenen Tagen an auch eine Epoche rechne, und wie zufrieden
ich bin, ohne sonderliche Aufmunterung auf meinem Wege fortge-
gangen zu sein, da es nun scheint, als wenn wir, nach einem so unver-
muteten Begegnen, miteinander fortwandern müßten ...

Alles, was an und in mir ist, werde ich mit Freuden mitteilen. Denn
da ich sehr lebhaft fühle, daß mein Unternehmen das Maß menschli-
cher Kräfte und ihrer irdischen Dauer weit übersteigt, so möchte ich
manches bei Ihnen deponieren und dadurch nicht allein erhalten,
sondern auch beleben.

Wie groß der Vorteil Ihrer Teilnehmung für mich sein wird, wer-
den Sie bald selbst sehen, wenn Sie, bei näherer Bekanntschaft, eine
Art Dunkelheit und Zaudern bei mir entdecken werden, über die ich
nicht Herr werden kann, wenn ich mich ihrer gleich sehr deutlich
bewußt bin. Doch dergleichen Phänomene finden sich mehr in unse-
rer Natur, von der wir uns denn doch gerne regieren lassen, wenn sie
nur nicht gar zu tyrannisch ist.[22] – Das war der Anfang einer tätigen
Verbindung und gemeinsamen Nachdenkens in Hin- und Widerrede,
das sich keineswegs auf ästhetische Probleme beschränkte.

Auch diese waren oft genug Anlaß zu mehr als «literarischen»
Bemerkungen und gipfelten, bei gewachsener Vertrautheit, in persönlichen Bekenntnissen. Im Juli 1796 schrieb Schiller, nachdem er
den «Wilhelm Meister» erhalten und gelesen hatte: *Ohnehin gehört*
es zu dem schönsten Glück meines Daseins, daß ich die Vollendung
dieses Produkts erlebte, daß sie noch in die Periode meiner streben-
den Kräfte fällt, daß ich aus dieser reinen Quelle noch schöpfen kann;
und das schöne Verhältnis, das unter uns ist, macht es mir zu einer
gewissen Religion, Ihre Sache hierin zu der meinigen zu machen,
alles, was in mir Realität ist, zu dem reinsten Spiegel des Geistes aus-
zubilden, der in dieser Hülle lebt, und so, in einem höheren Sinne des
Worts, den Namen Ihres Freundes zu verdienen. Wie lebhaft habe
ich bei dieser Gelegenheit erfahren, daß das Vortreffliche eine Macht
ist, daß es auf selbstsüchtige Gemüter auch nur als eine Macht wirken
kann, daß es dem Vortrefflichen gegenüber keine Freiheit gibt als
die Liebe.[23] Wie ein spätes Echo muten die Sätze an, die Goethe im
Januar 1798 an den Freund sandte: *Wenn ich Ihnen zum Repräsen-*
tanten mancher Objekte diente, so haben Sie mich von der allzu
strengen Beobachtung der äußern Dinge und ihrer Verhältnisse auf
mich selbst zurückgeführt. Sie haben mich die Vielseitigkeit des

innern Menschen mit mehr Billigkeit anzuschauen gelehrt, Sie haben mir eine zweite Jugend verschafft und mich wieder zum Dichter gemacht, welches zu sein ich so gut als aufgehört hatte.[24]

Diese Verwandlung, eine wechselseitige, wurde von der persönlichen Begegnung bewirkt, und nicht den geringsten Anteil hatte daran die Macht des Briefes. Aber es ist an der Zeit, anderer, leichtgewichtigerer und dennoch notwendiger Wirksamkeiten des Briefes zu gedenken, derjenigen, die der alte Brockhaus so hübsch mit den Verhältnissen *der Verwandtschaft, der Liebe, Freundschaft, Dankbarkeit, des wohlwollenden Umgangs* bezeichnete und in keine Theorie fassen wollte. Das geht freilich auch nicht, denn der Gegenstand solcher Briefe ist das vielfältige tägliche Leben, aus dem und von dem der Schreiber berichtet, um den Empfänger daran teilnehmen zu lassen. Man kann das auch anders ausdrücken: er schreibt zumeist, um auch aus der Ferne eine Beziehung zu realisieren. Das beginnt zumeist mit der Beschreibung der eigenen Wohnung, wie sie Bettina (gewiß nicht allzu bescheiden) am Berliner Wilhelmsplatz im Oktober 1823 für 200 Taler für die Arnimsche Familie vor dem Winter gemietet hatte: *... dafür hab ich auf eigene Kosten eine Türe brechen lassen, (die Türe dazu fand ich auf dem Boden des Hauses) zum Saal, den ich als Wohn- und Schlafzimmer gebrauchen muß, einen eisernen Ofen gekauft für 4 Tlr., der im kalten Winter gebraucht wird ... Torf hab ich gekauft 3 Haufen, mit Auf- und Abladen macht es 36 Tlr., Holz einen halben Haufen Birken, einen halben Kien, macht 28 Tlr. Die Möbel bedürften jedoch einer starken Reparatur ... 3 Bettstellen fürs Gesinde, eine für den Hofmeister, sind nötig, es sind jetzt so ungemein viele Auktionen, daß ich zum wenigsten ein paar wohlfeil zu kaufen gedenke ... Betten bringe mir außer denen für die Kinder, eine Matratze, Kopfkissen und Deckbett für Dich, noch drei Gesindebetten ... Den guten Nachttopf von den kleinen Kindern soll die Maria nicht vergessen und auch die Plätteisen, die Klammern und die Wäscheleine.*[25]

Blickt man so in die Bedürfnisse eines zwar für unsere Begriffe großen, aber keineswegs reichen Haushalts, so beschreibt der Herr von Kügelgen seinem fernen Bruder das Haus, das er seiner großen Familie im Städtchen Ballenstedt im Harz erworben hat; man muß dazu wissen, daß er keineswegs ein wohlhabender Mann war: *... ich habe ... eine sehr angenehme Lage – die Sonnenseite mit freier Aussicht. Auch kann mir niemand vorbauen ... Ich habe 14 Zimmer und Räumlichkeiten im Hause und überdem 2 Küchen und Vorhäuser,* ein geräumiges Waschhaus und Stallung für 4 Pferde. (Er besaß keines). Auch muß ich den Brunnen in Anschlag bringen, ein großer Vorzug vor vielen anderen Häusern. Das Haus ist ganz trocken, das Dach sehr gut und die Wände massiv bis unter das Dach.[26] Natürlich war ein Garten dabei, wie es überhaupt viele Gärten gab, die auch der Selbstversorgung dienten; den Schleiermachers mitten in Berlin haben wir schon kennengelernt. Und vor den Städten, um die Städte lag das Land, von wo die Bauern zum Markt in die Stadt kamen. Die Städter aber machten dorthin eine Landpartie, wie sie nochmals Kügelgen seinem Bruder beschreibt.

Wir haben mehrere hübsche Partien zusammen gemacht, so weit die drückende Hitze es zuließ. Einen prächtigen Tag brachten wir auf der Mühle unter dem Anhalt zu. Ich ging ganz früh um 6 mit den Kindern zu Fuß hin. Da setzten wir uns unter die Brücke in kalten, kellerartigen Schatten. Ich malte das Selkeufer und die Mädchen sangen und wanden Kränze. Der Bach rauschte lieblich und aus diesem frischen Asyl sah die Hitze recht gut aus, wie sie weißlich auf den hohen Waldbergen brütete ... Es wurde die Tafel auf der Wiese gedeckt und saure Milch, Eierkuchen und Heidelbeeren, wie auch herrlich frische Kartoffeln gespeist. Nachher legten wir uns in den Schatten der Erlen und schliefen bis auf Mathilde, welche unter der Brücke blieb und uns mit lieblichen Weisen einsang.[27]

Es ist an der Zeit, daran zu erinnern, daß diese vergangene Welt (die freilich nicht so zerstört wie die unsere war) alles andere als idyllisch und gesichert gewesen ist. Der Major Karl Ludwig von Knebel, Prinzenerzieher zu Weimar und Urfreund Goethes, ein überaus gebildeter Mann, schrieb im Juli 1810 seiner Schwester Henriette: Ich hasse das vornehme Leben. Ich mag lieber etwas Mangel erdulden, wenn er nur nicht drückend wird, als auf eine unnütze Art Reichtum verthun. Die Natur mag gerne reich sein, und es steht ihr wohl an; denn sie thut alles auf die sparsamste Art, immer zu einem Zweck. Der Mensch verthut jene zwecklos, und dann gleicht er einem Schweine, das mehr verwüstet als genießt. Von dem, was von den Reichen abfällt, genießt meist nur der Unwürdige, Unnütze, der Heuchler oder Schmeichler, oder es geht in leeren Projekten und Prunk aus, schwächt, zerstreut oder verringert die Seelen. Ist denn nichts Seelenerhebendes mehr als der blaue Himmel und die breite nackte Erde? Hier Mangel und Elend, dort Überfluß und Verschwendung.[28]

Knebel lebte in – wie man so sagt – sehr geordneten Verhältnissen.

Die Not führt eine andere Sprache, notgedrungen maßvoll oder ohne Maß verzweifelt. Dabei ist es wohl gut sich zu vergegenwärtigen, daß die Zahl derer, die im Brief nach Hilfe rufen konnten, verschwindend gering war, gemessen an der Zahl der stumm Leidenden, die nicht einmal Adressaten wußten für ihren Notruf und schon gar nicht so wortgewandt waren wie die, deren schriftlicher Nachlaß auf uns gekommen ist. Der Maler Anselm Feuerbach malte in der Mitte des vergangenen Jahrhunderts edle Gestalten in antikischer Gewandung und Gebärde vor reichen südlichen Hintergründen. Im August 1863 schrieb er an seine Stiefmutter, die das Gegenteil dessen war, was der Volksmund mit diesem Wort zu bezeichnen pflegt, aus Rom: *Ich bin arm und verschuldet, und jeder Lump, dem ich unter weniger wahnsinnigen Verhältnissen einen Tritt geben würde, darf meine Ehre angreifen und über mich sprechen.*

Wenn ich nur eine Stütze hätte in diesem elenden, elenden Leben. Beantworte diesen Brief nicht, sondern handle vernünftig, geschäftsmäßig, auf meinen Vorteil bedacht. Die Gemütsruhe und mein Talent, was davon abhängt, sind mein Kapital. Die ewigen schlaflosen Nächte zerrütten mir den Verstand. Es ist Pflicht gegen mich selbst, sobald als möglich zur Arbeit zu kommen, wenn nicht, so gebe ich die Kunst auf und verschwinde von der Bühne und lasse anderen das Nachsehen. So rächte sich die Untätigkeit des Vaters am Sohne, der, bei aller Anstrengung, immerwährender, zusetzender Bestrebung nicht einmal sein Brot verdienen kann ... Wenn ich einmal satt der Sache und tot bin, dann lasse diesen Brief meinetwegen drucken. Das Gute, Edle und wahrhaft Schöne liegt so nahe, so nahe; nur ein wenig mehr Vernunft, ein wenig mehr Vernunft der Verhältnisse. Sollte Dir scheinen, daß ich die Dinge mit zu wenig Ruhe ansehe, so mögest Du bedenken, daß ich ganz allein bin mit meinem immer schaffenden Kopfe, und daß ich geliebt und getragen werden muß, sonst bin ich grenzenlos unglücklich. Die Leute sind freundlich gegen mich, wer sollte es auch nicht gegen einen Menschen wie ich, geben mir Kredit, aber einmal muß ja doch bezahlt werden ... Lassen wir alles, alles, es ist mein Schicksal, ich bin der erste nicht, und es liegt mir an mir selbst bereits nichts mehr ... Ich schreibe nur, damit ich mich aussprechen kann in meiner Einsamkeit, ich grüße Dich von ganzem Herzen. In steter treuer Liebe Dein Anselm.[29]

Der Hilfeschrei des Vierunddreißigjährigen war erzwungen durch eine Armut, die nicht einmal die täglichen Bedürfnisse gesichert wußte. Sie war verschärft durch ein Bewußtsein, das den eigenen

Wert des Künstlers kannte – man liest ihn wohl nicht falsch, wenn
man auch Selbstmordgedanken aus ihm heraushört: *Wenn ich einmal*
satt der Sache und tot bin, dann lasse diesen Brief meinetwegen
drucken – das heißt nichts anderes als: dann führe der Welt ihr
Unrecht vor. Heute würde man vielleicht sagen: der Gesellschaft,
Anselm Feuerbach sagt dafür *nur ein wenig mehr Vernunft, ein wenig*
mehr Vernunft der Verhältnisse. Der Gedanke, diese Verhältnisse zu
ändern, kam ihm nicht, im Unterschied zu Georg Büchner, der die
bittere Not 30 Jahre früher erfahren hatte. Wenn Feuerbach in einem
nicht zitierten Abschnitt seines Briefes darauf drängte, Käufer für
seine Bilder zu suchen, so bedrängte Büchner den erfolgreichen
Schriftsteller Karl Gutzkow, ihm einen Verleger zu beschaffen:

Mein Herr! Vielleicht hat es Ihnen die Beobachtung, vielleicht, im
unglücklicheren Fall, die eigene Erfahrung schon gesagt, daß es einen
Grad von Elend gibt, welcher jede Rücksicht vergessen und jedes
Gefühl verstummen macht. Es gibt zwar Leute, welche behaupten,
man solle sich in einem solchen Falle lieber zur Welt hinaushungern,
aber ich könnte die Widerlegung in einem seit Kurzem erblindeten
Hauptmann von der Gasse aufgreifen, welcher erklärt, er würde sich
todtschießen, wenn er nicht gezwungen sei, seiner Familie durch sein
Leben seine Besoldung zu erhalten. Das ist entsetzlich. Sie werden
wohl einsehen, daß es ähnliche Verhältnisse geben kann, die Einen
verhindern, seinen Leib zum Nothanker zu machen, um ihn von
dem Wrack dieser Welt in das Wasser zu werfen, und werden sich also
nicht wundern, wie ich Ihre Thüre aufreiße, in Ihr Zimmer trete,
Ihnen ein Manuscript auf die Brust setze und ein Allmosen abfordere.
Ich bitte Sie nämlich, das Manuscript so schnell wie möglich zu
durchlesen, es, im Fall Ihnen Ihr Gewissen als Kritiker dies erlau-
ben sollte, dem Herrn Sauerländer zu empfehlen und sogleich zu
antworten …[30]

Dieser Brief ist berühmt geworden, freilich erst, als er seinem
Autor nichts mehr nützen konnte. Er wird hier nur teilweise und
als Hintergrund zu einem anderen Briefe Büchners in Erinnerung
gebracht, um zeigen zu können, welche radikalen Folgerungen aus
soviel Not hervorgingen. Es sind zweierlei: die eine war die tätige
Hinwendung zu revolutionärem Denken und publizistischen Taten;
die andere, einem Naturwissenschaftler, wie es Büchner war, damals
nicht weniger naheliegend: ein Verleugnen von allem, was man unter
der Floskel vom «Sinn des Lebens» begreift. Es wird nicht viele
Briefe an eine Braut geben wie denjenigen im März 1834, von

Gießen nach Straßburg gesandt. *Schon seit einigen Tagen nehme ich jeden Augenblick die Feder in die Hand, aber es war mir unmöglich, nur ein Wort zu schreiben. Ich studirte die Revolution. Ich fühlte mich wie zernichtet unter dem gräßlichen Fatalismus der Geschichte. Ich finde in der Menschennatur eine entsetzliche Gleichheit, in den menschlichen Verhältnissen eine unabwendbare Gewalt, Allen und Keinem verliehen. Der Einzelne nur Schaum auf der Welle, die Größe ein bloßer Zufall, die Herrschaft des Genies ein Puppenspiel, ein lächerliches Ringen gegen ein ehernes Gesetz, es zu erkennen das Höchste, es zu beherrschen unmöglich. Es fällt mir nicht mehr ein, vor den Paradegäulen und Eckstehern der Geschichte mich zu bücken. Ich gewöhnte mein Auge ans Blut. Aber ich bin kein Guillotinenmesser. Das Muß ist eins von den Verdammungsworten, womit der Mensch getauft worden. Der Ausspruch: es muß ja Ärgernis kommen, aber wehe dem, durch den es kommt, – ist schauderhaft. Was ist das, was in uns lügt, mordet, stiehlt? Ich mag dem Gedanken nicht weiter nachgehen. Könnte ich aber dies kalte und gemarterte Herz an Deine Brust legen! ... Seit ich über die Rheinbrücke ging, bin ich wie in mir vernichtet, ein einzelnes Gefühl taucht nicht in mir auf. Ich bin ein Automat; die Seele ist mir genommen.*[31]

Die ganze Spannweite des Jahrhunderts jedoch tritt uns entgegen, wenn wir einen Brief Ludwig Richters an seinen Sohn lesen, den er nach dem Tod der Mutter im September 1854 von Dresden nach München geschickt hat. Das deutsche Bürgerhaus hat Richters kindlich-heitere Holzschnitte geliebt, die eine unschuldige ländliche Welt als ungestörte Idylle abbildeten, als ein anmutiges Wunschbild. *Ich kehre nun ohne die liebe Mutter heim, das liegt mir immer in Gedanken! Wo weilt sie jetzt? Diese Deine Frage drängt sich mir auch oft herbei. Aber da schweigt alles Wissen und wird schweigen, solange irdisches Leben dauert; und doch ist's da auch nicht ganz Nacht geblieben; die Aussprüche unseres Herrn stehn da wie helle liebliche Sterne; sie sind fest und herrlich glänzend auf diesem nächtlichen Grunde, aber sie sprechen mehr zum Herzen, als daß ich sie begreifen und fassen könnte. Seine eigene Auferstehung steht wie ein Morgenrot am Himmel und «Wo ich bin, da soll mein Diener auch sein» und «In meines Vaters Hause sind viele Wohnungen, und ich gehe hin, euch eine Stätte zu bereiten», das sind Morgensterne. Aber mehr als dieses Ahnen gibt mir die Lehre meiner Kirche auf Grund der Schrift, die Lehre von der Kirche selbst, welche ist die Gemeinde der Erlösten im Himmel wie auf Erden, miteinander verbunden durch Liebe, Gebet und gegenseitige Fürbitte, eins durch die Liebe zu ihrem Erlöser, welcher das Haupt des ganzen Leibes (= Organismus) ist. Diese Verbindung ist mir die Erlösung der Menschheit, ihr Ziel und ihre Verklärung – in ihm und durch ihn selbst.*[32]

Der Anlaß dieses Briefes war ein plötzlicher Tod, ergeben hingenommen von einem gläubigen Herzen. Vielleicht war in früheren Zeiten der Umgang mit dem Tode vertrauter als heute. Er fand wie die Geburt zu Hause statt, nicht schamhaft verborgen hinter weißen Kliniktüren. Er war gegenwärtiger, und die dem Menschen durchschnittlich zugemessene Lebenszeit war geringer. Mozart war 31 Jahre alt, als er die Nachricht von der Erkrankung seines Vaters erhielt und diesem einen Brief schrieb, der der letzte sein sollte: *Nun höre aber, daß sie wirklich krank seyen! Wie sehnlich ich einer Tröstenden Nachricht von ihnen entgegensehe, brauche ich ihnen doch wohl nicht zu sagen; und ich hoffe es auch gewis – obwohlen ich es mir zur gewohnheit gemacht habe, mir immer in allen Dingen das schlimmste vorzustellen – da der Tod (genau zu nemmen) der wahre Endzweck unsers Lebens ist, so habe ich mich seit ein Paar Jahren mit diesem wahren, besten freunde des Menschen so bekannt gemacht, daß sein Bild nicht allein nichts schreckendes mehr für mich hat, sondern recht viel beruhigendes und tröstendes! und ich danke meinem gott, daß er mir das glück vergönnt hat, mir die gelegenheit (Sie verstehen mich) zu verschaffen, ihn als den schlüssel zu unserer wahren Glückseligkeit kennen zu lernen. – ich lege mich nie zu bette ohne zu bedenken, daß ich vielleicht (so jung als ich bin) den andern Tag nicht mehr seyn werde – und es wird doch kein Mensch von allen die mich kennen sagen können daß ich im Umgang mürrisch oder traurig wäre – und für diese glückseligkeit danke ich alle Tage meinem Schöpfer und wünsche sie vom Herzen Jedem meiner Mitmenschen.*[33] Der Schreiber dieses Briefes hat noch vier Jahre gelebt.

Einen Monat nach dem Tod Friedrich Schillers gab seine Frau Charlotte ihrer Schwägerin Bericht vom Sterben des Bruders. *Ach Gott, warum ist er, um den ich gern mein Leben hingegeben, nun nicht mit uns! Den einen Abend ging ich nahe zu ihm; da nahm er meine Hand und sagte: Liebe Gute – – von mir nahm er ein, wenn er auch noch so sehr phantasierte, verlangte oft nach meiner Schwester, die mit treuer Liebe ihn pflegen half. Kurz, wenn er sich selbst fühlte, fühlten wir seine Liebe. Sein letztes Zeichen von Bewußtsein war, daß er mich anlächelte mit einem Blick, den ich malen möchte, aber nicht ausdrücken kann, so heiter himmlisch! Ich hob seinen Kopf auf die bessere Seite, und er sah mich an und küßte mich – ach Gott! Dies war das letzte Zeichen seines Gefühles für mich! Dieser Blick gießt Frieden in mein Herz, wenn die Welt ihm zu enge wird. Dafür, daß ich Hoffnung hatte bis zuletzt, danke ich Gott; denn sonst hätte ich den Mut verloren, hätte ihm nicht beistehen können ... ich hatte Hoffnung, als der Mensch, den wir an das Bett gesetzt hatten, da wir hinausgingen, uns rief, und der Krampf verzog sein Gesicht; nach wenigen Minuten war er kalt, und ich suchte umsonst die geliebte Hand zu wärmen. Sein Geist, der vielleicht noch seiner Hülle näher war, hat auch da meine Liebe noch gefühlt! – Nun fürchte ich nichts mehr in der Welt, da ich das einzige Leben mußte sterben sehen und leben muß. Es war der erste Mensch, den ich sterben sah, und der Tod hat alle Schrecken verloren auf einmal. Er winkte mir freundlich, ich kann mich innig sehen nach diesem Moment ...*[34]

Wir sind am Ende angelangt von vielfältigen Lebenswegen, aufgehoben in Briefen aus der Zeit, da die Deutschen nicht Mitteilungen machten, sondern Briefe schrieben. Es war eine würdige Gesellschaft von Briefeschreibern, und es waren doch nur einige Stimmen aus einem großen Chor, denn die Zahl der überlieferten Briefe ist unabsehlich – zu schweigen von der Zahl der Vergessenen, Verlorenen, Verbrannten und denjenigen, denen nicht die Gabe des Wortes gegeben war und die dennoch zu ihrem Nächsten zu sprechen suchten. Viele haben gefehlt, in diesem Nachruf auf den deutschen Brief, auch große Briefschreiber, wie Rahel Varnhagen, Heinrich Heine, Jakob Burckhardt oder Theodor Fontane. Ihm sei wenigstens ein knappes letztes Wort gegeben: *... in meinem eigensten Herzen,* so schrieb er im Mai 1889, *bin ich geradezu Briefschwärmer und ziehe sie, weil des Menschen eigenstes und echtestes gebend, jedem anderen historischen Stoff vor.*[35] Aber es gab auch Briefe, bei denen dem Leser das Schwärmen vergeht und nur noch Ehrfurcht bleibt vor der *Unmittelbarkeit des Daseins,* von der Goethe anfangs gesprochen. Um der vielen unbekannten Briefschreiber willen, ohne Ruhm und ohne Gabe der Rede, sei als letzter noch ein Brief zitiert, ein Brief von ungelenker Feder.

Es ist ein Abschiedsbrief an der Schwelle des Todes geschrieben, von einem Bauern aus dem Sudetenland, datiert vom 3. Februar 1944. Er ist ein Zeugnis in zwiefacher Hinsicht: einmal ruft er in Erinnerung, wie das Deutschland, das bislang in Briefen zur Sprache kam, in unserem Jahrhundert abhanden gekommen, nein, verraten war; zum anderen aber, wie ein schlichter Mensch durch das Opfer seines Lebens diesen Verrat aufgehoben hat: *Liebe Eltern! Ich muß Euch eine traurige Nachricht mitteilen, daß ich zum Tode verurteilt wurde, ich und Gustav G. Wir haben es nicht unterschrieben zur SS, da haben sie uns zum Tode verurteilt. Ihr habt mir doch geschrieben, ich soll nicht zur SS gehen, mein Kamerad Gustav G. hat es auch nicht unterschrieben. Wir beide wollen lieber sterben als unser Gewissen mit so Greueltaten beflecken. Ich weiß, was die SS ausführen muß. Ach liebe Eltern, so schwer es für mich und für Euch ist, verzeiht mir alles, wenn ich Euch beleidigt habe, bitte, verzeiht mir und betet für mich. Wenn ich im Kriege fallen würde und hätte ein böses Gewissen, das wäre auch traurig für Euch. Es werden noch viele Eltern ihre Kinder verlieren. Es fallen SS-Männer auch viel. Ich danke Euch für alles, was Ihr mir seit meiner Kindheit Gutes getan habt, verzeiht mir, betet für mich ...*[36]

Der Brockhaus von 1827[1]

In den unruhigen und wechselvollen Zeiten der Napoleonischen
Kriege hatte Friedrich Arnold Brockhaus, damals ansässig in Am-
sterdam, ein im letzten Jahrzehnt des 18. Jahrhunderts begonnenes
Nachschlagewerk erworben. Als der *1. Theil* des «Conversations-
lexikon mit vorzüglicher Rücksicht auf die gegenwärtigen Zeiten»
im Jahre 1796 bei Friedrich August Leupold in Leipzig erschien, war
der Stern des jungen Generals Buonaparte im Aufgang; als im Jahre
1806 der *5. Theil* des auf sechs Bände veranschlagten «Handwörter-
buchs» endlich ans Licht trat, war Napoleon Kaiser der Franzosen,
Preußen besiegt, das Römische Reich in Auflösung und die Landkarte Europas gründlich verändert. Das Bewußtsein der Wandelbar-
keit menschlicher Verhältnisse war unabweislich, und der fünfund-
dreißigjährige Verleger, der 1808 das unfertige Werk übernahm, sah
gewiß keinen Anlaß, etwas an der Vorrede des zuletzt gedruckten
Bandes zu ändern:

In dem Buchstaben B konnte damahls, als der erste Theil unsers
Lexikons erschien, noch keine Ahnung von dem Helden des Tages
sein, der seitdem die ganze Welt in Erstaunen und – in banges Er-
warten der Dinge, die noch kommen sollen, gesetzt hat. Und welche
Veränderungen der Reiche und Staaten, welche neuen Verhältnisse in
Rücksicht der Regenten und Regierungsverfassungen sind seitdem
eingetreten: ... Es ist unterhaltend und angenehm, zu sehen, wie so
manches Land vor zehn Jahren beschaffen war und wie es jetzt ist; es
ist angenehm, mit einem kurzen Überblick das, was damals noch in
der dunkeln Zukunft ruhte, und worüber unser Ahnungsvermögen
sich schlechterdings keinen Aufschluß geben konnte, nun entwickelt
da stehen zu sehen, zu erfahren, daß man sich im Voraussehen dieser
und jener Dinge nicht getäuscht, oder auch, daß man die Enthüllung
sich ganz anders gedacht habe ... Kurz, es gewäht Vergleichungen,
die gewiß jedem für Unterhaltung gestimmten Individuum wichtig,
angenehm und belehrend zugleich sein müssen.

Das *für Unterhaltung gestimmte Individuum* stellte das Publikum
dar, an das sich das «Conversationslexikon mit vorzüglicher Rücksicht auf die gegenwärtigen Zeiten» zu wenden gedachte. Dieser dem

ersten Band von 1796 vorangestellte Titel war vom bald danach verstorbenen Initiator des Unternehmens, dem Dr. phil. et jur. Renatus Gotthelf Löbel geschickt und genau gewählt. Er bezeichnete seinen Zweck: im geselligen Gespräch aufkommende Fragen sollten von ihm sachlich und gründlich beantwortet werden; er knüpfte überdies an eine Leipziger Tradition an. Denn in dieser Bücherstadt, in die auch Brockhaus übersiedeln sollte, war 1704 das erste «Conversationslexikon» durch Johann Friedrich Gleditsch verlegt worden, nicht etwa als erstes Nachschlagewerk, aber als erstes unter diesem Namen. Freilich machen *Vergleichungen, die gewiß jedem für Unterhaltung gestimmten Individuum wichtig* sein müssen und die aus festlichem Anlaß in der vorliegenden Schrift über den Zeitraum von zwei Jahrhunderten fortgeführt werden, die Tatsache ganz deutlich, daß *Conversation* im ersten Jahrzehnt des 18. Jahrhunderts offenbar anderer Art war als im letzten; daß sie im letzten Viertel des 20. Jahrhunderts, wenn es sie noch gibt, sich wiederum gewandelt hat, werden wir sehen. Denn die Geschichte der Lexika gibt *einen nicht unwichtigen Beitrag zu einem künftigen Gemählde der gesellschaftlichen Cultur unserer Zeitgenossen.* Darin jedenfalls hat sich der Dr. Löbel nicht geirrt.

Er hatte den Begriff einem weitverbreiteten und vielfach aufgelegten Werk entlehnt, welches gemeinhin nach seinem Vorredner Johann Hübner, Rector zu St. Johannis in Hamburg, benannt wird. Es trug, wie in barocken Schriften üblich, einen umständlichen, aber seine Absicht gründlich umschreibenden Titel.

Der Rektor Hübner hatte in seiner *ausführlichen Vorrede* dem Benutzer den ohnehin gründlichen Titel seines Werks nochmals verdeutlicht:

Es ist nemlich dieses Werck eigentlich curieusen Leuten zu gefallen angeleget worden, welche die sogenannten Zeitungen oder Nouvellen mit Verstande lesen wollen und dessentwegen heist es ein Zeitungs-Lexicon. Weil nun in solchen Zeitungen nichts anders enthalten ist, als eine brühwarme Nachricht von dem allerneuesten Zustande der vornehmsten Staaten oder Republiqven in der Welt: So ist es zugleich ein Staats- und Zeitungs-Lexicon tituliret worden. Weil ferner in diesem Buche keine Cathedralische Erudition, sondern nur allerhand zum täglichen Politischen Umgange mit gescheuten Leuten unentbehrliche Stücke der galanten Gelehrsamkeit enthalten sind; So kan mans wohl mit allem Rechte ein Staats-, Zeitungs- und Conversations-Lexikon nennen.

Hinter dieser barocken Fassade verbargen sich die ersten Anfänge einer modernen Entwicklung, ohne welche das Unternehmen des Herrn Brockhaus nicht denkbar gewesen wäre.

Enzyklopädien nämlich von *Cathedralischer Erudition*, das heißt akademischem Bildungsanspruch, hatte es schon lange gegeben. Hier aber war ein Unternehmen mit anderer Absicht und geringerem, aber deswegen nicht unbedeutenderem Anspruch verwirklicht worden. Es sollte *galanter Gelehrsamkeit*, dem Wissen wohlerzogener Leute dienen, deren *feine Lebensart* und *Höflichkeit* (so Adelungs Wörterbuch von 1796 über die Bedeutung von *galant*) sich im Umgang mit anderen vor allem im geselligen Gespräch zeigen mußte. Solche Konversation nährte sich von Aktualität, und Aktualität hatte – in Deutschland früher als in anderen Ländern – ein neues Medium (überdies reichlichen Nährstoff) in den emporblühenden Zeitungen gefunden. *Brüh-warme Nachricht von dem allerneuesten Zustande* war zum Wert geworden, und wer gelten wollte, der mußte, mit Hübner zu reden, *wie es die Conversation erfordert, ex tempore, und so zu sagen, stante pede, eine kurze, deutliche, und mit den Sachen übereinstimmende Beschreibung von sich geben* können von all den Realitäten, um die es im gegenwärtigen Gespräch gehen mochte. Es ging also nicht mehr um anspruchsvolle Gegenstände der Theologie oder Ethik, auch nicht um eine umfassende Übersicht klassischer Traditionen, wie sie die großen humanistischen Nachschlagewerke vorstellten. Sie hatten dies zumeist in der ehrwürdigen Ordnung der Fakultäten getan, nach Sachgebieten gegliedert, welche die Hierarchie im Kosmos des Glaubens, des Denkens und des Wissens spiegelten. Was sie boten, blieb über lange Zeiträume gültig; es stand im Einklang mit den geltenden Lehren der Kirche. Erst als dieser Kosmos fragwürdig wurde, griff man zur äußerlichsten aller Ordnungen, der alphabetischen. Sie war so praktisch wie unverbindlich und konnte mühelos Veränderungen aufnehmen, je mehr die Welt des Wißbaren sich erweiterte. Weshalb denn – woran man hundert Jahre zuvor noch kaum gedacht hätte – der Verleger des Hübnerschen Lexikons bei jeder Auflage Wert darauf legte, daß sie *mit Fleiß rectificiret und vermehret, auch alles bis auf gegenwärtige Zeit continuiret*. Ein auf gegenwärtige Bedürfnisse bezogenes, ein *Reales Lexikon* war entstanden und wurde noch nach 120 Jahren revidiert oder nachgedruckt, als es den Leuten längst gleichgültig geworden war, daß in der Redaktion *ein Gelehrter von Adel* gesessen.

Er muß (wenn es ihn wirklich gegeben hat), ein Mann gewesen

sein, dem bei aller – oder wegen aller – Neigung zum Aktuellen die einfache, quantifizierbare und lokalisierbare Tatsache das Wichtigste war. Zwar reizte der Rektor Hübner seine Leser mit der Frage, ob sie denn wüßten, was *1 eine Terze. 2 ein Chiaus. 3 eine Faussebarye. 4 Reis-Effendi.* sei, hundert Rätselwörter bis hin zu *96 Pallium. 97 Piedestal. 98 Murlatten. 99 Renegat;* aber das Gros der 26 000 Artikel wird nicht von den Worterklärungen, sondern von den geographischen Namen gestellt. Interessant für Herausgeber und Benutzer schienen lediglich Realien, und wem das «Reale Staats-, Zeitungs- und Conversations-Lexicon» nicht die benötigte Auskunft gewährte, der konnte in den ergänzenden Werken desselben Verlegers weitersuchen. Da gab es das «Curiöse Antiquitäten-Lexicon»; das «Compendiöse Gelehrten-Lexicon»; das «Vollständige Mathemathische Lexicon»; das «Allgemeine Oeconomische Lexicon»; das «Nutzbare, galante und curieuse Frauenzimmer-Lexicon»; das «Historische Helden- und Heldinnen-Lexicon»; vor allem aber das «Natur-Kunst- Berg-Gewerck- und Handlungs-Lexicon», das man als *einen andern Theil des Realen Staats-Conversations- und Zeitungs-Lexici mit grossem Vortheile gebrauchen kan.* Auf diese Weise hatte ein tüchtiger Unternehmer den Kosmos des Wißbaren in – für damalige Verhältnisse – handlichen Bänden zusammengetragen. Aber der Kosmos war kein Kosmos, kein sinnvoll zusammenhängendes, geordnetes Universum, so wenig wie in dem gewaltigsten aller deutschen spätbarocken Nachschlagewerke, dem vierundsechzigbändigen *Zedlerschen* «Lexicon». Es war eine Sammlung von unverbundenen curieusen Einzelheiten, wie sie im Gespräch aufkommen mochten.

Der Rektor Hübner war sich über die Grenzen solcher Darstellungsweise ebenso klar wie über deren Nützlichkeit:

... wer nur eine kurze «Definition» von einer Sache begehret, der kan durch diese Alphabetische Methode gar wohl zu seinem Zwecke gelangen ... Daß aber diese Methode sonderlich bey unsrer Zeit aufs neue gleichsam grand mode worden ist; darzu haben meines Erachtens nachfolgende Ursachen cooperiret. Vor Alters waren nur wenige Wissenschaften, und die waren auch nicht sonderlich ausgeführet: Es studirten auch wenig Leute, die begnügten sich, wenn sie eine oder die andere Disciplin ex professo verstunden; und die übrigen alle begehrten den Gelehrten nicht ins Handwerk zu fallen. Da konte man nun wohl sagen: «Mundus exigua sapientia regitur»: ... Aber seit ohngefehr fünfftzig Jahren, ist erstlich die Anzahl der gelehrten Wissenschaften gar sehr vermehret worden, daß man die Professiones

auf Universitäten dupliren müßte, wenn eine iedwede Disciplin be-
sonders solte dociret werden. Und endlich führet das jetzige Seculum
eine solche Curiosität bey sich, daß ein iedweder alles, oder doch zum
wenigsten von allem etwas wissen will ... Darnach war ihnen die
Systematische Methode viel zu weitläufftig, zu langweilig und zu
verdrießlich: sonderlich um dieselbe Zeit, da man den Kern der wah-
ren Weißheit nicht zu kosten kriegte, wenn man nicht vorhero die
Metaphysischen Schalen, darinnen er verborgen lag, mit Kopff-bre-
chender Arbeit aufgemacht hatte. Es wurden aber auch diese Seile
endlich zerrissen, und nachdem es keine Busse mehr trug, wenn
man gleich eine Materie nicht «per quatuor causas» zu Marckte
brachte, so wurden allerhand Lehr-Arten, und darunter auch diese so
genannte Alphabetische Methode an ein und der andern Wissenschaft
probiret.

So geschrieben zu Hamburg anno 1712. Man darf daraus
schließen, daß die Welt des Wißbaren längst nicht mehr als beständig
und begrenzt, vielmehr als wandelbar, wachsend und fortschreitend
empfunden wurde. Mit dieser Fortschrittstendenz ging eine Tendenz
wo nicht zur Demokratisierung, so doch zur Popularisierung einher.
Ihre Ansprüche waren bescheiden, und die *Conversation*, welche
Nachschlagewerke aufsuchte, um Informationen zu erhalten, mag
eher bürgerlich-einfach gewesen sein und weit entfernt von der
kunstvollen Höhe und Leichtigkeit, die sich in den französischen
Salons herausgebildet hatten. Sie fragte kaum nach letzten Dingen –
davon geben die zuweilen höhnischen Parodien der Teegespräche
Zeugnis, die sich in den neu aufgekommenen *Moralischen Wochen-*
schriften jener Jahre finden. Aber sie verstand sich doch als Funktion
der Geselligkeit und Gesellschaft, und sie sollte es in immer wach-
sendem Maße werden. Denn die Königin aller Lexika, die «Ency-
clopédie ou Dictionnaire Raisonné des Sciences, des Arts et des
Métiers» (1751–1780) unterwarf ihre 35 Bände nicht allein dem kriti-
schen Urteil einer aufgeklärten Vernunft. Sie hob auch die Dispara-
tion der alphabetischen Anordnung auf durch die einigende Überzeugung, daß alle Wissenschaften und Künste dem Fortschritt
dienstbar und im Ganzen der Gesellschaft zu verwirklichen seien.
Was bei dem biederen Hübner noch bloße Verbreitung von Gelehrsamkeit war, das gewann bei den Aufklärern ersten Ranges, bei
d'Alembert, Voltaire und Diderot die Gestalt einer für den Progreß
notwendigen Popularität. Freilich war das kostbare, literarisch und
typographisch glanzvolle Werk alles andere als geeignet für einen

täglichen Gebrauch oder massenhafte Verbreitung. Aber seine Grundgesinnung zielte auf Allgemeinheit, und sein geheimer Schutzpatron, der große Bacon, sollte auch noch für den frühen Brockhaus der Patron der Wissenschaft bleiben. Die bedrängende Vielfalt der Erscheinungen und Kenntnisse sah sich der Souveränität der Vernunft unterworfen. Zugleich war sie die Würze jedes gebildeten Umgangs. *Les lettres,* so schrieb d'Alembert in seiner berühmten Einleitung, *contribuent certainement à rendre la Société plus aimable.* Aber gelehrtes Wissen machte nicht nur die Gesellschaft liebenswürdiger, wobei das französische Wort *société* ebensowohl auf Gesellschaft wie auf Geselligkeit zielte; das, was man in Gesellschaft aufnahm, war zugleich der Keim jeglicher persönlichen wie geselligen Kultur: *Les idées qu'on aquiert par la lecture et par la société sont le germe de presque toutes les découvertes. C'est un air que l'on respire sans y penser et auquel on doit la vie.*

Solche Meinungen mußten der Konversation ganz andere Dimensionen zumessen als nur die einer *galanten Gelehrsamkeit.* Sie wurde in Deutschland zum Medium einer sich immer mehr entfaltenden bürgerlichen Bildung, nicht nur ein Vehikel der Aufklärung, sondern auch eine Kommunikationsweise, welche der Literatur und dem Brief an die Seite trat. Der Herausgeber der 1. Auflage des «Conversations-Lexicon mit vorzüglicher Rücksicht auf die gegenwärtigen Zeiten» muß das erkannt haben; Friedrich Arnold Brockhaus hatte es noch deutlicher gesehen, wie man an einer scheinbar geringfügigen Titeländerung ablesen kann, die er vornahm, nachdem das noch unvollkommene Werk in seinen Besitz übergegangen war; es hieß jetzt «Conversations-Lexicon oder kurzgefaßtes Handwörterbuch für die in der gesellschaftlichen Unterhaltung aus den Wissenschaften und Künsten vorkommenden Gegenstände mit beständiger Rücksicht auf die Ereignisse der ältern und neuen Zeit». Schon die Vorrede zur 1. Auflage 1796 hatte deutlich gemacht, daß Conversation mehr sei als beliebige Unterhaltung:

Vor dreißig, vierzig Jahren, als im Allgemeinen größten Theils nur eine gewisse Gattung von Kenntnissen, nähmlich die politischen, Gegenstand der Conversation war, mochte Hübners Zeitungs- und Conversations-Lexikon mehr als hinreichend sein, das erwähnte Bedürfniß zu befriedigen; allein zu einer Zeit, in welcher eine Menge Gegenstände aus den verschiedensten Wissenschaften in das gesellschaftliche Gespräch eingedrungen sind, hat sich der Begriff der Conversation mit dem Gebiete derselben gar sehr erweitert. Zu einer

Zeit, in welcher ein allgemeineres Streben nach Geistesbildung, wenigstens nach dem Schein derselben (zu gleicher Zeit die Ursache und die Folge der immer mehr sich verbreitenden Annäherung der Geschlechter und Stände in ihren Begriffen an einander), das Weib wie den Mann, den Nichtgelehrten wie den Gelehrten in einen gemeinschaftlichen Conversations-Kreis führt, in welchem man gewisse gemeinschaftliche Begriffe und Kenntnisse bei einem jeden schon aus Höflichkeit voraussetzt, deren Mangel zwar nicht selten Statt findet, aber doch ohne Scham nie verrathen wird, zu einer solchen Zeit muß ohne Zweifel ein dem gegenwärtigen Umfange der Conversation angemessenes Wörterbuch für dieselbe mehr als jemahls nothwendig und nützlich sein. – ...

Der Zweck eines solchen Wörterbuchs kann auf keinen Fall der sein, vollständige Kenntnisse zu gewähren; es wird vielmehr dieses Werk - welches eine Art von Schlüssel sein soll, um sich den Eingang in gebildete Zirkel und in den Sinn guter Schriftsteller zu öffnen – aus den wichtigsten Kenntnissen, der Geographie, Geschichte, Mythologie, Philosophie, Naturlehre, den schönen Künsten und andern Wissenschaften, bloß diejenigen Kenntnisse enthalten, welche ein jeder als gebildeter Mensch wissen muß, wenn er an einer guten Conversation Theil nehmen oder ein Buch lesen will, wiefern gewisse wissenschaftliche Begriffe unter den Begriffen des gemeinen Lebens das Bürgerrecht erlangt haben.

Das war geschrieben im Jahre 1796. Zwei Jahre später verhalf die Expedition nach Ägypten Buonaparte zu Ruhm und zum Ersten Konsulat; Goethe ließ soeben das erste Heft seiner Zeitschrift «Propyläen» bei Cotta erscheinen und sagte in der Vorrede: *Was uns hierin eine stärkere Zuversicht zu geben vermag, ist die Harmonie, in der wir mit mehren stehen, ist die Erfahrung, daß wir nicht allein sondern gemeinschaftlich denken und wirken ... Wer hat nicht erfahren, welche Vorteile in solchen Fällen das Gespräch gewährt! Allein es ist vorübergehend, und indem die Resultate einer wechselseitigen Ausbildung unauslöschlich bleiben, geht die Erinnerung der Mittel verloren, durch welche man dazu gelangt ist.* Ein *allgemeineres Streben nach Geistesbildung, wenigstens nach dem Schein derselben* war über das sogenannte gebildete Deutschland gekommen; nicht mehr nur Geburt oder Besitz, sondern Wissen und Kultivation vermochten dem Einzelnen einen Platz in der Gesellschaft zu eröffnen. Bildung war ein Wert geworden, und die Schicksale der beiden Artikel «Conversation» und «Bildung» in den verschiedenen Auflagen des

Brockhaus machen ein bedeutendes Kapitel deutscher Geschichte sichtbar. 1796 war *Conversation* zwar im Titel und in der Vorrede vermerkt, aber im Textteil unbeachtet geblieben. Der Nachtragsband von 1809 holte das Versäumnis nach:

«Conversation» – *Ein Wort, das an der Spitze dieses Werkes steht, fordert wohl billig auch eine kurze Erklärung.* «Conversation» *heißt überhaupt der Umgang, der Verkehr, die Unterhaltung mehrerer Personen mit und unter einander. Daher denn auch derjenige Ton, welcher in solchen Unterhaltungen oder in gewissen Gesellschaften, die sich der geselligen Unterhaltung wegen versammeln, Conversationssprache genannt wird.*

Das war noch Conversation gleichsam ohne Überbau, eine bloße Worterklärung, von der nun die 3. Auflage (Bd. 2, 1814, S. 699–701) ihren Ausgang nahm. Die ersten Sätze bedurften nur geringer Änderung; aber dann folgte in engem Druck ein Artikel von etwa fünf Seiten, charakteristisch für den Stil, den Brockhaus entwickelte und zu dem er die Vielzahl seiner Mitarbeiter so anhielt, daß ein einheitlicher Ton das gesamte Werk bestimmte. Es war der Ton essayistischer Darlegung, die Sprache des gebildeten Deutschland der klassischen Zeit, Festschreibung erdachter Gespräche mit einem imaginären Publikum.

Conversation ist Umgang, also genauere Verbindung zwischen Personen, die öfter mit einander in Gesellschaft sind, und sich gegenseitig aufsuchen, um das Vergnügen ihrer Gesellschaft zu genießen. Hier ist demnach mehr als bloße Vereinigung zur angenehmen Unterhaltung des Augenblicks; allein im gewöhnlichen Leben ist man mit jener Bestimmung nicht so genau, und nimmt Conversation für gesellige Unterhaltung jeder Art. Unvermerkt jedoch hat sich noch die Nebenidee an gebildete feinere Cirkel damit vergesellschaftet, so daß man bei Conversation nur an gesellige Unterhaltung feinerer Cirkel denkt. In solchen Cirkeln gibt es eine eigene Kunst der geselligen Unterhaltung, und wer diese besitzt, der hat den Conversationston, guten gesellschaftlichen Ton. Worin dieser bestehe, wird man leicht finden, wenn man das, was die Conversation ausmacht, genauer erwägt. Sie ist zuvörderst Unterhaltung; man verlangt also von jedem Mitgliede der Gesellschaft einen persönlichen Beitrag zu dem Vergnügen durch Talente besonders in der Unterredung, denn sonst kommt die gähnende Langeweile geschlichen. Diese Unterhaltung aber soll gesellig seyn; man erwartet demnach, daß kein Mitglied, pedantisch sich und seiner Sphäre eine übergroße Wichtigkeit beimeßend, durch sein breites Ich ermüde; oder zu egoistisch die Theilnahme der übrigen beschränke, oder zu rechthaberisch seine Meinungen mit Ungestüm geltend mache, wodurch Verdruß erregt werden würde. Diesen zu vermeiden, ist eine Hauptsorge der feinern Cirkel, welche vielmehr dahin streben, jedem eine gute Meinung von ihm beizubringen, und als der Stifter seiner angenehmen Selbstgefälligkeit ihm selbst angenehm zu werden. Als feine Cirkel müssen sie nothwendig verlangen, daß der Conversationston wenigstens ein guter, wo nicht ein feiner Ton sey. Der gute Ton vermeidet alles, was gegen die Achtung anstoßen könnte, die ein gesitteter Mensch dem andern schuldig ist, verletzt deshalb nie den Anstand, versteht sich zu Aufmerksamkeiten, unterdrückt seine Leidenschaften und zeigt in seinem ganzen Benehmen ein gewisses Wohlwollen, das er aus Achtung gegen die Gesellschaft selbst denen nicht entzieht, mit denen er sonst vielleicht in gespannten Verhältnissen steht. Der Meister des guten Tons vermeidet aber eine zu sichtbare Aufmerksamkeit und studirte Höflichkeit, die zu Erwiederungen nöthigt, den Gesellschafter belästigt und mehr als die Unaufmerksamkeit und Gleichgültigkeit peinigt. Der feine Ton (Urbanität genannt, im Gegensatz gegen den plumpen bäuerischen Ton, die Rusticität, die übrigens viel Gutmüthigkeit haben kann), gibt dem Wohlthuenden in unserm geselligen Betragen die Form der Schönheit, welche den Werth dessen, was man mittheilt, durch die Art, wie es mitgetheilt wird, noch erhöht. Dieser Ton läßt sich nicht erlernen; die Erziehung der höheren Stände aber, wo diese wirklich auch zugleich die gebildeteren, feineren Circel bilden, sorgt wenigstens für etwas, das ihm ähnlich sieht. Durch stillschweigende Übereinkunft hat man gewisse Regeln festgesetzt, deren Kenntniß dem Kinde früh beigebracht und an deren Beobachtung es gewöhnt wird, damit das Benehmen darnach zur Fertigkeit werde. Mit der Fertigkeit in Ausübung einer bloß conventionellen Höflichkeit und Etiquette dürfte sich aber nur dann jemand schmeicheln, schon den echten Conversationston zu haben, wenn jene feineren Cirkel, worin er herrscht, nicht zugleich auch die gebildeteren Cirkel wären. Die Feinheit bezieht sich auf das sittliche Gefühl, die Bildung bezieht sich auf den Geist. Wie dürfte es einer wagen, sich den Gebildeten zuzuzählen, dessen Geist nie auf höhere als bloß sinnliche Bedürfnisse gerichtet gewesen wäre, der über Welt und Menschen nie ernster nachgedacht, von der Natur und Bestimmung des Menschen, der Einrichtung göttlicher und menschlicher Verfassungen, den Ereignissen der Zeit und den Ursachen derselben in der

Vergangenheit sich keine Kenntnisse verschafft hätte; wenn auch nicht gelehrte, so doch wohlgeordnete deutliche. Demnach sind Philosophie des Lebens, Natur- und Menschenkunde, Geographie, Geschichte der Natur und Menschheit Kenntnisse, die für ihn so unerläßlich sind, als Ausbildung des Geschmacks durch Aneignung der Schönheiten der Kunst. Wer ohne solche Kenntnisse und Cultur zum geselligen Umgang kommt, der wird bei aller eingelernten und eingeübten Etiquette doch nur ein Figurant bleiben, oder, wenn er Dünkel genug hat, der sich freilich mit Unwissenheit gewöhnlich paart, ein leerer Schwätzer seyn, die man in wahrhaft feinen und gebildeten Cirkeln höchstens duldet, wenn man etwa aus Rücksichten muß. Die wahre gute Lebensart besteht wahrlich nicht darin, daß man viel leere Worte sagt; die menschliche Gesellschaft hat einen erhabneren Zweck, und ihre Vergnügungen beruhen auf einem besseren Grunde. Der Mensch setzt sich selbst herab, wenn er redet, um nichts zu sagen. – Ist nun aber die Conversation von solcher Art; so hat ja Rousseau wohl recht, wenn er den Conversationston also schildert: «Der gute gesellschaftliche Ton», sagt er, «ist weder schwerfällig noch flatterhaft, er ist fließend und natürlich, verständig ohne pedantisch, fröhlich ohne lärmend, zierlich ohne gekünstelt, artig ohne abgeschmackt, scherzhaft ohne zweideutig zu seyn. Man macht weder Abhandlungen noch Epigramme; man spricht vernünftig ohne schulgerechte Schlüsse zu machen; man scherzt ohne Wortspiele und verbindet auf eine geschickte Art Witz und Vernunft, Lehren und gute Einfälle, sinnreiche Satiren, gut angebrachte Schmeicheleien und strenge Moral; man spricht da von allem, damit jeder etwas sagen könne, vertieft sich aber nicht in Untersuchungen, um nicht Langeweile zu erregen; wirft nur im Vorbeigehen Fragen auf und handelt sie schnell ab; spricht deutlich und also auch zierlich; jeder sagt seine Meinung und unterstützt sie mit wenigen Worten; keiner bestreitet die eines andern mit Hitze, keiner vertheidigt die seinige mit Hartnäckigkeit; man untersucht, um sich zu belehren und hört auf, ehe man in Streit geräth; jeder unterrichtet, jeder unterhält sich, alle gehen vergnügt aus einander, und selbst der Weise kann würdigen Stoff zu stillen Betrachtungen mit sich nehmen.»

Es ist wichtig, daß man die Wendung *feine Cirkel* nicht allein im Sinne einer vorgegebenen gesellschaftlichen Rangordnung verstehe; vielmehr sah die bürgerliche Bildung sich gerade dadurch definiert, daß sie die ganze Skala der Töne, von der vergnüglichen Unterhaltung bis zum ernsthaften Gespräch über Gott und die Welt – nicht zuletzt die gegenwärtige Welt – zu besprechen vermochte. Was sich dabei als Lebensart kundtat, das Zurücktreten des Einzelnen vor den Bedürfnissen eines Kreises, wurde nicht als bloße Form verstanden. *Fein* war man nicht, indem man die Anweisungen einer Etikette beachtete; fein war man durch das Bewußtsein, das sich am *sittlichen Gefühl* orientierte. Es gründete nicht auf irgendwelcher äußerlichen Schicklichkeit, sondern auf Selbstbegrenzung. Das Zitat aus Rousseau sollte nicht darüber hinwegtäuschen, daß durch diese Darlegungen ein idealisch-idealistischer Hauch weht, wie überhaupt die frühen Auflagen des Konversationslexikons vom Geiste der Kantischen Philosophie und von Goethes Vorbild bestimmt waren. Jener war vor einer Generation gestorben, dieser ein Zeitgenosse, der seinem Zeitalter deutlich gemacht hatte, daß das Ästhetische alles andere als äußerer Schein sei. Daß die *Form der Schönheit* das gesellige Betragen erhöht, mag den Nachkommen verdächtig oder absurd anmuten. Damals war eine solche Wendung Ausdruck einer auf das Ganze menschlicher Existenz, wie es sich auch im Einzelnen äußerte, gerichteten Lebensauffassung. Ihre Verwirklichung nannte man Bildung, die sich an Kenntnissen genauso materialisierte wie an der Zugewandtheit zum Tage. Auf die Künste mochte sie nicht verzichten, weil man durchdrungen war davon, daß das *Sittliche* in Korrelation mit dem *Schönen* stehe. All dies ist aus dem Artikel ablesbar, so wie der Katalog der Gebiete, über die Unterrichtung erforderlich war, zugleich die Fächer bezeichnete, die Brockhaus in seinem Unternehmen vor allem berücksichtigte.

Es blieb für lange Zeit bei dem Artikel *Conversation*. Die 7. Auflage (1827), die Goethe sich beim Buchhändler Hoffmann in Weimar erwarb, weil ihm der alte Hübner nicht mehr genügte, sah keinen Anlaß, ihn zu verändern. Auch noch die 9. Auflage (1843) behielt ihn im Grundtenor bei, wenn sie ihn auch stark verkürzte und der Verhaltensweise mehr Gewicht als den Begründungen verlieh. Noch verkürzter, sprachlich und sachlich verändert, stellte die 12. Auflage (Bd. 4, 1876) die Sache dar. Aus fünf Seiten war eine Drittelseite geworden.

Conversation (franz.) nennt man im gewöhnlichen Leben und geselligen Verkehr die Unterhaltung zwischen gleich- oder beinahe gleichgebildeten Leuten über alle sich zufällig darbietenden Gegenstände. Diese Unterhaltung wurde im 17. und 18. Jahrh. zu Paris in den besten Kreisen der Gesellschaft als eine förmliche Kunst betrieben und zu einem so hohen Grade von Feinheit ausgebildet, daß der daselbst herrschende Conversationston in ganz Frankreich, ja sogar im Auslande Mustergültigkeit erlangte und allgemeine Nacheiferung veranlaßte. Obwohl die altfranz. Feinheit des guten geselligen Tons sich seitdem beträchtlich vermindert hat, sind doch die Franzosen auch in neuester Zeit immer noch Vorbild dafür geblieben. Die Vermischung der Stände, die im geselligen Leben zu Paris so weit geht, als es bei der unvermeidlichen Ungleichheit des äußern und innern Vermögens nur immer geschehen kann, trägt sicher viel zum unterhaltenden Ton der dortigen Gesellschaften bei, und weil diese für die Provinz Muster der feinen Geselligkeit sind, so kann auch überall ein anerkannt guter, gleicher und normaler Conversationston aufkommen. Die bisherige polit. Zerrissenheit Deutschlands hat hier auch einen einheitlichen Conversationston nicht aufkommen lassen. Hierzu kommt als eins der wesentlichsten Hindernisse die Sucht nach Gemütlichkeit und Solidität der Gedanken. Aber eine Unterhaltung soll nichts ergründen, nichts erledigen, sondern alles nur leicht berühren und anregen; es kommt dabei nicht darauf an, viel Witz zu zeigen, als andere solchen finden zu lassen, und wer andere so zu stimmen weiß, daß sie sich und der Gesellschaft gefallen, der besitzt das Geheimnis des feinsten Conversationstons.

Eine solche Verkürzung erweist sich als noch rigoroser, wenn man die Wandlung der Proportionen im gesamten Werk bedenkt. Es war inzwischen auf 15 Bände von ca. 1000 Seiten angewachsen, das Vierfache des ersten vom Verlag selbständig herausgebrachten Drucks. Aber der Artikel hatte mehr eingebüßt als nur Raum. Indem man das Wort als ein französisches Wort deklarierte – früher hatte man es der deutschen Sprache zugerechnet und auf die sonst übliche Bezeichnung fremden Ursprungs verzichtet –, nahm man ihm etwas von seinem Heimatrecht. Indem man von der bisherigen politischen Zerrissenheit Deutschlands sprach, spielte man auf die Reichsgründung an und erhoffte von ihr einen Fortschritt der Kultivation. Dabei war die Intensität des geistigen Lebens und der intellektuellen Kommunikation nie größer gewesen als in den Tagen der sogenannten Kleinstaaterei, und die Frage drängt sich auf, warum denn ein derart voluminöses Werk sich *Conversations-Lexikon* nennen, wenn das gesellige Gespräch *nichts ergründen, nichts erledigen, sondern alles nur leicht berühren soll.* Das war ein Wandel im bürgerlichen Umgang, der ihn weit vom Satz des Jahres 1814 entfernte: *Der Mensch setzt sich unter sich selbst herab, wenn er redet, um nichts zu sagen.*

Ein solcher Wandel kommt nicht von ungefähr; er ist Indiz geschichtlicher Veränderungen und läßt sich verfolgen. Denn der Artikel von 1876 stellte eine verkürzende Redaktion desjenigen von 1865 (11. Auflage) dar, in dem der französische Zentralismus abgehoben war von der Vielfalt Deutschlands, *wo man nach der Hof-, Staats-und Kirchentracht eines jeden Landes wieder andere Leiber und Köpfe trägt, wo in Berlin und Leipzig unschön und anstößig ist, was man in Wien und München hübsch und schicklich findet. Zu diesem Provinzialgeist kommt als eins der wesentlichsten Hindernisse die Sucht der Gemüthlichkeit und Solidität. Die einfachste C., von einem guten und gediegenen Deutschen geführt, wird fast immer zu einer Discussion ...* So klang es vor dem preußisch-österreichischen Krieg noch anders als nach dem französischen. Die nationalen Stereotypen verfestigten sich zusehends. Freilich wäre es falsch, die Redaktion deshalb des Opportunismus zu zeihen, von dem sie sich mehr als anderthalb Jahrhunderte lang freigehalten hat – eine subtilere Kraft führte die Feder, die mit dem Namen des Zeitgeistes noch am ehesten zu benennen ist.

Der Zeitgeist war es auch, wiewohl nicht allein, der den Artikel im 20. Jahrhundert nochmals gründlich verändern sollte. Im 1970 erschienenen Band 10 (S. 467) der Brockhaus Enzyklopädie, welche das Wort Conversation aus ihrem Titel verwiesen hatte, war das Stichwort auf dreieinhalb Zeilen zusammengeschrumpft:

«Konversation» *[um 1600, frz. «Unterhaltung»], Unterhaltung, geselliges → Gespräch. Die Kunst der K. wurde wesentlich im Frankreich des 17. und 18. Jahrh. gepflegt.*

Das ist alles, und eine solche schon in den voraufgehenden Auflagen anzutreffende Schwundstufe bezeichnet weit mehr als nur den Wandel redaktioneller Prinzipien, die nunmehr nach knappster, objektivster Form trachten. Das wird deutlich schon an der Einengung der Bedeutung, welche um 1800 das Wort noch nachdrücklich mit geselligem Verkehr und menschlicher Beziehung gleichgesetzt hatte. Konversation ist zum historischen Phänomen geworden, in der Vergangenheit zu Hause, und die Verweisung auf das deutsche Wort *Gespräch* vermindert solchen Eindruck nicht, sondern bekräftigt ihn (17. Auflage, Bd. 7, 1969, S. 236):

«Gespräch» *sprachlicher zwischenmenschlicher Austausch. Das G. ist eine der Grundformen menschlicher Kontaktnahme, Verständigung und Existenz. Es bildet daher auch eines der Hauptthemen der Philosophie und der Literatur. In mancherlei Formen wird es zu diagnostischen und psychotherapeut. Zwecken benutzt. Ebenso hat das*

G. als Medium der Erziehung, der Lehre, des Studiums und der Information Bedeutung.

Dieser Information folgt eine Kette von Verweisungen:

Über das G. in philosophischem Sinn → Dialog, Symposion; über das gesellige G. → Konversation; über das gelehrte G. → Kolloquium; über Streitgespräche → Disputation; → Diskussion; über diagnostisch-therapeut. G. → Exploration, → Psychodiagnostik, → Psychoanalyse, → Psychotherapie.

Ergänzt werden diese Verweisungen durch sieben Literaturhinweise, von denen drei dem Bereich der Pädagogik entstammen.

Wir sind in eine gründlich veränderte Welt eingetreten, und sie zu beschreiben bedeutet nicht, das Werk zu kritisieren, in dem sie sich abspiegelt. Es ist keine Welt mehr, die von einer umfassenden Bildung begriffen wird, sondern eine Welt, die um des Begreifens willen der Spezialität bedarf. Das Wissen, welches vom Nachschlagewerk vermittelt werden soll, hat sich in ungeahntem Maße vervielfacht, ein Vorgang, den schon der alte Hübner beklagt hatte, ohne ahnen zu können, was alles zweihundert Jahre nach seinem Tod gewußt werden müsse. Ihm mochte es unproblematisch erscheinen, wenn er das statistisch Erfaßbare oder einfache Worterklärungen in 26000 vereinzelten Hinweisen zugänglich machte. Und so sicher, wie Hübner sein Verfahren zu Anfang des 18. Jahrhunderts benutzte, so sicher verfuhr Brockhaus zu Beginn des 19. Jahrhunderts im Geist des bürgerlichen klassischen Zeitalters. Ihm war wichtig, die Erscheinungen als ganze und in ihrem Zusammenhang zu zeigen; man schrieb in der Überzeugung, daß solcher Zusammenhang vorweisbar sei und befleißigte sich einer Sprache, die zwar Kürze als Stilideal kannte, aber Anschaulichkeit und Begründung nicht verkürzt wissen wollte. In ihren besten Leistungen sind die Artikel etwa des Brockhaus von 1827 Essays; man hatte Vertrauen in die Möglichkeiten einer synthetischen Darstellung und begriff unter Objektivität keineswegs den Verzicht auf Urteile.

Wiederum ein Jahrhundert später ist das Vertrauen offenbar geschwunden. Mitgeteilt wird in unserem Zeitalter, was als gewiß gelten kann und unstrittig ist. Der «philosophische» Grundzug der klassischen Zeit ist verflogen, an seine Stelle tritt die Nennung von Tatsächlichkeiten. Und da Fakten und Begriffe sich vereinzelt am deutlichsten zeigen, findet eine Fraktionierung der Erscheinungen in ihre Teile statt. Wer von dem Stichwort *Gespräch* sich auf das Wort

Konversation verwiesen sieht, von dort zu *Diskussion* übergeht und sich dann zu *Exploration* leiten läßt, erfährt nichts von all dem, was man 1814 im gleichen Zusammenhang für wichtig hielt. Er erhält Definitionen:

«Diskussion» *(lat. «Untersuchung») Besprechung, Meinungsaustausch, An-sprache; diskutieren, erörtern, verhandeln; streiten, rechten. Oder aber: Exploration (lat.) Ausforschung, Erkundung. Medizin: die fachgemäße ärztl. Befragung eines Menschen, eines Ratsuchenden oder Kranken; in der Psychologie auch psychodiagnostisches Interview genannt.*

Der Sachverhalt Konversation – Gespräch ist seiner problematischen Vielfalt entkleidet. Am ehesten klingt sie noch durch unter dem Stichwort *Dialog,* das ein philosophisches Wort ist. Bei den weiterführenden Literaturangaben zu *Gespräch* aber haben die Pädagogen das Heft in die Hand genommen, nicht zufällig, denn das Zeitalter ist durchaus pädagogisiert und mißt der Frage, wie man etwas erlerne, mehr Gewicht zu als der andern, was es denn sei, das man lernen solle.

Man kann aus diesen Wandlungen kaum auf den Inhalt von Gesprächen schließen, wohl aber auf eine Änderung des geistigen Klimas. Damals wie heute griff man nach dem Lexikon aus gegebenem Anlaß. Aber damals war offenbar das auslösende Interesse anderer Art, und gewiß war die Neigung zur Anschaulichkeit größer als heute, da das Wort nicht mehr zu leisten hat, was die Illustration zu leisten vorgibt. Sehr deutlich wird dieser Klimawechsel bei der Behandlung von Personen und geschichtlichen Darstellungen; es müssen nicht große Namen wie Goethe und Napoleon sein, wenn es gilt, ihn zu verdeutlichen – auch geringere Beispiele sprechen. So fiel das Auge beim Durchblättern des ersten Bandes der Enzyklopädie (1966, S. 721) auf den Namen

«Arkwright» *['a:krait] Sir Richard,* * *Preston (Lancashire) 23.12. 1732, † Cromford 3.8.1792, erfand 1769 die Spinnmaschine mit Streckwalzen zur automat. Garnzuführung und mit Flügelspindeln zur Garnbildung und Aufwicklung; sie wurde 1775 wesentlich verbessert und für Wasserkraftantrieb hergerichtet. Ihre Einrichtung gab den Anstoß zur Entwicklung der Textilgroßindustrie.*

Das ist eine in ihrer Kürze erschöpfende Auskunft über einen Namen, mit dem der Laie bislang nichts verbunden hat. Will er mehr wissen, interessieren ihn Streckwalzen und Flügelspindeln, so hilft ihm gewiß das zitierte Werk von *B. Taylor, R. A., (London 1957)*

weiter. Die Auskunft, die der Leser des «Conversations-Lexicon» von 1814 (3. Auflage, Bd. 1, S. 294) erhielt, war anderer Art:

«Arkwright» (Sir Richard), ein berühmter englischer Manufacturist, der zwar nicht als Erfinder, aber als der Vervollkommner der Spinnmaschinen anzusehen ist, die er zuerst mit wahrem Erfolg und Nutzen zu gebrauchen lehrte. Arm von Geburt, arbeitete er anfangs bei einem Barbier zu Manchester, und miethete mit seinen Ersparnissen einen Keller, in welchem er eine Barbierstube öffnete. Sein ausgehängtes Schild enthielt die Inschrift: «bei dem Barbier im Keller wird der Bart für einen Penny geschoren.» Der Zulauf war so groß, daß die andern Barbiere genöthigt waren, ihre Preise herabzusetzen, worauf er den seinigen bis auf einen halben Penny herabsetzte. Man erzählt, daß einst ein Schuhflicker mit einem gewaltig harten und langen Bart zu ihm kam, sich rasiren zu lassen. Arkwright stellte ihm vor, daß dabei ein Messer drauf gehen würde, und daß er mit einem halben Penny dafür nicht entschädigt sey. Da indeß jener auf der Taxe bestand, fügte sich Arkwright. Dieser Zug erregte des Schuhflickers Bewunderung, der Arkwright lieb gewann und mit einem Manne bekannt machte, der eine Spinnmaschine erfunden hatte. Dies ward der Anfang von Arkwrights Glück, der mit einem erfinderischen Geiste jene zur Ausführung neuer Pläne so nothwendige Beharrlichkeit verband. Mit diesen Eigenschaften gelang es ihm nach mehreren vergeblichen Versuchen, die Baumwollenspinnereien zu dem Grade der Vollkommenheit zu erheben, wodurch die englischen Fabriken ein so großes Übergewicht erlangt haben. Zur Belohnung seiner Verdienste erhob ihn der König 1786, auf eine Adresse der Notablen von Wickworth, zum Ritter. Er starb mitten unter seinen Arbeiten zu Crumbford in Derbyshire 1792, und hinterließ seiner Familie ein Vermögen von 500,000 Pfund Sterling.

Der Artikel von 1814 verzichtet auf jegliche Fachsprache und gibt – was bald und durchgängig geändert werden sollte – nicht einmal die Lebensdaten an. Die Sache, um derentwillen *Arkwright* aufgenommen wurde, findet lediglich in einem allgemeinen Satz am Anfang und am Ende Erwähnung, wenn von dem *Vervollkommner der Spinnmaschinen* die Rede ist. Das Übrige ist anekdotischer Art, merkwürdig genug bei einem Werk, welches gewiß nicht dem Vergnügen seiner Leser dienen will und darauf angewiesen ist, mit Platz ökonomisch umzugehen. Aber diese Sparsamkeit erstreckt sich nicht auf Umstände, welche die Person begreiflicher machen: das Gegenständliche ist nicht vollständig ohne die Schilderung seines Zusammenhangs, der Erfinder verdient nicht weniger Interesse als die Erfindung. Diese wird in den Context einer Erzählung gestellt, gar noch einer imponierenden und für frühkapitalistische Verhältnisse (die noch nicht so hießen) bezeichnenden Erfolgs-Erzählung. Der Aufstieg des armen Barbiers zum reichen Fabrikherrn mag in der modernen Welt ähnliche Bedürfnisse wie einst der Aufstieg des Märchenhelden befriedigen. Aber das wird nicht der Grund für einen so verhältnismäßig ausführlichen – und 1827 noch erweiterten – Bericht sein. Vielmehr steht hinter ihm ein Begriff von Geschichte, bei dem nicht die bloßen Ergebnisse zählen, der vielmehr dem Individuum als Erfinder, Denker und Urheber eine bedeutende Stelle anweist. Die Nennung eines Namens in Verbindung mit bloßen Daten und der Sache, um derentwillen er denkwürdig ist, befriedigte die Neugier nicht hinlänglich und gewährte keine Vorstellung. Das Informationsbedürfnis verlangte nach mehr; wenn man schon keine großen Zusammenhänge erlangen konnte, so wollte man sich wenigstens der menschlichen vergewissern.

Es wäre einer besonderen Untersuchung wert, dem Prozeß der «Versachlichung» in der Geschichte des Konversationslexikons nachzugehen. Sie setzt in den vierziger Jahren des 19. Jahrhunderts ein. Die 9. Auflage (Bd. 1, 1843) erwähnt noch die Barbierstube und Arkwrights Bemühung um das perpetuum mobile; die 11. Auflage (Bd. 2, 1864) versieht den Text mit technischen Einzelheiten, verzichtet aber nicht auf die Bewunderung des Erfinderfleißes.

Als Beweis hiervon wird angeführt, daß er gewöhnlich von 5 Uhr morgens bis 9 Uhr abends arbeitete und noch in seinen letzten Lebensjahren sich zum Theil des Schlafs beraubte, um täglich eine Stunde in der engl. Sprache und eine Stunde im Schreiben Unterricht zu nehmen, da ihm die Mängel einer vernachlässigten Jugenderziehung sehr fühlbar geworden waren.

Die 12. Auflage (1875) bleibt bei diesem Text, der noch wie anfangs fortlaufend lesbar gedruckt wird. Die 13. Auflage (Bd. 1, 1882) schließlich bricht nicht nur mit diesem Druckbild, indem sie zweispaltig druckt und damit den Lesecharakter ändert, sie hat auch erstmals Abbildungen in das Werk eingefügt. Aber der letzte anekdotische Satz vom Erfinderfleiß ist fortgefallen, der Schlußpunkt wird gesetzt von der hinterlassenen halben Million Pfund. Sie steht da als ein absoluter Wert, denn von der Armut des jungen Arkwright ist nicht mehr die Rede. In den Gründerjahren kam man schnell zu Geld. Die Wandlungen dieses kleinen Artikels werden zugleich greifbarer und komplexer, wenn man sich der Darstellung großer Gestalten zuwendet. In der ersten, von Brockhaus noch nicht betreuten Auflage fehlte – aller angestrebten Aktualität zum Trotz – der Name Bonapartes. Darauf hatte sich die Vorbemerkung bezogen *In dem Buchstaben B konnte damals ... noch keine Ahnung von dem Helden des Tages sein.* Derselbe Nachtragsband (1809), der das Wort *Conversation* erstmals zur Geltung brachte, verweist auch unter *Bonaparte* auf *Napoleon,* und der zweite Nachtragsband (1811) stellt diesen auf nicht weniger als 30 Seiten vor. Man muß sich klar machen, daß dies ein in jedem Sinne zeitgeschichtliches Unterfangen war. Die Redaktion übte vorsichtige Distanz, indem sie die Feldzüge des vor einem Jahrzehnt noch Unerwähnten, der jetzt *Kaiser von Frankreich, König von Italien und Beschützer des Rheinbundes* war, in ihren Verläufen beschreiben ließ. Wenige Bemerkungen gaben eine Ahnung von den Wirkungen der Person, wie sie die Zeitgenossen nicht ohne Schauder empfanden, auch sie anekdotisch; so hieß es vom jungen Militärschüler, er *galt aber für einen Menschenfeind, weil er düster und einsam in dem ihm angewiesenen Theile des Gartens der Militärschule lebte und ihn sogar unzugänglich gemacht hatte.* Und die ganze Willenskraft des «Usurpators», wie sie die Mitwelt ängstigte, wurde – jeglicher Zensur unanstößig – in dem Bericht von der Alpenüberquerung des Jahres 1800 anschaulich:

... über steile, mit Eis und Schnee bedeckte Felsen und schreckliche Abgründe mußten sie, auf einem nur 18 Zoll breiten Wege mehrere Meilen marschiren und sogar ihre Artillerie über diesen Weg schaffen. Die Kanonen wurden auf Schlitten mit Walzenrädern, jeder von 60 Mann gezogen, fortgeschaft und von hinten mit Hebebäumen nachgeholfen etc.

Weniger Lob als beklommener Respekt und Ungewißheit gegenüber der Zukunft sprachen aus dem Schlußabsatz:

Da nach dem Plane dieses Werks das Jahr 1808 der Punct ist, über welchen wir nicht hinausschreiten, so müssen wir diese Skizze von Napoleons Thaten enden. Überzeugt von der Mangelhaftigkeit derselben, obgleich für dieses Werk ziemlich ausführlich, wollten wir doch nur besonders diejenigen Thaten, durch welche Europa eine ganz andre Gestalt gewann, andeuten, und es war nicht möglich, Napoleons Verdienste als Regent, Staatsmann, Gesetzgeber zu schildern, wenn dieser Artikel nicht zu einem ganzen Werke anwachsen sollte. Auch bedarf es dieser Schilderung um so weniger, da seine Gesetze und Verfügungen dieses selbst am besten beurkunden. Wel-

che innere Stärke hat Frankreich seit seiner Rückkunft aus Egypten erhalten! Er vernichtete die Proscriptions- und Emigrantenlisten, verschaffte der Religion wieder Achtung und gab nicht blos einer, sondern allen Religionen Schutz. Er verbesserte die Eintheilung des französischen Gebietes, die innere Verwaltung des Staats, gab ihm und einer großen Anzahl von Staaten neue Gesetze, verbesserte den öffentlichen Unterricht, eben so die Gerichts- und Proceßform, ordnete das Finanzwesen, ehrte den Ackerbau, unternahm eine bessere Vertheilung der Auflagen, munterte die Manufacturen auf, und setzte Nationalbelohnungen für alle Künste und für alle Erzeugnisse der Kenntnisse und Talente aus, und alles dieses in einem Zeitraume von wenigen Jahren. Welche Thaten lassen sich nicht noch für die Zukunft von diesem in der Weltgeschichte einzigen Manne erwarten!

Die Herausgeber der Ausgabe von 1827 sahen sich in einer anderen Lage; die napoleonische Zeit war vorüber und der Kaiser tot. Umso bedrängender schien das geschichtliche Phänomen, dem man ohne die Ausflucht in objektive Tatsächlichkeit gerecht zu werden trachtete, ganz im Geiste dieser wohl bedeutendsten aller Brockhaus-Editionen. (Rang und Namen ihrer Mitarbeiter, erst recht die Zusammenfassung des Denkens der deutschen Klassik lassen eine Gesamtdarstellung der 12 Bände als eines literarischen Denkmals wünschbar erscheinen.) Sie behandelten Napoleon an verschiedenen Stellen; unter *Napoleon und seine Zeit, aus den Schriften von ihm und über ihn* war auf zehn Seiten des siebten Bandes (7. Auflage, Bd. 7, S. 670 ff.) eine bewertende Übersicht über die schon damals kaum übersehbare Literatur gegeben, der folgende Erwägungen vorausgingen:

... die Geschichte des Helden selbst ist nicht das Werk seiner Zeitgenossen. Kaum dürfte es den Überlebenden gelingen, die Thatsachen festzustellen, nach welchen kommende Jahrhunderte erst das treue Bild Napoleons in der Geschichte erkennen und das Endurtheil der Zeit über ihn aussprechen werden. Gleichwohl beschäftigt uns sein Leben, abgesehen von dem Tagesgespräche des geselligen Marktes, in Allem, woran die nächste Vergangenheit erinnert und was die Gegenwart hervorbringt. Ein jüngeres Geschlecht wächst auf, das in verworrenen Stimmen die Überlieferung der Väter von dem, was ihnen Napoleon gewesen, vernimmt, und jetzt fast allgemein den Mann laut lobpreisen hört, gegen welchen jüngst Europas Völker sich bewaffneten, und den die Stellvertreter der Nationen in die Acht erklärten. Es fragt nach dem Zeugniß der Geschichte und findet dort

Beschuldigung und Anklage, hier Rechtfertigung und Lobrede. Für diesen jüngern Wanderer in dem Gebiete der Zeitgeschichte soll unser Artikel einige literarische Fingerzeige oder Andeutungen enthalten, wie sie aus dem Labyrinthe von Biographien, Memoiren, Manuscripten, Anekdotensammlungen etc. von und über Napoleon, die wichtigsten Schriften herausfinden, und in welcher Ordnung sie dieselben vergleichen und prüfen können, um, so weit es jetzt schon möglich ist, sich ein treues Bild von dem Heros der franz. Revolution zu entwerfen. Es bedarf übrigens für den verständigen Leser nicht erst der Erinnerung, daß man bei der Betrachtung glänzender Gestalten in der Zeitgeschichte wohl unterscheiden muß die Größe der Kraft von der Reinheit und Güte des Willens, die Kühnheit polit. Entwürfe von der Erhabenheit einer menschlichen Idee, das Werk der Nothwendigkeit von dem Gebilde der Freiheit, die Macht der Leidenschaft von der Würde des Charakters, den Glanz des Erfolges von der Gunst der Umstände, und die Standhaftigkeit bei der Last verschuldeter Leiden von dem hohen Gleichmuth im vorwurfsfreien Unglück. Man muß ferner das Zeitalter genau kennen, welches den Schlüssel gibt zum Verständniß und den Maßstab zur Würdigung eines welthistor. Namens; man muß endlich, um nicht Bewunderung mit Achtung zu verwechseln, einen richtigen Begriff sich bilden von Dem, was wahre Größe ist in dem Buche der Menschheit, ehe man den Ruhm bewundert, der große Eigenschaften begleitet. Vielleicht wird man dann Napoleon gerechter beurtheilen und ihn größer finden, als Viele ihn beurtheilen und richten, wenn man nicht von der Ansicht ausgeht, den außerordentlichen Mann auch für groß zu halten.

Das ist eine an den Alten geschulte Prosa und in einer Gesinnung geschrieben, welche Gerechtigkeit anstrebt, aber das gerechte Urteil an Werten prüft, die noch unzweifelhaft sind. *Reinheit, Erhabenheit einer menschlichen Idee, Freiheit und Würde* gehören in die Gedankenwelt Kants und Schillers; es sind Wendungen, die ein Nachschlagewerk der Gegenwart nicht benutzen könnte, und es kann die Erwägung nicht schaden, aus welchen Gründen sie dem heutigen Benutzer anstößig erscheinen. Er ist gewohnt, die Jugend Bonapartes wie folgt zusammengefaßt zu sehen (Brockhaus Enzyklopädie Band 13, 1971, S. 193):

Nach dem Willen des Vaters (→ Bonaparte 1) französisch erzogen, blieb N. auf den Militärschulen von Brienne (1779–84) und Paris (1784–85) auch als Leutnant der Artillerie (Okt. 1785) ein Landfremder. Erst nach dem Bruch mit der kors. separatist. Bewegung

P. Paolis (1793), der ihn, seine Mutter (→ Bonaparte 7) und seine
Geschwister zur Flucht auf das französ. Festland zwang, schloß sich
N. ganz der herrschenden Bergpartei an.

Diese Daten werden reinlich von einer abschließenden Würdigung
geschieden, die uns noch beschäftigen soll. 1827 verfuhr man anders
(7. Auflage, Bd. 2, 1827, S. 55):

*Der junge Corse hatte schon in seinem Vaterlande den Sinn für
politische Parteikämpfe in seinen von Natur verschlossenen Geist
aufgenommen. Er hatte hassen gelernt; denn ein unbesiegbarer Haß
gegen Genua, das die Corsen nicht zu bezähmen vermochte, und
gegen Frankreich, das anfangs Corsica für Genua, dann für sich
unterjochte, wurzelte in Aller Herzen. N. sah die Theilnahme seines
Vaters an den öffentlichen Angelegenheiten, dessen Freiheitssinn und
Haß der Unterjochung, und bewunderte den Helden Paoli. Aber
zugleich lernte er die Menschen verachten und Haß und Rache im
Busen verbergen; wilde Kampflust wurde ebenso bei ihm vorherr-
schende Neigung, als Paoli's Ruhm seine Ehrfurcht entzündete. Ver-
schlossen, wie Alle die ihn umgaben, gewöhnte er sich, die Menschen
zu beobachten, sich selbst der Beobachtung Andrer zu entziehen, und
während das gemeinsame Interesse fast zerstört war, nur das eigne zu
suchen. So gesellte sich die stolzeste Selbstsucht zu innerer Leidenschaft. Kein sanfteres Gefühl drang in seine eherne Brust. In der
Militairschule zu Brienne nahm er bald sein Übergewicht wahr; kein
Lehrer, kein Mitschüler – sie waren ja Franzosen – gewann ihm
Liebe, keiner wahre Achtung ab. In sich zurückgezogen, suchte er die
Einsamkeit, war finster, hinbrütend, und verachtete die Spiele seiner
Gefährten. Nichts konnte ihn aus dem Phantasienkreis, in den er
schon gebannt war, herausreißen. Im Kriege geboren, warf er sich mit
entschiedener Neigung auf die Kriegswissenschaften. Die tiefsinnig-
sten Lehren der Mathematik wurden seine Lust, weil er sie alle auf
Kriegskunst bezog, die der Mittelpunkt seines Lebens ward. Und
gerade die Kriegswissenschaft mußte auf seinen Charakter am mächtigsten einwirken, indem die Menschen ihm hier immer mehr
Maschinen wurden oder Feinde, die man überlistete oder nach allen
Regeln der Kunst schlug und vernichtete. Siegen, herrschen ward
seine heftigste Neigung, und nur darum trat er seinen Mitschülern
etwas näher, um den Krieg im Kleinen zu führen, den er schon im
Großen dachte. Man weiß, wie er seine Gefährten gegen einander
aufgereizt, Meuterei gegen die Lehrer angestiftet und sich ein Ansehen unter den Knaben erworben. Bemerkenswerth ist auch, daß er*

sich endlich zwei von jenen, und gerade sehr beschränkte Köpfe, zu täglichen Gefährten auswählte, und diese so an sich zu fesseln wußte, daß sie in demüthiger Bewunderung seiner Überlegenheit sich zu Werkzeugen seiner Absichten gebrauchen ließen. Neben seinen mathematischen Studien beschäftigte ihn besonders die Geschichte des Alterthums. In allen kühnen Unternehmungen der Vorzeit erkannte er das eigne Kraftgefühl, und jedes gelungene Emporstreben, jeder Sieg gewann ihm das einzige Entzücken ab, dessen er fähig war. Daher mußten ihm die Helden Plutarch's gefallen, dessen Lebensbeschreibungen er mit besonderer Neigung betrachtete. In späteren Jahren zog ihn auch das düstere Nachtgemälde des Nordens in Ossian's Schlachtgesängen an; Tacitus hingegen, den er nur den Verleumder des Nero nannte, war ihm verhaßt. Die Spartaner wurden ihm Vorbilder der Selbstabhärtung, der Kampflust und jener Wortkargheit, die über den Sinn ihrer Rede in Zweifel läßt. Sie ahmte er auch in seinen Antworten und Mittheilungen nach, und gewann die große Fertigkeit, mit Wenigem viel, immer aber mehr zu sagen, als die Hörer erkennen sollten, oder auch wol eine tiefere Bedeutung, als er selbst hineinlegte, muthmaßen zu lassen.

Diese Zeilen liest man wie eine kurzgefaßte Schilderung von Stendhals Held Julien Sorel – eine Romanfigur, welche zu gleicher Zeit wie der Napoleon-Artikel entstand; ihr Autor, ein glühender Verehrer des Kaisers, hatte ihm die gleichen Züge kalten Ehrgeizes, dieselbe Menschenverachtung, dasselbe Streben nach Macht und Größe verliehen. Aber solche Parallelen sind weniger bemerkenswert als die offenbar dem Zeitalter eigene elementare Psychologie, welche die Handlungen eines Individuums aus seinen Anlagen und den Bedingungen erklärt, unter denen es angetreten ist. Die Charakterschilderung wird vorgetragen in der Art eines antiken Historikers, und wenn Bonapartes Vorliebe für Plutarch hervorgehoben wird, so ist damit nicht nur das Vorbild des jungen Korsen benannt, sondern auch das Stilideal dessen, der ihn beschreibt. Er durfte mit einem Publikum rechnen, das seine Sprache verstand und zu würdigen wußte, was mit dem Satz gemeint war. *Tacitus hingegen, den er nur den Verleumder des Nero nannte, war ihm verhaßt.* Also war Nero dem Bonaparte verehrungswürdig: also war Bonaparte ein Tyrann.

Der sehr einheitliche Charakter des Brockhaus von 1827 war darauf gegründet, daß die Gemeinsamkeit seiner Autoren die Verschiedenheit ihrer Fächer und ihrer Herkunft überwog. Keferstein in Danzig und Gustav Schwab in Stuttgart, Wilhelm Müller in Dessau und Kosegarten in Hamburg, Böttiger in Dresden und Müllner in Weißenfels, Aretin in Amberg und Woltmann in Prag waren nicht nur geographisch voneinander entfernt. Aber Namen wie die ihren repräsentierten einen Bildungszusammenhang, innerhalb dessen es wohl unterschiedliche Denkungsarten, jedoch kaum Kommunikationsschwierigkeiten gab; sie alle haben in das literarische Leben nicht nur ihrer Zeit hineingewirkt und sich offenbar willig der ausgleichenden und vereinheitlichenden Hand der Leipziger Redaktion untergeordnet. Sie achtete darauf, daß bei ihren Eingriffen *weder der Charakter des Rechts und der Wahrheit aufgegeben, noch die Stimme ihrer eigenen Überzeugung unterdrückt* wurde. Die *eigene Überzeugung* aber war für die 5. Auflage (1819–1820), nicht lange nach dem Ende der Napoleonischen Kriege, in die Absicht gefaßt, *die gegenwärtige Bildung der Umgangswelt oder des geselligen Verkehrs sowol ihrem Inhalte als ihrer Form nach* zunächst für den umfassenderen Blick des deutschen Europäers treu darzustellen.

Diese Wendung könnte auch dem letzten Drittel des 20. Jahrhunderts entstammen; aber daß sie im ersten Drittel des 19. Jahrhunderts programmatisch-ernst gemeint war, zeigt die weitere Behandlung des Themas Napoleon. Immer wieder wurde die Darstellung der Ereignisse durch Überlegungen angehalten, die sich und dem Leser Rechenschaft über das Geschehene abzulegen trachteten; so nach dem Bericht über die italienischen Feldzüge (7. Auflage, Bd. 2, 1827, S. 62):

Noch schmeichelte B. dem Republicanismus der Franzosen, während er auf vielfache Weise das Wesen eines Freistaats vernichtete. So ward am 14. Juli das Bundesfest der Republik mit den Siegesfesten verbunden, und der erste Consul der Republik trat mit dem Pomp eines Dictators einher.

Nach der Schilderung der Auseinandersetzungen mit England und der Krönung zum Kaiser aber hieß es (7. Auflage, Bd. 2, 1827, S. 65):

Jetzt war Napoleons Macht gegründet. Wie er Frankreich gedemüthigt, trachtete er nun auch Europa zu unterwerfen. Alles begünstigte ihn. Ein geübtes, siegreiches Heer stand ihm zur Seite. Die Macht seines Staats, durch seine eigne Größe, auch in der Meinung der Menschen erhöht, ward überall mit geheimem Grauen anerkannt. Dazu wußte er, was einig war, zu trennen; was vereint unbesiegbar gewesen wäre, vereinzelt zu übereilen und zu überwinden. Der lange Schlaf, der die meisten Staaten Europas seit langer Zeit gefesselt, aus dem sie noch immer nicht völlig aufgeschreckt waren, beförderte alle Pläne des nie Rastenden. Jeder neue Sieg über den Einen schreckte und lähmte den Andern. Während Alle ängstlich auf die Mittel sannen, sich zu erhalten, ergriff er rasch, gleichgültig gegen Gesetz und Recht, die kräftigsten Maßregeln, sich über Alle aufzuschwingen. Eine Schar von Emporkömmlingen, abgehärtet in den Greueln der Revolution, diente blind seinem Willen. Am 11. Juli 1804 ward die Ehrenlegion, ein Band, das die eitele und habsüchtige Menge an Napoleon fesseln sollte, neu geschaffen. Gleich darauf ward das kleinlichste Hofceremoniel für den neuen Kaiser vollendet.

Es kann hier nicht um eine Analyse der Darstellung insgesamt gehen, die Aufstieg und Sturz beschreibt. Es kommt vielmehr auf die – inzwischen längst selbst geschichtlich gewordene – Grundgesinnung an, welche der Stimme des Rechts und der Wahrheit, einer menschlichen Stimme, am Schlusse des Artikels (7. Auflage, Bd. 2, 1827, S. 72) Gehör zu schaffen sucht:

Napoleons Leben auf St. Helena hat den Haß eines großen Theils der Zeitgenossen entwaffnet, die Bewunderung seiner Anhänger aber nur vermehrt. Der Sturz von seiner Höhe konnte ihn auf Augenblicke niederschmettern, aber nicht seine Kraft vernichten. Er behauptete seine Persönlichkeit in dem Drucke der Verbannung, wie in dem Palaste der Tuilerien; nur sein Inneres, das Menschliche in der ehernen Brust, trat jetzt mehr hervor, als es dort der Fall sein konnte, wo er das Schicksal der Staatenwelt mit seinem Willen umschloß. Alle Personen, die in St. Helena ihm dienten, behandelten ihn als Kaiser; und er würdigte und erwiderte ihre Treue mit dem Gefühle des Danks und der Freundschaft. Der Gouverneur der Insel, Sir Hudson Lowe, bewachte ihn mit der gehässigsten schonungslosen Strenge; aber Napoleon stellte ihm eine solche Charakterstärke entgegen, daß in der öffentlichen Meinung der Gefangene in dem Grade nur an Würde gewann, als sein Kerkermeister an Achtung verlor.

Ob auch hier eine Stilisierung stattfinde, die den gestürzten Kaiser einem Helden des Plutarch annähert, mag auf sich beruhen; wichtig ist die Tendenz, welche Gerechtigkeit und eigene Überzeugung ins Verhältnis zu setzen und einen mittleren Weg zwischen Darstellung und Urteil zu finden sucht. Es ist die Zeit, da der junge Ranke seine ersten bedeutenden Schriften veröffentlicht. Als Brockhaus die fünfzehnbändige neunte Auflage in die Welt sandte, war die deutsche Geschichtsschreibung in der hohen Blüte, der man den Namen Historische Schule gegeben hat. Das wird greifbar an dem ganz erneuerten Essay, den die 9. Auflage (Bd. 10, 1846, S. 126) dem Thema widmet. Die Luft des Vormärz weht in ihm, temperiert durch akademische Beredsamkeit. Viele seiner Sätze verlocken zu einer Aktualisierung, die das unerfüllte demokratische Bewußtsein der vorrevolutionären Zeit mit dem gefährdeten von heute verknüpfen möchte:

Nachdem ihm der Senat, angeblich um die Ruhe und Wohlfahrt der Nation aufrecht zu halten, am 8. Mai 1802 das Consulat im voraus auf weitere zehn Jahre verlängert, ging er noch weiter und ließ sich am 2. Aug. das Consulat auf Lebenszeit zusprechen. Wenige Tage darauf, am 4. Aug., erfolgte eine sehr summarische Verfassungsänderung, die den Consul fast mit der Gewalt eines absoluten Fürsten bekleidete. Alle diese Schritte zum Thron geschahen ohne Widerstand, wiewol jeder solcher Griff nach der Krone nach dem Willen des Machthabers eine Abstimmung des Volks unterlag, um gewissermaßen das Siegel einer moralischen Legitimität darauf zu drücken. Jedesmal beeilte sich auch eine zahllose Majorität, dem Genie, dem Glücke, und dem Glanze des außerordentlichen Mannes die Huldigung zu gewähren. Mit der Erhöhung zum Consul auf Lebenszeit streifte N. vollends den Republikanismus ab und zeigte seine Absichten auf die Errichtung der Monarchie deutlich. Die Regungen politischer Opposition und die republikanischen Erinnerungen, die sich in den Staatskörpern oder der Tagespresse hervorwagten, wurden durch die Policei oder durch militairische Verwaltungsmaßregeln beseitigt. Zudem war der Consul ein Meister im Gewinnen widerspenstiger Köpfe.

Daß er auch ein rücksichtsloser Meister der Unterdrückung seiner Gegner war, wird unter einem anderen Stichwort der gleichen Auflage (Bd. 7, 1845, S. 262) auf wiederum bedrängend aktuelle Weise klar; es lautete *Höllenmaschine*:

... Seit dem Attentate auf das Leben des Consuls Bonaparte hat jedoch das Wort eine weitere Anwendung gefunden. Als nämlich Bonaparte am 24. Dec. 1800 gegen Abend, umgeben von den Generalen Bessieres, Lannes und Berthier, ins Opernhaus fuhr und sein Wagen im vollen Laufe von dem Carousselplatze in die Straße St. Nicaise einlenkte, schob sich zwischen denselben und die vorauseilende Escorte der Consulargarde ein kleiner einspänniger Wagen ein, den jedoch der stark berauschte Kutscher Bonaparte's durch eine verwegene Wendung ohne Anstoß und Aufenthalt umfuhr. Der Zug hatte das Hinderniß kaum hinter sich, so explodierte der Karren. Er war mit zwei durch Eisenreifen zusammengehaltenen Pulverfässern, Bomben und Kugeln beladen gewesen und hatte eine furchtbare Ver-

heerung angerichtet. *Die beiden nächsten Häuser waren zertrüm- mert, 44 andere beschädigt, acht Menschen getödtet und 18 mehr oder weniger verletzt worden. Auch der Wagen des Consuls wurde in die Höhe gehoben und an den Fenstern beschädigt, vor dem Umwer- fen aber durch das heftige Anziehen der Pferde bewahrt... Die Poli- cei fand nun durch Spione im Departement Morbihan das Complot auf. Mehrere Chouans und Royalisten wurden eingezogen, gestan- den die That unter Bedauern des Mißlingens und mußten das Scha- fot besteigen.*

Dieser Vorgang (dem eine Definition der *Höllenmaschine* als Be- griff der Kriegskunst vorausgeschickt war) war durch zwölf Jahre vom Zug des Kaisers nach Rußland getrennt, Jahre, welche in dem 25 Seiten umfassenden Artikel sachlich dargestellt werden. Aber an den Höhepunkten tritt der Erzähler aus seiner von Tatsachen be- stimmten Reserve heraus (9. Auflage, Bd. 10, 1846, S. 135 f.):

In seiner Phantasie stiegen aber auch noch riesenhafte Entwürfe empor; an der Spitze dieser ungeheuern, von seinem Genie geleiteten Streitmacht war es vielleicht möglich, die russ. Herrschaft nach Asien zurückzuwerfen und dann auf den Trümmern Rußlands und der Türkei ein neues byzantin. Kaiserreich zu stiften. Man darf das Unglück, welches mit Beschreitung der russ. Grenze in N.'s Laufbahn hereinbrach, nicht als ein äußerliches Ereigniß ansehen, das seinen Übermuth und seinen Ehrgeiz zufällig rächte. Er wurde hier von seinem Verhängnisse, das ihn emporgehoben, gestürzt; sein Schick- sal mußte sich erfüllen. Derselbe Dämon, durch welchen er Italien eroberte, der ihn in die Wüsten Ägyptens führte, der ihn zur Dictatur und zum Kaiserthrone trieb, der ihn in Spanien eine Million Men- schenleben opfern ließ, derselbe naturgewaltige Drang nach Größe und Herrschaft führte ihn auch in die Eisfelder Rußlands. Wie sonst faßte er alle Mittel zusammen, um den Nebenbuhlern seiner Macht den tödlichen Schlag zu versetzen und den Sieg zur Grundlage neuer Eroberungen und Entwürfe zu machen. Ein solcher schrankenloser, durch unerhörte Erfolge gestählter Wille berechnet die möglichen Wechselfälle wenig, verachtet den Rath Anderer, denen er sich über- legen weiß, und erfährt endlich seine Schranke an der physischen und moralischen Weltordnung. Die schauervollen Scenen des Feldzugs begannen schon in den ersten Wochen. Eine drückende Sommerhitze und die Unmöglichkeit, so ungeheure Massen aus der Ferne genügend zu verproviantiren, erzeugten verheerende Krankheiten und unter den Bundesgenossen, welche dem Machtgebot gefolgt waren, Unzu-

friedenheit. Zugleich erwachte der Volkskrieg in seiner schrecklichsten Gestalt; die Einwohner entflohen und vernichteten oder verbargen die Vorräthe; der zurückweichende Feind verheerte sein eigenes Land und zündete Städte und Dörfer an, um den Franzosen jedes Hülfsmittel zu entziehen. Der Sieg bei Smolensk, am 17. Aug. 1812, und die blutige Schlacht an der Moskwa, am 7. Sept., nach welcher 30000 Leichen das Schlachtfeld bedeckten, öffneten endlich am 15. Sept. dem erschöpften und gelichteten Heere Moskau (s. d.), wo N. einen Ruhepunkt bis zum nächsten Frühjahre zu finden hoffte. Doch der Brand dieser ungeheuern und an Hülfsquellen reichen Stadt vereitelte mit einem Schlage alle Hoffnungen und Berechnungen.

Und etwas später heißt es:

Indeß hatte die Nachricht von der Katastrophe in Rußland, das Einrücken des Feindes in Deutschland, die begeisterte Erhebung Preußens und die Auflösung des Rheinbundes durch den Aufruf Kutusow's, am 25. März zu Kalisch, sein Verhältniß zum europ. Festlande gänzlich verändert. Der augenblickliche Sturz des kühnen Despoten deckte mit einem Schlage die Nichtigkeit und Vermessenheit des Gedankens auf, die Völker der civilisirten Welt durch materielle Gewalt unter einen Arm zu beugen. Alle Nationalitäten von der Ostsee bis zum Tiber, welche durch die Idee des Kaiserreichs zertreten, gefesselt, in ihren heiligsten Interessen verletzt waren, warteten nur, um die Waffen gegen den gemeinsamen Unterdrücker zu ergreifen.

Im zehnten Band der elften Auflage (1867) finden wir einen neuen, wiederum gänzlich «versachlichten» Artikel, der sich die Beschränkung auf zeitliche und faktische Verläufe auferlegt. Er sollte mit wenig eingreifenden Überarbeitungen von Auflage zu Auflage über sehr lange Zeit Gültigkeit haben. Bewußt wird auf Bewertungen, Deutungen oder allgemeine Erwägungen verzichtet. Die Person Bonaparte, welche einen ganzen Kontinent erschüttert hatte, trat zurück, als ob es die Frage gar nicht gebe, welche Kraft so ungeheure Ereignisse in Bewegung zu setzen vermöchte. Dem Thema blieben – bei erheblich erweitertem Umfang des Ganzen – nur noch acht Seiten gewidmet, die bis zur 14. Auflage (1908) auf ca. 10 Spalten reduziert wurden. Allerdings gab es 1908 einen knappen, gleichsam wilhelminischen Absatz, der den erneuten Wandel des Zeitgeistes durch alle erstrebte Objektivität hindurchschimmern ließ (14. Auflage, Bd. 12, 1908, S. 175):

Die historische Wertschätzung N.'s hat, insbesondere in Frank-

reich, vielfach seit seinem Tode gewechselt. Das unvernünftige Regiment Karls X., das selbstsüchtige Philipps und seiner Bourgeoisie hatten N.'s Namen zu hohen Ehren gebracht und ihm einen legendenhaften Glanz verliehen, der seinem Neffen, Napoleon III., zugute kam. Als aber dieser mit seiner Politik gescheitert war, verblaßte der Glanz der Bonapartischen Legende, und die kritische Wissenschaft trat in ihr Recht, bis in der neuesten Zeit die Sehnsucht des revanchelustigen Teils der Nation nach einer militär. Größe das Bild des genialen Imperators aufs neue erhöhte.

Und es ist mehr ein Beitrag zur deutschen Geschichte als zu der Napoleons oder des Brockhaus, wenn der letzte Satz mit leichter, aktualisierender Modifikation auch noch in der 15. Auflage (Bd. 13, 1932, S. 174 f.) stehenblieb:

... verblaßte die napoleonische Legende und die kritische Wissenschaft trat in ihr Recht (Lanfrey); doch hat der neuerwachte Revanchegeist der Dritten Republik die Gestalt des genialen Kaisers abermals gehoben.

Allerdings war dem ein vorher nicht vorhandener Einschub voraufgegangen, der erstmals wieder eine Bewertung einführte; am Vorabend des Jahres 1933 wirkt sie heute wie eine Prophetie, bei der nur ein Name vertauscht ist:

N. ist der größte Gewaltherrscher der Neuzeit. Die Rücksichtslosigkeit, die er anwendete, wo es ihm nötig schien, kannte keine Grenzen; er besaß eine unerschöpfliche Arbeitskraft und einen stählernen Willen. Durch die Maßlosigkeit seiner Außenpolitik schuf er sich in ganz Europa eine erbitterte Gegnerschaft ...

Es bedurfte der Erschütterungen des Zweiten Weltkrieges, die das Bild Europas mehr veränderten als Napoleon es je vermochte, es bedurfte der Heraufkunft eines Gewaltherrschers auf deutschem Boden von ganz anderer Gewalttätigkeit, um in der 16. Auflage (Bd. 8, 1955, S. 267 f.) einen neuen Ton anklingen zu lassen, fast hundert Jahre nach dem Konzept der 10. Auflage. Der Verlagsort hieß nicht mehr Leipzig, sondern Wiesbaden.

Die histor. Größe N.'s ist unbestritten. Seine Erscheinung entzieht sich im Grunde rationaler Erfassung. Er war zugleich Emporkömmling und Herrscher von Natur, besaß brennenden Ehrgeiz, unbeirrbares Selbstvertrauen, Sicherheit des Instinkts, unbeugsamen Willen und unermüdliche Arbeitskraft; dämonische Leidenschaft stand neben schärfstem Intellekt. In seinem Wirken verband sich das Erbe der französ. Revolution mit der bourbon. Tradition. Ideenreich als

Staatsmann und groß als Feldherr, verstand es N., alle Möglichkeiten
der Revolution in den Dienst seiner persönl. Ziele zu zwingen, denen
aber zunehmend Maß und innere Bindung fehlten. Er wurde der
Vollstrecker und der Überwinder der Revolution und dehnte ihren
Gehalt auf ganz Europa hin aus. Es wurde sein Wirken als Kraft der
Zerstörung und Kraft des Aufbaus eine der Voraussetzungen der
modernen europ. Geschichte. In Verwaltung, Gesellschaft und Recht-
sprechung prägte er Frankreich bis zum heutigen Tag (Code Napo-
leon, → Code). In Italien und Deutschland, wo er das Alte Reich zer-
trümmerte, verhalf er dem modernen Staatsgedanken zum Durch-
bruch über feudale Sonderrechte und kleinstaatl. Zersplitterung. In
der Kunst der Massenführung und der Propaganda war er seiner Zeit
weit voraus.

Mit einer solchen Zusammenfassung, die auch in der Brockhaus
Enzyklopädie (17. Auflage, 1971) beibehalten wurde, knüpfte man
in manchem Betracht an die Tradition an, die im ersten Viertel des
19. Jahrhunderts begründet worden war. Freilich nicht in stilistischer
Hinsicht und auch nicht im Hinblick auf die Verteilung der Ge-
wichte innerhalb des gesamten Werks. Denn die Vorherrschaft der
historischen und ästhetischen Gegenstände, die es in seinen Anfängen bestimmte, war längst durch die Bedürfnisse einer naturwissen-
schaftlich-technischen, globalen Welt erledigt worden. In ihr war der
Blick des deutschen Europäers von 1819 kein *umfassender* Gesichtspunkt mehr, und selbst eine Erscheinung wie Bonaparte mußte sich
mit vier Spalten begnügen, um Stichwörtern Platz zu geben, die noch
am Ende des Ersten Weltkriegs ungeahnt waren. Umso bedenkens-
werter ist die Frage, wie sich die Auffassung der Kräfte gewandelt
habe, die vordem das Leben der bürgerlichen Bildung in Deutschland scheinbar oder wirklich begründet hatten.

Wenn Napoleon als Leitfaden durch den Irrgarten der Geschichte
diente, so mag ein anderer großer Name den Wandel einer einst
bedeutenden Bildungsmacht, der Literatur, begreiflich machen. Die
1. Auflage kannte, trotz der angestrebten Aktualität, noch keinen
Artikel über Goethe, obgleich bei ihrem Erscheinen das ‹Werther›-
Fieber schon um eine Generation zurück lag. Umso gewichtiger und
in mancher Hinsicht für das gesamte Jahrhundert maßgeblich war,
was der dritte Band der 2. Auflage *(Von Flibustier bis Göthe)* im
Jahre 1813 auf 26 Seiten zu sagen wußte. Es war das Jahr der Völ-
kerschlacht zu Leipzig, in dem der 3. Teil von «Dichtung und Wahr-

heit» erschien; der Verfasser hatte die beiden schon im Vorjahr ver-
öffentlichten Teile der Autobiographie geschwind und vorteilhaft für
seinen Zweck zu nutzen gewußt.

*Es drängt sich aber hier überhaupt die Betrachtung auf, daß Göthe
fast mit allem, was er leistete, und nicht selten auch mit dem, was er
war, einen großen, bedeutenden Einfluß auf die Literatur und Kultur
seines Zeitalters gewann, und so gewissermaßen unter den Deutschen
als der Centralpunkt zu betrachten ist, von welchem aus seit vier
Decennien die verschiedene Gestaltung unsers ästhetischen und sittlichen Wesens ihre Richtung genommen hat. Seine frühesten, der
herkömmlichen Regeln damals geltender Kunsttheorien spottenden
producte führten eine Genieperiode herbei, die man nach einem
Schauspiel des gleichzeitigen Klinger die Sturm- und Drangperiode
genannt hat, und wohl mit Recht als einen Sturm auf den damaligen
Deutschen Parnaß und seine Französische Verzäunung betrachten
mag. Werther führte die empfindsame Periode, Götz den Tumult der
Ritterschauspiele und Romane herbei und stellte Shakespeare als
Muster für unsre dramatischen Dichter hin. Die Ästhetik wurde in
jener Zeit durchaus revolutionair, und man fragte nicht, ob es die
Sitten nicht auch wurden, denn man denke nur an die, denen Werther
die Pistole in die Hand gab, woran freilich der Dichter sehr unschuldig
war, an die Epidemie der Empfindelei, an die Derbheit des Tons und
die Freiheit der Sitten, nachdem Göthe durch Laune, Satyre und
komischen Witz seine früheren Einflüße selbst weggelacht, gescherzt
und gespottet hatte. Wie durch einen Zauberschlag verwandelt erschien er auf einmal im neunten Jahrzehnd, denn seine Iphigenia, sein
Tasso treten einher in der höheren Glorie Griechischer Idealität, die
selbst in seinem, obschon dem Shakespeare näheren, Egmont nicht zu
verkennen ist. Im Faust, der alles in sich vereinigt, was Göthe's Genius
Großes und Herrliches vermag, hatte er den Gipfel seiner Vollendung
erreicht. Es darf nicht verwundern, von diesen Werken keine schnelle
Wirkung zu sehen; aber sie blieb nicht aus, und wurzelte tief, denn
in Ästhetik und Sitten fing man nachher an, auf Idealität zu dringen;
der Schmetterling brach aus der Raupe hervor. Wie Wilhelm Meister
im letzten Jahrzehnd des verflossenen Jahrhunderts wirkte, ist uns
allen noch im frischen Gedächtniß. Nicht bloß Künstlerromane folgten wieder in großer Anzahl, sondern Kunstleben galt als das eigentlich wahre, als das einzig würdige Leben. Wie nach Werthers Zeit im
blauen Frack und Paille-Beinkleidern gehen mußte, wer auf Genia-
lität Anspruch machte, so jetzt mit der Palette und Guitarre, wenn er*

nicht die Bühne betreten konnte. Kunst ist der Gipfel des Lebens, sie lehrt ein ideales Leben im wirklichen Leben: dieses Prinzip trat immer deutlicher und lauter hervor, und eine Ästhetik entstand, wie sie die Vorzeit, bisweilen zwar geahndet, nie aber noch ausgebildet hatte. Die Ästhetik erschien in der größten denkbaren Würde als Vollenderin des Lebens und der Philosophie. Die Moral erhielt eine bloß untergeordnete Rolle, die Religion aber, eine Zeitlang der Moral nur dienstbar, erhob sich über sie, indem sie mit der Kunst sich nicht bloß verschwisterte, sondern Eins ward. Mit der Ästhetik ergriff man demnach auch die Religion, ja man konnte nicht religiös seyn, ohne ästhetisch zu seyn, und eine schöne Seele sich nur in dieser ästhetisch-religiösen Innerlichkeit bewähren. Wer sieht es nicht, daß dem Protestantismus hiermit der Stab gebrochen war! Sonderbar genug sieht man hier an einen Roman, der wohl keineswegs so etwas beabsichtigte, bedeutende Umwandlungen in der Ästhetik nicht bloß, sondern auch in der Philosophie und Religion geknüpft, und Göthe auf diese Weise wieder an der Spitze seines Zeitalters und einer neuen Generation. Was Wunder, wenn er, da das neue Jahrhundert erschien, als eine Art von höherem Wesen unter uns dastand! Unter seinen Einflüssen waren wir Jüngeren aufgewachsen, an und in ihm hatten wir uns fühlen und verstehen gelernt, viele der schönsten, edelsten Genüsse unsers Lebens danken wir ihm, und jetzt gab es keinen bedeutenden Moment des Lebens, nichts Hohes und Tiefes, wobei wir nicht auf ihn verwiesen wurden. So schien er weniger der Mann als der Gott des neuen Jahrhunderts, und seine Ansprüche galten für Orakelsprüche. Nur was von Göthe kam, war das Rechte. Herrmann und Dorothea erschien, und kein anderes Epos bestand neben diesem;

> *Einen zu bereichern unter allen*
> *Mußte eine Götterwelt vergehn!*
> *So nun hat Göthe unter uns gewirkt, und so wirkt er noch.*

Unter seinen Einflüssen waren wir Jüngeren aufgewachsen ... Dieser Satz macht nicht nur das hohe Ansehen Goethes, des dreiundsechzigjährigen, bei der jüngeren Generation deutlich, er zeigt auch den Rang an, den man der Literatur zumaß. Sie war das Feld, auf dem – neben der Philosophie – die geistigen Entscheidungen fielen, sie war das Bildungselement der Jugend. Man sollte meinen, daß zwei Jahrzehnte vor Goethes Tod und auf dem Höhepunkt der späteren Romantik das «Goethebild» des 19. Jahrhunderts noch keineswegs festliege. Noch waren der «Divan» und die «Wanderjahre» nicht veröffentlicht, «Faust II» weit von seinem Abschluß entfernt, «Dichtung und Wahrheit» unfertig und eine Fülle der schönsten Gedichte ungeschrieben. Soeben erst begannen die «Kinder- und Hausmärchen» zu erscheinen, aber Eichendorffs «Ahnung und Gegenwart», Hoffmanns «Elexiere des Teufels», Brentanos «Kasperl und Annerl» oder Arnims «Kronenwächter» waren noch nicht da. Dennoch zeichnen sich bereits Strukturen in der Auffassung Goethes und seiner Wirkung ab, die lange Gültigkeit behalten sollten; man sollte sie sich durch die gutmütigen Seitenhiebe gegen das damals aktuelle katholisierende Künstlerwesen nicht verdecken lassen. Historisch wird Goethe als der Befreier von der einengenden *französischen Verzäunung* und als der Initiator von aufeinanderfolgenden Phasen der deutschen Literatur genommen, die sogar bis heute noch in Examen abgefragt werden, leider. Es wird ein Nacheinander von Sturm und Drang, Empfindsamkeit und Griechischer Idealität, das heißt Klassik statuiert, und der «Faust» gilt bereits (obgleich nur in seinem 1. Teil seit erst 5 Jahren vollständig bekannt) als *Gipfel seiner Vollendung* jenseits allen Stilwandels.

Aber nicht nur die Kanonisierung dieser Abfolge ist bemerkenswert; noch folgenreicher war die Verknüpfung von Ästhetik, Philosophie und Religion, durch welche die Poesie *in der größten denkbaren Würde als Vollenderin des Lebens* erscheinen konnte. Religion und Kunst gingen ineinander über, *mit der Ästhetik ergriff man demnach die Religion.* Hier deutet sich eine Entwicklung an, die im 19. Jahrhundert vorherrschend werden sollte: der Begriff von Poesie als Offenbarung des Höchsten. Was der Artikel ein wenig ironisch beschreibt, das wird im Laufe der Jahre immer ernster genommen und zugleich immer oberflächlicher verstanden. Die 7. Auflage (1827 Bd. 4) gründet ihren Goethe-Artikel wieder auf den von 1813, dessen Grundkonzept bis zum Jahrhundertende galt. Aber die Distanzierung war fortgefallen, und die Sätze lauteten jetzt:

Die Ästhetik erschien als die Vollenderin des Lebens und der Philosophie. Die Moral erhielt eine untergeordnete Rolle, die Religion aber, eine Zeitlang der Moral nur dienstbar, erhob sich über sie, indem sie mit der Kunst Eins ward. Mit der Ästhetik ergriff man demnach auch die Religion, ja man konnte nicht religiös sein, ohne ästhetisch zu sein …

Und wenn im Jahre 1844 (9. Aufl., Bd. 6) nur noch der Satz stehenblieb: *Der Ästhetik, die von jetzt an als Vollenderin des Lebens und der Poesie erschien, wies er eine neue Bahn an …,* ohne die früheren «religiösen» Folgerungen, so blieb doch die hehre Stellung der Poesie erhalten. Nicht minder erhalten blieb die Periodisierung der Werke:

Diese Perioden des äußeren Lebens G's hängen mit den Perioden seines Dichterlebens aufs innigste zusammen. In dem letzteren unterscheidet man füglich deren drei, die man die sentimentale Kraftperiode, die ideale und die auf das lehrhaft Bedeutsame gerichtete, typische nennen kann.

Genau so steht es noch im Jahre 1877 zu lesen, und die Modifikation, die der Satz 1884 (13. Auflage, Bd. 7) erleiden muß, ist im Grunde unerheblich ... *unterscheidet man deren füglich drei, die man die sentimental-naturalistische, die klassische und die auf das Bedeutsame gerichtete, typische, nennen kann.* Erst die folgende Auflage 1908 bringt einen von Grund auf neuen Goethe-Artikel, der jetzt jene Sachlichkeit anstrebt, die bei der Behandlung historischer Gegenstände schon viel früher vorgewaltet hatte. Nahezu ein ganzes Jahrhundert also waren die Grundlinien des Goethe-Bildes erhalten geblieben, die zu des Dichters Lebzeiten 1813 gezeichnet worden waren. Man erkennt daran die Langlebigkeit und Anziehungskraft einmal formulierter Kategorien.

Freilich gaben die verschiedenen Auflagen den Grundlinien unterschiedliche Schattierungen, und in vorschreitendem Maße geht auch hier die essayistische Haltung verloren, welche die frühen Bände auszeichnete. Zäh festgehalten werden dagegen Gemeinplätze, die zum Teil bis heute leben. Da ist der *poetische Proteus* (1827), der zum *proteusartigen Talent* (1844) wird, das auch 1884 noch obwaltet. Oder da ist der Topos vom Lebenskunstwerk, der zunächst (13. Auflage, Bd. 7, 1884) in diese Worte gefaßt wird:

G. gehört zu den wenigen bevorzugten Sterblichen, denen es gelang, sich und ihr Leben so zu sagen bis auf den letzten Pinselstrich zu vollenden, und bei denen selbst das höhere Alter im Buch des Lebens kein leeres Blatt zu nennen ist.

Das schiefe Bild beherrscht ebenfalls das ganze 19. Jahrhundert, wie überhaupt die Äußerungen im Einzelnen immer mehr Gefahr laufen, sich dem Cliché zu nähern. Wiederum ist das nicht von Brockhaus verursacht, sondern ein Zug der Zeit, deren allgemeine Literaturwissenschaft nicht die Festigkeit der anderen historischen Disziplinen gewonnen hatte. Auch wenn man die außerordentliche Schwierigkeit nicht verkennt, die darin besteht, ein Phänomen wie Goethe prägnant und knapp darzustellen – die Forderung nach *Klar-*

heit, Einfachheit, Reinheit des Ausdrucks, Schärfe der Darstellung (Nachwort 1879) war bei diesem Gegenstand weniger erfüllt als bei anderen. Noch 1844 begann der Artikel mit dem faktischen Satz (9. Auflage, Bd. 6):

«Goethe» *(Joh. Wolfgang von), geb. am 28. Aug. 1749 zu Frankfurt am Main, wo sein Vater, Doctor der Rechte und Kaiserlicher Rath, in angesehenen Verhältnissen und, obschon ohne Amt, in nicht ungünstigen Glückverhältnissen lebte.*

Aber dann erhält er den Einschub *eins der größten Dichtergenies aller Zeiten,* und wenn auch gegen diese Feststellung nichts einzuwenden ist, so ist ihr superlativischer Charakter doch bezeichnend für den Wandel vom Stil des Vormärz zum wilhelminischen Stil.

Allerdings erkennt der rückwärts gewandte Blick schon früh Züge, die im späteren Kontext an Schärfe gewannen. Wiederum handelt es sich um scheinbar geringe Unterschiede oder Verschiebungen. 1827 sprach man von Goethes Liedern, *diese so klaren und doch so tiefen, so zartfühlenden und so leicht hingehauchten ätherischen Wesen, deren süße Zaubergewalt wol Jeder empfunden hat. In G.'s Liedern und Romanzen herrschte zuerst wieder der verklungene Volkston, welcher von der Zeit an der ganzen deutschen Lyrik einen neuen, frischen Lebensodem einhauchte. Betrachtet man aber alles von G. in dieser Periode Geleistete genauer, so sieht man es ist volksmäßiger, es ist voll Deutschheit, für welche Lessing bereits männlich gekämpft hatte, und welche G. glücklicher erreichte als die um jene Zeit auflebenden neuen Barden.*

Auch dieser Satz blieb bis zum Jahrhundertende bestehen, aber er wurde gleichsam verallgemeinert; anfangs bezog sich die *Deutschheit* auf die Emanzipation vom französischen Vorbild, die Zuwendung zum deutschen Mittelalter und zum Volkslied. Später wurde Goethe umfassender für das Deutschtum in Anspruch genommen, am meisten – und wie man weiß folgenreichsten – im Zusammenhang des «Faust», 1827 hieß es davon (7. Auflage, Bd. 4):

... wir müßten uns sehr irren, wenn Faust nicht gerettet werden, der Himmel über die Hölle nicht den Sieg davontragen sollte. «Faust» ist demnach ein philosophisch-, oder will man lieber, religiös-didaktisches Drama. Das Höchste und Tiefste, das Lieblichste und Rührendste, was eine menschliche Brust bewegen kann, ist darin niedergelegt, durchdrungen von der tiefsten Poesie. An die Composition des Ganzen (leider ist es erst eine Hälfte!) haben sich Manche gestoßen, besonders darum, weil sie dabei an das Theater gedacht haben,

für welches diese riesenhafte Composition nicht geschaffen ist. Und gleichwohl ist eben diese eine Vortrefflichkeit mehr, mag man sie nun aus dem Gesichtspunkt der Zeit, in welche das Stück fällt, oder des Süjets betrachten, das ohne phantastische Behandlung nicht bleibt, was es ist. Das Flache und Alltägliche mußte hier ebenso wie das Würdige und Erhabene s. Stelle finden ...

1877 (12. Auflage, Bd. 7) finden wir die gleiche Stelle folgendermaßen wieder:

Das Höchste und Tiefste, das Lieblichste und Rührendste, was eine menschliche Brust bewegen kann, ist im «Faust» niedergelegt; durchdrungen von der tiefsten Poesie. Das Flache und Alltägliche mußte hier ebenso wol als das Würdige und Erhabene seine Stelle finden, da diese Tragödie zwischen Fastnachtsspiel und Mysterium mitten inne steht und jede Lebensperiode des Dichters sich darin berührt.

Bis jetzt hat sich seit fünfzig Jahren nichts geändert. Aber dann folgt eine neue Bewertung:

Etwas Gleiches kann keine Nation dieser Dichtung entgegenstellen, welche, weil sie wie keine andere in gleichem Maße das Ungenügen des modernen Geistes an sich selbst und den fortdauernden Kampf zwischen den Anforderungen des Materialismus und denen des Spiritualismus zur Anschauung bringt, das eigentlich moderne Weltgedicht geworden ist. Gerade darum, weil es in seinem innersten Kerne deutscher gefühlt und gedacht ist als sonst ein poetisches Erzeugnis der deutschen Nation, hat es eine kosmopolitische Bedeutung gewonnen.

Sieben Jahre später finden diese Sätze noch eine Ergänzung:

Er hinterließ seiner Nation dieses Evangelium der That als sein letztes Vermächtnis.

Die Auflage von 1908–1910 hatte mit solchen Gemeinplätzen gebrochen und versucht, in zeitlicher Abfolge Lebensgang und Werke in ein Verhältnis zu setzen, ohne die letzteren allzu summarisch zu charakterisieren; sie entsprach in ihrer zurückgewonnenen Sachlichkeit dem Geist der zu gleicher Zeit erschienenen Jubiläums-Ausgabe von Goethes Werken und holte, wie schon berichtet, für die literarischen Gegenstände eine Entwicklung nach, in der die Behandlung der historischen voraufgegangen war. Diese wissenschaftsgeschichtlich merkwürdige Phasenverschiebung war damit noch nicht beendet. 1932 (15. Auflage, Bd. 7, S. 514) finden sich die allzu bestimmten Urteile wieder, die ins Vorurteil umzuschlagen drohen und in ihrer Tendenz wie in ihrer Diktion eher den vergangenen achtziger Jahren zuzurechnen wären. So hieß es z. B. über Christiane Vulpius:

Die im Süden gewonnene Sinnesfreude führte (1783) zum freien Liebesbund mit dem Weimarer Bürgermädchen Christiane Vulpius (→ Goethe 3), die ihm 5 Kinder gebar, von denen nur das älteste (August → Goethe 2) am Leben blieb. Darüber kam es natürlich zur Auflösung des ohnehin für G. überlebten Seelenbundes mit Charlotte v. Stein. Freilich hat die Verbindung mit dem jugendlich-schönen und hausfraulich-praktischen, aber wenig gebildeten Mädchen, das ihm nicht mehr als ein – in den «Römischen Elegien» (1790) gefeiertes – starkes Sinnenglück zu geben wußte, sein künftiges Leben stark überschattet; erst nach 18jährigem Zusammenleben hat er das Verhältnis, das zu wahrer Seelengemeinschaft nicht emporzuläutern war, das rechtzeitig zu lösen er aber nicht den Mut fand, durch förmliche Ehe legitimiert (19. Okt. 1806).

Ein solcher Text kann als Schulbeispiel bürgerlicher Vorurteile dienen, so wie die Beurteilung der «Iphigenie» ein Schulbeispiel für die Auflösung einer komplexen Dichtung in vorgegebene Rubriken liefert:

Jenes, G.'s edelstes und schönstes, wenn schon nicht tiefstes Dichtwerk, ist erst in der dritten Fassung (1779, 1781, 1787) zu der göttlichen Lauterkeit in Form und Gehalt gediehen, die es zum Evangelium der deutschen Humanität und zum Höhepunkt des deutschen Klassizismus macht.

1884 war *das Evangelium der That* Goethes Vermächtnis gewesen – die Nation aber hatte ihre heiligen Schriften offenbar zu wenig oder zu wörtlich studiert. Die hundert Jahre früher begründete Gleichsetzung von Dichtung und Religion war, wie die Zeitläufte zeigen sollten, zur unverbindlichen akademischen Platitüde geworden.

So war man gut beraten, wenn man nach dem Zweiten Weltkrieg neu begann. In dem Artikel von 1954 (16. Aufl., Bd. 4, S. 742) und seitdem wurden der äußere Lebenslauf und die Abfolge der Werke in eine große tabellarische Übersicht verwiesen. Das war auch tunlicher, als wiederum der Zeitgeist sich hörbar machte, nicht nur mit neuen Wörtern wie *seinsmäßig* und *Menschenbild*, sondern auch mit einer Wendung zur Werkinterpretation, die freilich in der Enge des Raums sich kaum entfalten konnte. Immerhin war die Charakterisierung der «Iphigenie» differenzierter als früher:

In Iphigenie wird die Humanität, die im Tasso das Genie zwar zu vernichten, aber nicht zu heilen vermochte, zur Seele der Dichtung: sie bedeutet den idealen Ausgleich zwischen Innen und Außen, Ich und Welt, Individuum und Gesetz, Willen des Einzelnen und gottge-

ordnetem Ganzen; die letzte Übereinstimmung zwischen Welt,
Mensch und Gott überwindet Schuld, Schicksal und Tod. Indem der
Mensch in sich, außer sich und über sich die Mächte und Ordnungen
bejaht, sie fromm in den eigenen Willen aufnimmt, setzt er sich in ein
ungestörtes Gleichgewicht mit dem Ganzen. Entsagung wird zur
Vorbedingung menschlicher Vollendung.

Der Nachteil solcher Deutung, die des Werks an sich nicht unwür-
dig ist, besteht in dem Zwang, ein hochdifferenziertes poetisches
Gebilde in Kürze festzuschreiben, obgleich es vielfältiger Interpreta-
tion fähig ist. Ja man wird noch weitergehen müssen: so wie jedes
literarische Werk zu immer neuem Verstehen herausfordert, so wird
eine jede Generation sich immer neu zu ihrer eigenen Geschichte
verhalten, und sei es nur, um sich des eigenen Ortes zu vergewissern.

Die vielen Generationen des Brockhaus-Lexikons geben davon ein
Zeugnis, das wir hier zur Sprache zu bringen versuchten. Freilich
konnte das nur exemplarisch geschehen, mit Hilfe von wenigen aus
abertausenden ausgewählten, über nun bald 200 Jahre immer wieder
geschriebenen und umgeschriebenen, zuweilen beharrlichen, zuweilen ganz neu konzipierten Artikeln. Sie stellen die ersten Schritte einer
historischen Grabung dar, die noch der vollständigen Ausführung
harrt. So bemerkenswert der Wandel der Auffassungen und Gewich-
tungen ist, so interessant wäre eine Analyse der Stichwörter, die neu
auftauchen oder verschwinden. Zeitlicher Ruhm ist eine vergängliche
Sache und läßt sich durchaus ermessen, wenn man die Aufnahme, den
Umfang und den Abgang von Namen verfolgt. Grundsätzlich war das
Lexikon immer dem Augenblick zugewandt. Die Veränderungen in
der Welt des Wißbaren, der Wechsel in der Bewertung einzelner Personen oder Phänomene bedürften noch einer genaueren und nicht nur
statistischen Untersuchung. Es ist bedenkenswert, daß ein Stichwort
wie *Weltbürger,* das nach den Napoleonischen Kriegen einen bedeutenden Platz einnimmt, im vorletzten Jahrzehnt des letzten Jahrhunderts fortfällt oder in drei Zeilen über Kosmopolitismus sein Leben
fristet. Es ist bemerkenswert, daß Carl Maria v. Weber, noch ehe er
den «Freischütz» hervorgebracht hatte, als ein junger Zeitgenosse fast
vier Seiten zugemessen bekam, während Beethoven sich mit einer halben begnügen mußte. Im Vormärz erhält Freiligrath (1844), damals
einunddreißigjährig, vier Seiten; erwägt man, wieviel Raum heute für
einen zeitgenössischen und gar politischen Lyriker bliebe, so ergibt
sich ein Gradmesser für den Stellenwert von Literatur.

Solche Hinweise werden hier nicht klagend vorgebracht, sondern als Indizien für tiefgreifende Veränderungen vermerkt, welche durch eine umfassende Geschichte des Brockhaus dargestellt werden könnten. Sie würde den Wandel und die Beharrlichkeit der Interessen, des Bildungsgutes, des Geschmacks und der Wertvorstellungen innerhalb von zwei Jahrhunderten anschaulich machen. Dabei wäre auch, soweit die Archivalien dies überhaupt noch erlauben, ein Blick auf die Autoren zu werfen, die oft von erstem Range waren. Der 15. Band der 12. Auflage (1879) enthält ein Verzeichnis aller Mitarbeiter seit dem ersten Erscheinen: eine imponierende Gedenktafel der Gelehrsamkeit. Unter ihnen figuriert als einer der ehrwürdigsten Namen auch derjenige des *Prof. Dr. Jak. Burckhardt* zu Basel. Nicht lange zuvor hatte dieser sein unter dem Namen «Weltgeschichtliche Betrachtungen» berühmt gewordenes Kolleg «Über das Studium der Geschichte» gelesen. Am Anfang gedachte er *auch der Größe unserer Verpflichtungen gegen die Vergangenheit als ein geistiges Kontinuum, welches mit zu unserem höchsten geistigen Besitz gehört. Alles, was im entferntesten zu dieser Kunde dienen kann, muß mit aller Anstrengung und Aufwand gesammelt werden, bis wir zur Rekonstruktion ganzer vergangener Geisteshorizonte gelangen. Das Verhältnis jedes Jahrhunderts zu diesem Erbe ist an sich schon Erkenntnis, d. h. etwas Neues, welches von der nächsten Generation wieder als etwas historisch Gewordenes, d. h. Überwundenes zum Erbe geschlagen werden wird.*

Anmerkungen

Die im Folgenden nachgewiesenen Zitate oder Bemerkungen entstammen zeitlich und sachlich verschiedenen Quellen. Auf eine Vereinheitlichung der Schreibung wurde deshalb verzichtet.

Einleitung

[1] Theodor Fontane, Werke, Schriften, Briefe, Abt. 3, Bd. 5, München 1994, S. 272.

[2] Jacob Burckhardt, Über das Studium der Geschichte. Hrsg. von Peter Ganz, München 1982, S. 136.

[3] Walter Benjamin, Deutsche Menschen, Eine Folge von Briefen, Luzern 1936 (unter dem Pseudonym Detlef Holz).

[4] Wilhelm H. Harnisch, Mein Lebensmorgen, Berlin 1865, S. 66.

[5] Goethes sämtliche Werke, Jubiläumsausgabe, Stuttgart und Berlin o.J., Bd. 24, S. 269.

[6] Ebd.

[7] Titi Livi Ab Urbe Condita, Scriptorum Classicorum Oxoniensis, Oxford 1960, V, 4,4.

Jugend vor zweihundert Jahren

[1] Wilhelm Harnisch, Mein Lebensmorgen. Hrsg. von H. E. Schmiede, Berlin 1865, S. 23 (künftig zit.: Harnisch).

[2] Albert Knapp, Evangelischer Liedschatz für Kirche und Haus. Eine Sammlung geistlicher Lieder ... gesammelt ... von Albert Knapp, 2 Bde., Stuttgart und Tübingen 1837, Bd. 2, Nr. 3495.

[3] G. F. Schumacher, Genrebilder aus dem Leben eines siebenzigjährigen Schulmannes, Schleswig 1841, S. 20 (künftig zit.: Schumacher).

[4] Harnisch, S. 25.

[5] Ebd., S. 36.

[6] Ebd., S. 31.

[7] Ebd., S. 32f.

[8] Ebd., S. 35.

[9] Ebd., S. 39.

[10] Johann Heinrich Voß, Erinnerungen aus meinem Jugendleben. In: Briefe von Johann Heinrich Voß ..., hrsg. von Abraham Voß, Bd. 1, Halberstadt 1829, S. 27 (künftig zit.: Voß, Briefe).

[11] Harnisch, S. 58.

[12] Schumacher, S. 108.

[13] Ebd., S. 109ff.

[14] Ebd., S. 113.

[15] Harnisch, S. 60.

[16] Ebd.

[17] Friedrich Paulsen, Geschichte des gelehrten Unterrichts auf den deutschen Schulen und Universitäten, 3. erw. Aufl. Berlin und Leipzig 1921, Bd. 2, S. 164.

[18] Ebd., S. 161.

[19] Anton Friedrich Büsching, Unterricht für Lehrer und Hofmeister, Göttingen 1760, S. 9.

[20] Harnisch, S. 66.

[21] Ebd., S. 65.
[22] Ebd., S. 79.
[23] Schumacher, S. 14.
[24] Ebd., S. 102.
[25] Ebd., S. 30.
[26] Ebd., S. 62.
[27] Zitiert nach der Ausg. von 1767 (Leipzig, Gleditsch), S. 225.
[28] Schumacher, S. 38f.
[29] Ebd., S. 42.
[30] Ebd., S. 65.
[31] Ebd., S. 77.

[32] Ebd., S. 82f.
[33] Ebd., S. 121.
[34] Ebd., S. 152.
[35] Ebd., S. 140.
[36] Ebd., S. 137.
[37] Ebd., S. 109.
[38] Ebd., S. 162.
[39] Ebd., S. 91.
[40] G. Eilers, Meine Wanderung durchs Leben, Leipzig 1856.
[41] Schumacher, S. 160.

Wandsbeck

[1] In diesem Buch wird statt der heutigen Schreibung ‹Wandsbek› die um 1800 gebräuchliche ‹Wandsbeck› verwendet.
[2] Johann Hübners reales Staats-, Zeitungs- und Conversationslexikon … Neue verbesserte Ausgabe, Leipzig, in Gleditschens Buchhandlung, 1795. Spalte 2489 «Wandsbeck».
[3] Nachrichten von der Geschichte und Verfassung des adelichen Guts Wandsbeck in Holstein, Hamburg bey Buchenröder und Ritter, 1773, S. 23.
[4] Ebd., S. 3.
[5] Neue Schleswig-Holsteinische Provinzialberichte. Gesammelt von G. P. Petersen, Prediger zu Lensahn in Holstein. 3. Jg., 1813, S. 411.
[6] Nachrichten von der Geschichte und Verfassung (vgl. Anm. 2), S. 50.
[7] Matthias Claudius, Sämtliche Werke, München o. J. (Winkler), S. 853 (künftig zit.: Claudius).
[8] Ebd., S. 5f.
[9] Erinnerungen an Matthias Claudius. Von seiner Enkelin Agnes Perthes, hrsg. von Hansjörg Schmitthenner, München 1978, S. 7f.
[10] Ebd., S. 7.
[11] Ebd., S. 16.
[12] Matthias Claudius, Briefe, hrsg. von Hans Jessen und Ernst Schröder, Berlin 1938, Bd. 2, S. 298 (künftig zit.: Briefe).
[13] Ebd., S. 229f.
[14] Ebd., Bd. 1, S. 87.
[15] Claudius, S. 39f.
[16] Voß, Briefe, Bd. 2, S. 100.
[17] Ebd., S. 28f.
[18] Briefe, Bd. 1, S. 119.
[19] Ebd., S. 118f.
[20] Briefe, Bd. 2, S. 54.
[21] Ebd., S. 56.
[22] Ebd., S. 145.
[23] Ebd., S. 99.
[24] Voß, Briefe, Bd. 2, S. 20f.
[25] Vgl. S. 45
[26] Voß, Briefe, Bd. 2, S. 34.
[27] Voß, Briefe, Bd. 1, S. 302.
[28] Universal-Lexikon oder vollständiges encyklopädisches Wörterbuch, hrsg. von H. A. Pierer, Bd. 11, Altenburg 1835, S. 157.
[29] Claudius, S. 32.
[30] Vgl. Anm. 27.
[31] Briefe, Bd. 2, S. 199.

[32] Claudius, S. 540.

[33] Briefe, Bd. 2, S. 202.

[34] Ebd., S. 206.

[35] Briefe, Bd. 1, S. 323.

[36] Ebd., S. 325f.

[37] Wilhelm Herbst, Matthias Claudius der Wandsbecker Bote. Ein Lebensbild, 2. Aufl. Gotha 1857, S. 278.

[38] Ebd., S. 260.

[39] J. G. Jacobi's sämmtliche Werke, Bd. 3, Zürich 1819, S. 246.

[40] Herbst (vgl. Anm. 37), S. 270f.

[41] Ebd.

[42] Voß, Briefe, Bd. 1, S. 192.

[43] Ebd., S. 193.

[44] Ebd., S. 269.

[45] Ebd.

[46] Ebd., S. 303.

[47] Ebd., S. 283.

[48] Ebd., S. 269.

[49] Ebd., S. 307.

[50] Briefe, Bd. 1, S. 134f. Dieser Brief ist vom Herausgeber falsch eingeordnet; er gehört nicht ins Jahr 1775, sondern muß nach 1778 (Otterndorf) geschrieben sein.

[51] Johann Heinrich Voß, Sämmtliche poetische Werke, Neue Ausgabe, Bd. 4, Leipzig 1850, S. 120f.

[52] Claudius, S. 593.

[53] Voß, Briefe, Bd. 2, S. 111.

[54] Goethes Sämtliche Werke, Jubiläums-Ausgabe, Stuttgart und Berlin o. J., Bd. 4, S. 157.

[55] Ebd., Bd. 27, S. 135.

[56] Vgl. Anm. 28, Bd. 25, S. 531.

[57] Briefe, Bd. 2, S. 227.

[58] Ebd., S. 296.

[59] Ebd., S. 297.

[60] Ebd., S. 302.

[61] Ebd., S. 306.

[62] Ebd., S. 317.

[63] Friedrich Perthes' Leben, nach dessen schriftlichen und mündlichen Mittheilungen aufgezeichnet von Clemens Theodor Perthes, Bd. 2, Gotha 1872, S. 47.

[64] Herbst (vgl. Anm. 37), S. 498.

Meldorf

[1] Johann Hübners reales Staats-, Zeitungs- und Conversationslexikon ... Leipzig 1795, Sp. 1272.

[2] Ich war wohl klug, daß ich Dich fand. Heinrich Christian Boies Briefwechsel mit Luise Mejer (1777–1785), hrsg. von Ilse Schreiber, München 1980, S. 337.

[3] Ebd., S. 464.

[4] Ebd., S. 201.

[5] Ebd., S. 423.

[6] Ebd., S. 94.

[7] Ebd., S. 152.

[8] Ebd., S. 251.

[9] Ebd., S. 371.

[10] Ebd., S. 240.

[11] Ebd., S. 415.

[12] Ebd., S. 401.

[13] Ebd., S. 407.

[14] Ebd., S. 404.

[15] Ebd., S. 408.

[16] Ebd., S. 327.

[17] Ebd., S. 414f.

[18] Ebd., S. 365.

[19] Ebd., S. 135.

[20] Ebd., S. 478.

[21] Ebd., S. 358.

[22] Ebd., S. 339.

[23] Ebd., S. 187f.

[24] Ebd., S. 132.

[25] Ebd., S. 364.

[26] Ebd., S. 371.

[27] B. G. Niebuhr, Carsten Niebuhr's Leben, Kiel 1817, S. 55.

[28] Ebd., S. 56.
[29] M. Cornelii Frontonis Reliquiae ... iterum edidit B. G. Niebuhrius, Berlin 1816, p. III. (... eine Art Denkmal, damit ich meine Verehrung und Dankbarkeit gegen Dich kundtue... Dir, verehrter Greis, verdanke ich nicht weniger als meinem Vater, dem bedeutenden Mann, daß ich unsere Wissenschaft mit Fleiß liebgewonnen habe, um sie dann nicht ohne Gewinn zu betreiben.)
[30] Chronik der Schule in Meldorf. In: Neues Archiv für Schule und Pädagogik, 3. Jg., I. Heft, Hannover 1828, S. 117.
[31] Dr. Claus Harms, gewesenen Predigers in Kiel Lebensbeschreibung verfasset von ihm selber, Kiel 1851, S. 46 (künftig zit.: Harms).
[32] Ebd., S. 8.
[33] Ebd., S. 9.
[34] Ebd., S. 36.
[35] Ebd., S. 39.
[36] Ebd., S. 84.
[37] Ebd., S. 36.
[38] Ebd., S. 37.
[39] H. A. Pierer, Universallexikon oder vollständiges enzyklopädisches Wörterbuch, Bd. 19, Altenburg 1835, S. 457.
[40] Harms, S. 42.
[41] Ebd., S. 28.
[42] Ebd., S. 17.
[43] Ebd., S. 20.
[44] Ebd., S. 24.
[45] Ebd., S. 26.
[46] Ebd., S. 48.
[47] Ebd., S. 46.
[48] Ebd., S. 47.
[49] Briefe von Johann Heinrich Voß, hrsg. von Abraham Voß, 3. Band, 2. Abth., Leipzig 1840, S. 346.
[50] Ebd.
[51] Ebd., S. 347f.
[52] Harms, S. 7.

Berliner Leben zu Schinkels Zeit

[1] Theodor Fontane. Werke, Schriften, Briefe. Abt. IV (Briefe), Bd. 2, S. 612 (künftig zit.: Fontane).
[2] Fontane, Wanderungen, Bd. 1, S. 116.
[3] Wegweiser für Fremde und Einheimische durch die Königl. Residenzstädte Berlin und Potsdam und die umliegende Gegend ... Berlin 1813. In der Friedrich Nicolaischen Buchhandlung.
[4] Adreß-Kalender der Königlich Preußischen Haupt- und Residenz-Städte Berlin und Potsdam, besonders der daselbst befindlichen hohen und niederen Collegien, Instanzien und Expeditionen, auf das Jahr 1803. Berlin bei J. F. Unger.
[5] Helmina von Chézy, Unvergessenes. Denkwürdigkeiten aus dem Leben, Von ihr selbst erzählt, Leipzig 1858, Bd. 2, S. 151f.
[6] Rahel Varnhagen, Briefwechsel, hrsg. von Friedhelm Kemp, München 1979, Bd. 1, S. 25.
[7] Aus Schleiermachers Leben. In Briefen, Berlin 1860, Bd. 2, S. 269.
[8] Ebd., S. 291.
[9] Karl Gutzkow, Aus der Knabenzeit, Frankfurt am Main 1852, S. 81f.
[10] Ebd., S. 13.
[11] Der Morgen. Jugenderinnerungen deutscher Männer von ihnen selbst erzählt, Ebenhausen bei München 1923, S. 264.
[12] Jugenderinnerungen Karl Friedrichs von Klöden, hrsg. von Max Jähns, Leipzig 1874, S. 190f.
[13] Ebd., S. 176.

[14] Wegweiser (vgl. Anm. 3), S. 146.
[15] Ebd., S. 135.
[16] Ebd., S. 139f.
[17] Ebd., S. 141ff.
[18] Fontane, Wanderungen, Bd. 3, S. 651 (Die Märker und die Berliner).
[19] Adreß-Kalender (vgl. Anm. 4), S. 226, S. 276.
[20] Wegweiser (vgl. Anm. 3), S. 160ff.
[21] Fontane, Wanderungen, Bd. 3, S. 658.
[22] Rahel. Ein Buch des Andenkens für ihre Freunde, Berlin 1834, Bd. 3, S. 316.
[23] Fontane, Wanderungen, Bd. 3, S. 660.
[24] Clemens Brentano. Das unsterbliche Leben. Unbekannte Briefe, hrsg. von W. Schellberg und F. Fuchs, Jena 1939, S. 422.
[25] Ebd., S. 423.
[26] Ebd., S. 422.
[27] Wegweiser (vgl. Anm. 3), S. 211.
[28] J. Jacoby, Bilder und Zustände aus Berlin, 2 Bde., Altenburg 1833, Bd. 2, S. 178f.
[29] Carl. Seidel, Die schönen Künste in Berlin, Berlin 1826, S. 161.
[30] Ebd., S. 47.
[31] Gustav Friedrich Waagen, Karl Friedrich Schinkel als Mensch und Künstler, Berliner Kalender von 1844, S. 344.
[32] Ebd.
[33] Ebd., S. 338.
[34] Rudolf Köpke, Die Gründung der Königlichen Friedrich-Wilhelms-Universität zu Berlin, Berlin 1860, S. 190.
[35] Über das Wesen der Universität. Drei Aufsätze von J. G. Fichte, Fr. Schleiermacher, Henrik Steffens aus den Jahren 1807-1809, hrsg. von Eduard Spranger, Leipzig 1919, S. 118.
[36] Ebd., S. 214.
[37] Ebd., S. 168.
[38] Wilhelm von Humboldt, Werke in 5 Bänden, hrsg. von A. Flitner u. K. Giel, Darmstadt 1964, Bd. 4, S. 260.
[39] Spranger (vgl. Anm. 35), S. 222.
[40] Wilhelm von Humboldt, Briefe. Auswahl von W. Rössle, München o. J. (Hanser), S. 306.
[41] Friedrich Karl von Savigny. Ein Bild seines Lebens mit einer Sammlung seiner Briefe, von Adolf Stoll, Berlin 1929, Bd. 2, S. 61.
[42] Spranger (vgl. Anm. 35), S. 208.
[43] Aus Schinkels Nachlaß. Bd. 3, Berlin 1863, S. 349.

Henriette Herz

[1] Gustav Parthey, Jugenderinnerungen, Handschrift für Freunde, 2 Bde., Berlin 1871/1907, Bd. 1, S. 97f.
[2] F. A. Brockhaus, Allgemeine Deutsche Real-Enzyklopädie für die gebildeten Stände, 7. Aufl. 1827–1829, Bd. 1, S. 813.
[3] Goethes Werke, Weimarer Ausgabe, IV. Abt., Bd. 13 (1893), S. 46f.
[4] Parthey, Jugenderinnerungen, Bd. 1, S. 97.
[5] Aus Schleiermachers Leben in Briefen, hrsg. von Wilhelm Dilthey, Berlin 1860, Bd. 1, S. 174f.
[6] Henriette Herz. Ihr Leben und ihre Erinnerungen, hrsg. von J. Fürst, 2. durchgesehene und vermehrte Auflage, Berlin 1858 (künftig zit.: Herz). Die zuweilen aufge-

worfenen Zweifel an der Authentizität der Erinnerungen sind unangebracht. Vgl. dazu R. Schmitz: Henriette Herz in Erinnerungen, Briefen und Zeugnissen, Frankfurt a. M. (Insel) 1984, S. 458.

[7] Carola Stern, «Ich möchte mir Flügel wünschen». Das Leben der Dorothea Schlegel, Reinbek 1990, S. 115.

[8] Karl Barth, Nachwort zu: Schleiermacher-Auswahl, besorgt von Heinz Bolli, Gütersloh 1980, S. 304.

[9] Wilhelm und Caroline von Humboldt in ihren Briefen, hrsg. von Anna v. Sydow, Bd. 3, Berlin 1809, S. 328.

[10] Ebd., S. 352.

[11] Herz, S. 102.

[12] Theodor Fontane, Werke, Schriften und Briefe, Abt. II, Wanderungen durch die Mark Brandenburg, Bd. 3, 1968 (Hanser), S. 658.

[13] Ebd.

[14] Herz, S. 125.

[15] Jahrbücher der preußischen Monarchie unter der Regierung Friedrich Wilhelms des Dritten. Jg. 1798, Bd. 2, S. 23f.

[16] Herz, S. 264.

[17] Herz, S. 300.

[18] Friedrich Hölderlin, Sämtliche Werke (Stuttgarter Ausgabe), Bd. 7, 2, S. 147.

[19] Schleiermacher als Mensch … Familien und Freundesbriefe 1804–1834, hrsg. von F. Meisner, Stuttgart-Gotha 1923, S. 118.

[20] Herz, S. 302.

[21] Ebd., S. 244.

[22] Ebd., S. 314.

[23] Ebd., S. 306.

[24] Ebd., S. 216f.

[25] Ebd., S. 217.

[26] Goethes Werke (Hamburger Ausgabe), Bd. 10, S. 203.

[27] Herz, S. 150.

[28] Ebd., S. 151.

[29] Ebd., S. 151f.

[30] Ebd., S. 115.

[31] Ebd., S. 333f.

[32] Ebd., S. 263.

[33] Ebd., S. 103.

[34] Ebd., S. 97.

[35] Ebd., S. 106f.

[36] Ebd., S. 270.

[37] Ebd., S. 116.

[38] Ebd., S. 261.

[39] Ebd., S. 172f.

[40] Ebd., S. 205.

[41] Ebd., S. 212.

[42] Ebd., S. 177.

[43] Ebd., S. 202.

[44] Schmitz (vgl. Anm. 6), S. 344.

[45] Ebd., S. 356.

[46] Ebd., S. 310.

[47] Ebd., S. 386.

[48] Friedrich Schleiermacher, Kritische Gesamtausgabe, Abt. 5 Briefwechsel, hrsg. von A. Arndt u. W. Virmont, Bd. 2, Berlin 1988, S. 244.

[49] Ebd., S. 408f.

[50] Herz, S. 167.

[51] Ebd., S. 169.

[52] Schmitz (vgl. Anm. 6), S. 350f.

[53] Ebd., S. 356.

[54] Ebd., S. 357.

[55] Ebd., S. 330.

[56] Ebd., S. 72.

[57] Ebd., S. 342.

[58] Ebd., S. 338.

[59] Ebd., S. 339.

[60] Ebd.

[61] Ebd. S. 330f.

[62] Henriette Herz in Erinnerungen, Briefen u. Zeugnissen, hrsg. von R. Schmitz, Frankfurt 1984, S. 353.

[1] Rahel Varnhagen, Gesammelte Werke, hrsg. von Konrad Feilchenfeldt, Uwe Schweikert und Rahel E. Steiner, Bd. 9, 1983, S. 39 (künftig zit.: Rahel).

[2] Ebd., S. 261.

[3] Ebd., S. 355.

[4] Ebd., S. 76f.

[5] Ebd., S. 76.

[6] Ebd., S. 135.

[7] Ebd., S. 26.

[8] Rahel Varnhagen. Briefwechsel, hrsg. von Friedhelm Kemp, Bd. 1, 1979, S. 246f. (künftig zit.: Kemp).

[9] Ebd., S. 249.

[10] Rahel, Bd. 9, S. 274.

[11] Ebd., S. 251.

[12] Ebd., S. 252.

[13] Ebd.

[14] Ebd., S. 98.

[15] Ebd., S. 180.

[16] Ebd., S. 205.

[17] Ebd., S. 235.

[18] Ebd., S. 106.

[19] Ebd., S. 28.

[20] Ebd., S. 249f.

[21] Ebd., S. 276. (... denn ich würde sie gern aufbewahren, weil sie die Abgründe der Seele eröffnet, wo die Liebe sich unbekannte Wege öffnet zu all dem, was man ausgesprochen nicht glaubt und aufdecken will, und es ist fast nur mir gegeben, hinabzusteigen in meine Träume, in die dunklen Gründe meines Herzens.)

[22] Ebd., S. 97.

[23] Ebd., S. 218.

[24] Ebd., S. 172.

[25] Ebd., S. 179f.

[26] Ebd., S. 199.

[27] Ebd., S. 252.

[28] Ebd.

[29] Ebd.

[30] Kemp, Bd. 1, S. 244.

[31] Rahel, Bd. 9, S. 255.

[32] Ebd., S. 257.

[33] Ebd., S. 41f.

[34] Ebd., S. 43.

[35] Bertolt Brechts Hauspostille, Berlin 1927, S. 140.

[36] Kemp, Bd. S., S. 15f.

[37] Ebd., S. 16.

[38] Rahel, Bd. 9, S. 41.

[39] Ebd., S. 42.

[40] Ebd., S. 79.

[41] Ebd., S. 46f.

[42] Rahel, Bd. 10, S. 433.

[43] Ebd., S. 433f.

[44] Ebd., S. 434f.

[45] Rahel, Bd. 9, S. 79.

[46] Ebd., S. 103.

[47] Ebd., S. 132.

[48] Ebd., S. 79.

[49] Ebd., S. 80.

[50] Ebd.

[51] Ebd., S. 75f.

[52] Ebd., S. 77.

[53] Ebd., S. 81.

[54] Ebd.

[55] Ebd., S. 76f.

[56] Ebd., S. 79f.

[57] Ebd., S. 81.

[58] Ebd., S. 81f.

[59] Ebd., S. 82.

[60] Ebd.

[61] Ebd.

[62] Ebd., S. 85.

[63] Ebd., S. 96.

[64] Ebd., S. 100.

[65] Ebd., S. 102f.

[66] Ebd., S. 212.

[67] Ebd., S. 213f.

[68] Ebd.

[69] Ebd., S. 107f.

[70] Ebd., S. 204.

[71] Ebd., S. 241.

[72] Ebd., S. 205.

[73] Ebd., S. 144.
[74] Ebd., S. 145.
[75] Ebd.
[76] Ebd., S. 79.
[77] Ebd., S. 218.
[78] Ebd., S. 210f.

[79] Ebd., S. 218.
[80] Ebd., S. 214.
[81] Ebd., S. 218f.
[82] Ebd., S. 231.
[83] Ebd., S. 231f.
[84] Ebd., S. 88.

Louis Ferdinand, Prinz von Preußen, und Pauline Wiesel, geb. César

[1] Theodor Fontane, Werke, Schriften und Briefe, hrsg. von Walter Keitel und Helmuth Nürnberger, München (Hanser) 1962ff., Abt. 1, Bd. 6, S. 225.
[2] Rahel Varnhagen. Briefwechsel, hrsg. von Friedhelm Kemp, Bd. 3 (München, 1979), S. 307 (künftig zit.: Kemp).
[3] Ebd., S. 308.
[4] Ebd.
[5] Prinz Louis Ferdinand von Preußen. Ein Bild seines Lebens in Tagebuchblättern und zeitgenössischen Zeugnissen, hrsg. von Hans Wahl, Weimar 1917, S. 33 (künftig zit.: Wahl).
[6] Ebd., S. 69.
[7] Ebd., S. 152.
[8] Ebd., S. 151.
[9] Ebd., S. 150.
[10] Ebd., S. 148.
[11] Ebd., S. 149.
[12] Ebd., S. 171f.
[13] K. A. Varnhagen von Ense, Ausgewählte Schriften, Leipzig 1875, Bd. 17, S. 74.
[14] Kemp, Bd. 3, S. 211f.
[15] Ebd.
[16] Ebd., S. 215.
[17] Wahl, S. 284f.
[18] Ebd., S. 341.
[19] Ebd., S. 215.
[20] Ebd., S. 210.

[21] Ebd., S. 303.
[22] Ebd., S. 303 und S. 310.
[23] Ebd., S. 306.
[24] Karl von Nostitz, Leben und Briefwechsel. Auch ein Lebensbild aus den Befreiungskriegen, Dresden und Leipzig 1848, S. 83 (künftig zit.: Nostitz).
[25] Ebd., S. 57.
[26] Ebd., S. 58.
[27] Ebd., S. 82.
[28] Wahl, S. 314.
[29] Ebd.
[30] Nostitz, S. 58.
[31] Wahl, S. 309.
[32] Theodor Fontane, Werke, Schriften und Briefe, hrsg. von Walter Keitel und Helmuth Nürnberger, München (Hanser) 1962ff., Abt. 1, Bd. 6, S. 225.
[33] Wahl, S. 309.
[34] Ebd., S. 342.
[35] Ebd., S. 306.
[36] Ebd., S. 246.
[37] Ebd., S. 246f.
[38] Ebd., S. 286.
[39] Ebd., S. 287.
[40] Ebd., S. 293f., übertragen von Wahl.
[41] Ebd., S. 217.
[42] Ebd., S. 223.
[43] Ebd., S. 376.
[44] Ebd., S. 360.
[45] Ebd., S. 361.

46 Ebd., S. 362.
47 Ebd., S. 357.
48 Ebd., S. 356f.
49 Ebd., S. 352.
50 Ebd., S. 386.
51 Nostitz, S. 101f.
52 Ebd., S. 102.
53 Wahl, S. 421.
54 Ebd., S. 422.

55 Ebd., S. 423.
56 Ebd., S. 427.
57 Theodor Fontane, Werke, Schriften und Briefe, hrsg. von Walter Keitel und Helmuth Nürnberger, München (Hanser) 1962ff., Abt. 1, Bd. 6, S. 226.
58 Wahl, S. 383f.

Der unliebsame Professor Thieß

1 Johann Otto Thieß, Geschichte seines Lebens und seiner Schriften aus und mit Aktenstücken. Ein Fragment aus der Sitten- und Gelehrtengeschichte des achtzehnten Jahrhunderts. Erster Theil Hamburg 1801, Zweiter und letzter Theil Hamburg 1802, I. S. 109f. (künftig zit.: Thieß).
2 Ebd., S. 149f.
3 Ebd., S. 150.
4 Ebd., S. 149.
5 Ebd., S. 152.
6 Ebd., S. 153.
7 Ebd., S. 154.
8 Ebd., S. 213.
9 Ebd., S. 214.
10 Ebd., S. 215.
11 Ebd.
12 Ebd., S. 216.
13 Ebd., S. 217.
14 Ebd.
15 Ebd., S. 221.
16 Ebd., S. 222.
17 Ebd., S. 232.
18 Ebd., S. 233.
19 Ebd., S. 235f.
20 Ebd., S. 242.
21 Ebd., S. 243.
22 Ebd., S. 246.
23 Ebd., S. 253.
24 Ebd., S. 253f.
25 Ebd., S. 254. (Die Studien

nähren die Jugend, erfreuen das Alter, verschönen Geringes, sind im Unglück Zuflucht und Trost, erquicken daheim, sind außerhalb nicht hinderlich, übernachten mit uns, auf Reisen und auf dem Lande.)
26 Ebd., S. 256. (Wem der Cicero sehr gefällt, der weiß, daß er vorangekommen ist.)
27 Ebd., Bd. 2, S. 96f.
28 Ebd.
29 Ebd., S. 120.
30 Ebd., S. 121.
31 J. G. Büsch, Über den Gang meines Geistes und meiner Thätigkeit, Hamburg 1797, zit. nach F. Paulsen, Geschichte des gelehrten Unterrichts, Leipzig 1919, Bd. 1, S. 620.
32 Ebd.
33 Ebd., S. 606.
34 Ebd.
35 Thieß, Bd. 2, S. 127f.
36 Ebd., S. 128.
37 Ebd.
38 Ebd., S. 105.
39 Ebd., S. 106.
40 Ebd.
41 Ebd., S. 108.
42 Ebd., S. 108-111.
43 Ebd., S. 144.
44 Ebd., S. 70f.
45 Ebd., S. 129.

[46] Ebd., S. 145.
[47] Ebd., S. 146.
[48] Ebd., S. 148.
[49] Ebd.
[50] Ebd.
[51] Ebd., S. 152.
[52] Ebd., S. 153.
[53] Ebd.
[54] Ebd., S. 131f.
[55] Ebd., S. 171.
[56] Ebd., S. 171f.
[57] Ebd., S. 187.
[58] Ebd., S. 175.
[59] Ebd., S. 176.
[60] Ebd.
[61] Ebd., S. 155.
[62] Ebd., S. 160f. (Durch Munterkeit und Strebsamkeit seines Geistes, die deutliche Neigung, Höheres zu erreichen, und beständige Liebe zu guter Literatur hat sich mir der edle Jüngling Johannes Otto Thieß aus Hamburg empfohlen, solange er sich an dieser Akademie aufhielt.)
[63] Ebd., S. 187.

[64] Ebd., S. 194.
[65] Ebd.
[66] Ebd., S. 195.
[67] Ebd., S. 197.
[68] Ebd., S. 214.
[69] Ebd., S. 240f.
[70] Ebd., S. 238.
[71] Ebd., S. 254.
[72] Ebd., S. 301.
[73] Ebd., S. 302f.
[74] Ebd., S. 307.
[75] Ebd., S. 315
[76] Ebd.
[77] Ebd., S. 320.
[78] Ebd.
[79] Ebd., S. 323.
[80] Ebd., S. 324.
[81] Ebd., S. 326.
[82] Ebd., S. 328f.
[83] Ebd., S. 333.
[84] Ebd., S. 340.
[85] Ebd., S. 341.
[86] Ebd., S. 351.
[87] Ebd., S. 355.
[88] Ebd., S. 389.
[89] Ebd., S. 405–418.

Ernst Moritz Arndt, ein deutscher Mann

[1] Ernst Moritz Arndt, Erinnerungen aus dem äußeren Leben, 2. unveränderte Auflage, Leipzig 1840, S. V (künftig zit.: Arndt, Erinnerungen).
[2] Ebd., S. 2.
[3] Ebd., S. 4.
[4] Ebd., S. 3.
[5] Ebd., S. 5.
[6] Ebd.
[7] Ebd., S. 12.
[8] Ebd., S. 5.
[9] Ebd., S. 7.
[10] Ebd., S. 9.
[11] Ebd.
[12] Ebd., S. 10.
[13] Ebd., S. 11.

[14] Ebd.
[15] Ebd., S. 13.
[16] Ebd., S. 16.
[17] Ebd.
[18] Ebd., S. 17.
[19] Ebd.
[20] Ebd., S. 34.
[21] Ebd.
[22] Ebd.
[23] Ebd., S. 21.
[24] Ebd., S. 25.
[25] Ebd., S. 26.
[26] Ebd., vgl. Horaz, Episteln II, 1, 70-71.
[27] Ebd., S. 28f.
[28] Ebd., S. 31.

[29] Ebd.
[30] Ebd., S. 44.
[31] Ebd., S. 47f.
[32] Ebd., S. 52.
[33] Ebd., S. 53.
[34] Ebd.
[35] Ebd., S. 54.
[36] Ebd.
[37] Ebd., S. 55.
[38] Ebd., S. 56.
[39] Ebd., S. 57.
[40] Ebd.
[41] Ebd., S. 58.
[42] Ebd., S. 67.
[43] Ebd., S. 61.
[44] Ebd., S. 67.
[45] Ebd., S. 68.
[46] Ebd.
[47] Ebd., S. V.
[48] Ebd., S. 74.
[49] Ebd., S. 75.
[50] Ebd., S. 78.
[51] Ebd.
[52] Ebd., S. 79.
[53] Ebd.
[54] Ebd.
[55] Ebd., S. 82.
[56] Ebd., S. 84.
[57] Ebd.
[58] Ebd.
[59] Ebd., S. 85.
[60] Ebd., S. 86.
[61] Ebd., S. 81.
[62] Ebd., S. 87.
[63] Ebd.
[64] Ebd., S. 88.
[65] Ebd., S. 98.
[66] Ebd., S. 102.
[67] Ebd., S. 103.
[68] Ebd., S. 107.
[69] Ebd., S. 108.
[70] Ebd., S. 110.
[71] Ebd., S. 111.
[72] Ebd., S. 117.
[73] Ebd., S. 119.
[74] Ebd., S. 120.
[75] Ebd., S. 125.
[76] Ebd.
[77] Ebd.
[78] Ebd., S. 129.
[79] Ebd.
[80] Ebd., S. 129f.
[81] Ebd., S. 130.
[82] Ebd.
[83] Ebd., S. 135.
[84] Ebd., S. 165.
[85] Ebd., S. 145.
[86] Ebd., S. 165.
[87] Ebd., S. 164.
[88] Ebd., S. 112.
[89] Ebd., S. 151.
[90] Ebd., S. 156.
[91] Ebd.
[92] Ebd., S. 158.
[93] Ebd., S. 197.
[94] Ebd., S. 198.
[95] Ebd., S. 160.
[96] Ebd., S. 74.
[97] Ebd., S. 107.
[98] Ebd., S. 219f.
[99] Ebd., S. 171f. und S. 174.
[100] Ebd., S. 182.
[101] Ebd.
[102] Ebd., S. 185.
[103] Ebd., S. 45.
[104] Ebd., S. 46.
[105] Ebd., S. 117.
[106] Ebd., S. 119.
[107] Ebd.
[108] Ebd., S. 147f.
[109] Ebd., S. 162.
[110] Ebd., S. 162f.
[111] Ebd., S. 249.
[112] Ebd., S. 250.
[113] Ebd., S. 186.
[114] Ebd., S. 189.
[115] Ebd.
[116] Ebd., S. 203f.
[117] Ebd., S. 208.
[118] Ebd., S. 374.
[119] Ebd., S. 376.
[120] Ebd., S. 381.

[1] Fontane wird, wenn nicht anders vermerkt, zitiert nach: Theodor Fontane, Werke, Schriften und Briefe, hrsg. von Walter Keitel und Helmuth Nürnberger, München (Hanser) 1962ff. (künftig zit.: Fontane); Fontane, Abt. IV, Bd. 4, S. 199f.
[2] Ebd., S. 202.
[3] Ebd., S. 204.
[4] Ebd., S. 207.
[5] Ebd., S. 216.
[6] Ebd., S. 219.
[7] Fontane, Abt. III, Bd. 4, S. 176.
[8] Fontane, Abt. IV, Bd. 4, S. 227.
[9] Ebd., S. 243.
[10] Fontane, Abt. III, Bd. 4, S. 9.
[11] Ebd.
[12] Fontane, Abt. I, Bd. 3, S. 37.
[13] Ebd., S. 709.
[14] Fontane, Abt. III, Bd. 4, S. 92.
[15] Ebd., S. 78.
[16] Ebd., S. 84f.
[17] Ebd., S. 120.
[18] Ebd., S. 61.
[19] Das Seebad zu Swinemünde. Als Anhang eine kurze Anleitung, die Insel Rügen zu bereisen. Vom (sic!) Dr. Richard Kind. Stettin 1828, S. 82 (hinfort zit. Kind).
[20] Fontane, Abt. III, Bd. 4, S. 56.
[21] Kind, S. 125.
[22] Ebd., S. 109.
[23] Ebd., S. 110.
[24] Ebd., S. 133.
[25] Fontane, Abt. I, Bd. 4, S. 136.
[26] Heinrich Heine, Sämtliche Werke, München o. J. (Winkler), Bd. 1, S. 205.
[27] Fontane, Abt. III, Bd. 4, S. 30.
[28] Ebd., S. 32.
[29] Ebd., S. 37.
[30] Ebd., S. 43.
[31] Ebd.
[32] Ebd., S. 46.
[33] Ebd.
[34] Ebd., S. 48.
[35] Ebd., S. 49.
[36] Ebd.
[37] Ebd.
[38] Ebd., S. 79.
[39] Ebd.
[40] Ebd., S. 80.
[41] Ebd., S. 41.
[42] Ebd., S. 42.
[43] Ebd., S. 88f.
[44] Ebd., S. 44.
[45] Ebd.
[46] Ebd., S. 90.
[47] Ebd.
[48] Ebd.
[49] Ebd.
[50] Ebd., S. 71.
[51] Ebd., S. 73.
[52] Ebd., S. 68.
[53] Ebd., S. 51.
[54] Ebd., S. 57.
[55] Ebd.
[56] Ebd.
[57] Ebd., S. 60.
[58] Ebd., S. 61.
[59] Ebd.
[60] Ebd., S. 62.
[61] Ebd., S. 62f.
[62] Ebd., S. 63.
[63] Fontane, Abt. IV, Bd. 4, S. 236.
[64] Fontane, Abt. III, Bd. 4, S. 23.
[65] Ebd., S. 25.
[66] Ebd., S. 27.
[67] Ebd., S. 31.
[68] Ebd., S. 83.
[69] Ebd., S. 121.
[70] Ebd., S. 16.
[71] Ebd., S. 122.
[72] Ebd.
[73] Ebd., S. 17.
[74] Ebd., S. 50.
[75] Ebd., S. 22.

[76] Ebd., S. 19.
[77] Ebd., S. 151.
[78] Ebd., S. 152.
[79] Ebd., S. 153.
[80] Ebd.
[81] Ebd., S. 154.
[82] Ebd., S. 155f.
[83] Ebd., S. 156.
[84] Ebd., S. 157.
[85] Ebd., S. 158 (vgl. Ebd., S. 131).
[86] Ebd., S. 159.
[87] Ebd., S. 161.
[88] Ebd.

[89] Ebd., S. 161.
[90] Ebd., S. 162.
[91] Ebd., S. 173.
[92] Ebd., S. 174f.
[93] Ebd., S. 175.
[94] Ebd., S. 176.
[95] Ebd., S. 177.
[96] Ebd.
[97] Ebd., S. 127.
[98] Ebd.
[99] Ebd., S. 132.
[100] Ebd., S. 177.

Bürgerbriefe

[1] Matthias Claudius, Briefe, hrsg. von Hans Jensen, Bd. 1, 1938, S. 280.
[2] Ebd., S. 243.
[3] Achim und Bettina in ihren Briefen, hrsg. von Werner Vordtriede, Bd. 1, Frankfurt am Main 1961, S. 213.
[4] Goethes Sämtliche Werke. Jubiläumsausgabe, hrsg. von Eduard von der Hellen, Stuttgart und Berlin o. J., Bd. 25, S. 210.
[5] Johann Gottfried Herder, Briefe. Gesamtausgabe. Unter Leitung von Karl-Heinz Hahn hrsg. von den Nationalen Forschungs- und Gedenkstätten ... Weimar 1984, Bd. 2, S. 191.
[6] Ebd., Bd. 6, S. 20.
[7] Lebe der Liebe und liebe das Leben. Der Briefwechsel von Clemens Brentano und Sophie Mereau, hrsg. von Dagmar von Gersdorff, Frankfurt 1981, S. 149.
[8] Karoline von Günderode. Der Schatten eines Traumes, hrsg. von Christa Wolf, München, 1981, S. 264f.
[9] Hölderlin, Sämtliche Werke (Stuttgarter Ausgabe), Bd. 7, hrsg. von Adolf Beck, S. 62.
[10] Ebd., S. 66f.
[11] Goethes Werke hrsg. im Auftrage der Großherzogin Sophie von Sachsen, 4. Abth., Briefe, Bd. 6, Weimar 1890, S. 318f.
[12] Geschichte der Meta Klopstock in Briefen, hrsg. von Franziska und Hermann Tiemann, Bremen 1962, S. 334.
[13] Ebd., S. 378.
[14] Mozart Briefe. Neu ausgewählt ... von Wolfgang Hildesheimer, Frankfurt 1990, S. 119f.
[15] Achim und Bettina in ihren Briefen, hrsg. von Werner Vordtriede, Bd. 1, Frankfurt am Main 1961, S. 201.
[16] Schleiermacher als Mensch. Familien- und Freundesbriefe. 1804 bis 1834, hrsg. von H. Meisner, Stuttgart/Gotha 1923, S. 192f.
[17] Ebd., S. 192.
[18] Allgemeine Deutsche Real-Encyklopädie für die gebildeten Stände. In zwölf Bänden. Siebente Originalauflage, Leipzig: F. A. Brockhaus, 1827, 2. Bd., S. 206.

[19] Ebd., S. 208.

[20] Walter Benjamin, Briefe, hrsg. ... von Gershom Scholem und Theodor W. Adorno, Frankfurt 1966, Band 1, S. 220.

[21] J.W. von Goethe, Gedenkausgabe seiner Werke, Briefe, Gespräche, hrsg. von Ernst Beutler, Bd. 20, Zürich 1950, S. 13f.

[22] Ebd., S. 17.

[23] Ebd., S. 184f.

[24] Ebd., S. 486f.

[25] Achim und Bettina in ihren Briefen, hrsg. von Werner Vordtriede, Bd. 1, Frankfurt am Main 1961, S. 409f.

[26] Wilhelm von Kügelgen, Bürgerleben. Die Briefe an den Bruder Gerhard, hrsg. von Walther Killy, München 1990, S. 255f.

[27] Ebd., S. 314f.

[28] Karl Ludwig von Knebels Briefwechsel mit seiner Schwester Henriette, hrsg. von Heinrich Düntzer, Jena 1858, S. 464.

[29] Anselm Feuerbachs Briefe an seine Mutter, Berlin 1911, Bd. 2, S. 104.

[30] Georg Büchner, Sämtliche Werke und Briefe. Historisch-kritische Ausgabe, hrsg. von Werner R. Lehmann, München o.J., Bd. 2, S. 434.

[31] Ebd., S. 425f.

[32] Ludwig Richter, Dein treuer Vater. Briefe aus vier Jahrzehnten an seinen Sohn Heinrich, hrsg. von Karl Josef Friedrich. Leipzig 1953, S. 184.

[33] Mozart Briefe. Neu ausgewählt ... von Wolfgang Hildesheimer, Frankfurt 1990, S. 140.

[34] Schillers Gespräche und andere Zeugnisse aus seinem Umgang. (Volkstümliche Auswahl von F. Frhr. von Biedermann.) Leipzig 1913, S. 431.

[35] Fontanes Briefe in zwei Bänden. Ausgewählt und erläutert von G. Erler, Berlin 1968, Bd. 2, S. 223. – Merkwürdigerweise fehlt der Brief, der an Hannes Fechner gerichtet ist (Berlin, 3. Mai 1889) in der umfassenden fünfbändigen Ausgabe des Hanser Verlages.

[36] Du hast mich heimgesucht bei Nacht. Abschiedsbriefe und Aufzeichnungen des Widerstands 1933 bis 1945, hrsg. von H. Gollwitzer, K. Kuhn und R. Schneider, München, o.J., S. 353.

Der Brockhaus von 1827

[1] Erstmals erschienen in: Ein Jubiläum des Wissens. 175 Jahre F. A. Brockhaus, Wiesbaden 1980.

Buchanzeigen

Bücher von Walther Killy im Verlag C. H. Beck

Walther Killy
Schreibweisen – Leseweisen
2., durchgesehene Auflage. 1984. 121 Seiten. Broschiert

«Killy ist ein Meister jener fruchtbaren Kunst des Schreibens, die dem Leser
die Anstrengung des Denkens und der Lektüre zum intellektuellen Vergnügen machen kann.» *Werner Wunderlich in: Rhein-Neckar-Zeitung*

«Killys Untersuchungen laufen auf einfache Thesen zu. Erstens: Gute Literatur enthält mehr, als der Text unmittelbar aussagt. Es sind Widerstände
darin eingebaut, die den Leser über das Offensichtliche hinausführen. Zwei-
tens: Literaturverständnis wie alles Kunstverständnis ist eine Form der
Erkenntniserweiterung und des Selbstgenusses, die erst durch die schöpferi-
sche Mittätigkeit des Lesers möglich wird, also durch eine höhere, ideale
Weise des Lesens. Und drittens: der besondere Reiz des schöpferischen
Lesens entsteht aus der Spannung zwischen der ‹Ewigkeit› eines Textes, der
immerfort derselbe bleibt, und der Geschichtlichkeit sowohl des Autors als
auch des jeweiligen Lesers.

Gesagt werden soll nur, daß Killy intellektuellen Anspruch mit einfacher,
klarer Darstellung vorzüglich zu verbinden weiß und damit seinen eigenen
Prämissen für wissenschaftliche Prosa überzeugend entspricht.»
Gerhard Schulz in: FAZ

Johann Wolfgang Goethe
Maximen und Reflexionen
Nachwort von *Walther Killy* und Anmerkungen von Irmtraut Schmid
1989. 342 Seiten. Leinen. (Bibliothek des 18. Jahrhunderts)

Wilhelm von Kügelgen
Bürgerleben
Die Briefe an den Bruder Gerhard 1840–1867
Herausgegeben von *Walther Killy*. 1990. 1088 Seiten mit 20 Abbildungen
und 2 Faksimiles. Leinen

Literaturgeschichte der Goethezeit

Nicholas Boyle
Goethe

Der Dichter in seiner Zeit. Band I: 1749–1790
Aus dem Englischen von Holger Fliessbach
1995. 885 Seiten mit 37 Abbildungen. Leinen

Sven-Aage Jørgensen/Klaus Bohnen/Peter Øhrgaard
Aufklärung, Sturm und Drang, Frühe Klassik (1740–1789)

1990. XIII, 665 Seiten. Leinen.
(Band VI der ‹Geschichte der deutschen Literatur. Von den Anfängen
bis zur Gegenwart›.
Herausgegeben von Helmut de Boor und Richard Newald)

Gerhard Schulz
Die deutsche Literatur zwischen Französischer Revolution
und Restauration 1789–1830

Sonderausgabe 1995. Zwei Bände zusammen 1700 Seiten.
Leinen in Schmuckschuber.
(Band VII der ‹Geschichte der deutschen Literatur. Von den Anfängen
bis zur Gegenwart›.
Herausgegeben von Helmut de Boor und Richard Newald)

Albrecht Schöne
Goethes Farbentheologie

1987. 230 Seiten mit 4 Abbildungen. Broschiert

Albrecht Schöne
Götterzeichen, Liebeszauber, Satanskult

Neue Einblicke in alte Goethetexte
3., ergänzte Auflage. 1993. 265 Seiten mit 6 Abbildungen. Leinen

Verlag C. H. Beck München

Johann Wolfgang von Goethe
Werke. Hamburger Ausgabe

Dünndruckausgabe in 14 Leinenbänden
Herausgegeben von Erich Trunz, unter Mitarbeit von Stuart Atkins,
Lieselotte Blumenthal, Herbert von Einem,
Eberhard Haufe, Wolfgang Kayser, Dorothea Kuhn, Dieter Lohmeier,
Waltraud Loos, Marion Robert, Hans Joachim Schrimpf,
Carl Friedrich von Weizsäcker und Benno von Wiese.
Rund 11 000 Seiten, davon rund 3500 Seiten Kommentar und Register.
14 Leinenbände in Kassette

Band 1: Gedichte und Epen 1
1993. 804 Seiten

Band 2: Gedichte und Epen 2
1994. 792 Seiten

Band 3: Dramatische Dichtungen 1
1993. 776 Seiten

Band 4: Dramatische Dichtungen 2
1994. 686 Seiten

Band 5: Dramatische Dichtungen 3
1994. 780 Seiten

Band 6: Romane und Novellen 1
1993. 797 Seiten

Band 7: Romane und Novellen 2
1994. 828 Seiten

Band 8: Romane und Novellen 3
1994. 711 Seiten

Band 9: Autobiographische Schriften 1
1994. 875 Seiten

Band 10: Autobiographische Schriften 2
1994. 807 Seiten

Band 11: Autobiographische Schriften 3
1994. 830 Seiten mit 40 Abbildungen

Band 12: Schriften zur Kunst, Schriften zur Literatur, Maximen und Reflexionen
1994. 805 Seiten

Band 13: Naturwissenschaftliche Schriften 1
1994. 671 Seiten

Band 14: Naturwissenschaftliche Schriften 2
Materialien, Register
1994. 807 Seiten

Verlag C. H. Beck München